『十三五』国家重点出版物出版规划项目

长江三峡工程
文物保护项目
报告 乙种第四十一号

重庆市文物局 重庆市水利局 主编

尸山包墓群报告之一

云阳塘坊遗址

四川大学考古文博学院 编著

科学出版社

内 容 简 介

重庆云阳塘坊遗址位于长江北岸阶地上，现属云阳新县城范围内的三峡水库淹没区。2004年对该遗址进行了抢救性发掘。其文化层堆积较厚，时代从新石器时代末期、夏商时期、东周时期、东晋南朝、唐五代、宋代、明清，历经多个时代。发现有建筑遗迹、灰坑、灰沟、墓葬、水井和陶窑等遗迹，出土了大量的陶器、石器、瓷器、砖瓦、铜器、铁器和卜甲等。该遗址长时间的反复有人类居住活动，并与紧邻的丝栗包遗址在早期存在互动关系，晚期存在共存关系，这些都为了解四川盆地东部长江沿岸古代聚落分布，以及各时代人类居住生活与迁徙活动特点等都提供了新资料。

本书可供从事考古、历史研究的专业人员、高校相关专业师生和文物爱好者阅读和参考。

图书在版编目（CIP）数据

云阳塘坊遗址 / 四川大学考古文博学院编著. —北京：科学出版社，2023.7
（长江三峡工程文物保护项目报告. 乙种第四十一号）

"十三五"国家重点出版物出版规划项目
ISBN 978-7-03-076007-4

Ⅰ. ①云… Ⅱ. ①四… Ⅲ. ①文化遗址–发掘报告–云阳县
Ⅳ. ①K878.05

中国国家版本馆CIP数据核字（2023）第130717号

责任编辑：柴丽丽 / 责任校对：邹慧卿
责任印制：肖　兴 / 封面设计：陈　敬

科 学 出 版 社 出版
北京东黄城根北街 16 号
邮政编码：100717
http://www.sciencep.com
中国科学院印刷厂 印刷
科学出版社发行　各地新华书店经销

*

2023年7月第 一 版　开本：880×1230　1/16
2023年7月第一次印刷　印张：19 1/4　插页：18
字数：554 000

定价：**328.00元**
（如有印装质量问题，我社负责调换）

"13th Five-Year Plan" National Key Publications Publishing and Planning Project

Reports on the Cultural Relics Conservation
in the Three Gorges Dam Project
B(site report) Vol.41

Cultural Relics and Heritage Bureau of Chongqing
Chongqing Water Resources Bureau

The Tangfang Site
in Yunyang County, Chongqing City

School of Archaeology and Museology, Sichuan University

Science Press

长江三峡工程文物保护项目报告

重 庆 库 区 编 委 会

冉华章 江 夏 幸 军 任丽娟 王川平 程武彦 刘豫川

重庆市人民政府三峡文物保护专家顾问组

张 柏 谢辰生 吕济民 黄景略 黄克忠 苏东海 徐光冀

刘曙光 夏正楷 庄孔韶 王川平 李 季 张 威 高 星

长江三峡工程文物保护项目报告

乙种第四十一号

《云阳塘坊遗址》

主　编

罗二虎

副主编

伍秋鹏　陈　果　吴闽莹　潘绍池　刘文强

项目承担单位

四川大学考古文博学院（历史文化学院）

目　　录

插 图 目 录

彩 版 目 录

图 版 目 录

第一章 概 述

一、自然环境与资源

1. 遗址地理位置

云阳塘坊遗址在三峡库区建设前属重庆市云阳县双江镇。该遗址位于双江镇塘坊村,与群益村紧邻,中心地理坐标为东经108°43′15″、北纬30°55′01″,位于云阳县东南部的长江北岸边(图1-1)。20世纪末,因三峡水库建设,云阳县城从云阳镇搬迁至双江镇,现遗址所在地已进入云阳新县城范围之内,并被水库淹没。

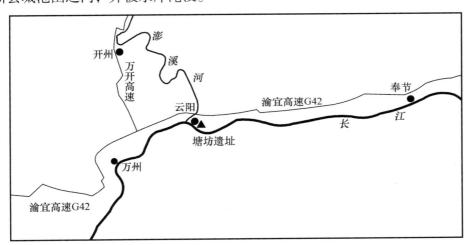

图1-1 塘坊遗址位置示意图

2. 自然环境

云阳县位于四川盆地东部边缘,属于盆地东部平行岭谷区与盆缘山区的过渡地带。东连奉节县,西界万州区,南与湖北省恩施土家族苗族自治州利川市毗邻,北与巫溪县、开州区接壤。南北长99.5千米,东西宽70.2千米,总面积3649平方千米。县境跨长江而立,以山地为主,境内岭谷地貌明显,山大坡陡,群山巍峨,岭谷交错。海拔139~1809米,最大相对高差1670米。依其形态分为五类:单斜低山、向斜深切割方山、背斜梳状低山、峰丛低山和石灰岩中山。

全县属于亚热带季风气候区,地处四周环山的长江河谷地区。年平均气温18.4℃,1月平均气温7.2℃,7月平均气温29.1℃。年平均日照数1484.8小时。年平均降水量1100.1毫米。无霜期304天。春季气温回升较早,但常受寒潮冷空气影响,故气温回升不稳定,倒春寒常发生。秋天出现绢雨的概率较高,气温低,日照少。由于四周高山屏障,常在县境上空形成逆温层,北方冷空气不易侵入，地面热量不易辐射，故冬季气温高于长江中下游同纬度比云阳海拔低的地区。此外，由于境内山多坡陡，高低悬殊很大，而且河流切割较深，地形复杂，各种气象要素随地区而异，形成复杂多样的气候特点。总体来说，具有"春早不稳定，初夏雨量丰沛，盛夏炎热多伏旱，秋多绵雨，秋冬寡照、冬暖。境内立体及小气候特色明显"的特点。日照时数较高，光能资源充足。立体气候特征显著，气温随海拔不同而变化。降水丰沛，但分布不均匀，年月间降水量相差较大，县北部及东北部降水较多，南部和西部次之，中部河谷地带较少。受季风环流影响，冬半年降水少，夏半年降水丰[①]。

3. 资源与农业

境内矿藏资源丰富，现已查明的矿藏种类有煤、菱铁矿、钼、钒、石灰岩、页岩、黏土矿、岩盐、石膏、方解石、天然气等。其中煤、菱铁矿、钼、钒埋藏浅、品位高、质量好。石灰岩、页岩、黏土矿遍布全县，品质优，开采易。岩盐储量为1700亿吨，含氯化钠87%以上。石膏、方解石、天然气储量也很丰富。

土壤的成土母质有二迭系和三迭系的碳酸类岩石、侏罗系砂泥岩、第四纪冲积物。成土母质优良，但因山大坡陡、土壤侵蚀严重，土层薄，尚很少形成肥沃土壤。全县土壤分为7个土类、9个亚类、22个土属、104个土种。主要有水稻土类、冲积土类、紫色土类、黄壤类、石灰岩土类、森林土类、荒草土类等。

水资源由境内径流、地下水和外来客水三部分组成。地下水总量约4.1亿立方米，主要有碳酸盐岩类裂隙溶洞水、碎屑岩类孔裂隙水、基岩裂隙水三种。地域内溪河属长江流域水系分区中的长江上游干流区即长干水系。按地貌特征均属深谷丘陵型河流，有的则呈峡谷型河段。其径流的共同点都是靠降水补给。主要溪河流域分为澎溪、汤溪、梅溪、长滩河、长江北岸支流、长江南岸支流7个小区。除长江外，流经县境且流域面积5000平方千米的有澎溪河，1000平方千米以上的有汤溪、磨刀溪、长滩河，500平方千米以上的有5条，100平方千米以上的有13条，50平方千米以上的有21条。全县溪河纵横，沟谷遍地，径流丰富，水系发育。

云阳县境内因受东南季风的影响，水量充沛，气候温暖湿润，土壤类型多样，分布着种类繁多的亚热带针阔叶林及多种竹林。因气候、海拔、土质的差异可分为5个林带：北部中、低山亚热带常绿阔叶林带，南部中、低山针阔叶混交林带和中部平行岭谷针阔叶林带。云阳县有野生植物近2000种，其中珍稀古树有29科、34属、39个品种。野生动物种类亦较多。县境高、中山区，有国家一类保护动物豹，二类保护动物大鲵、水獭、鸳鸯、锦鸡等，二级保护植物银杏。

云阳是农业县，以粮食生产为主，主要传统农作物有水稻、小麦、玉米、红苕、洋芋（马铃薯）、油菜、棉花，另出产糖料、烟叶、茶叶、水果等。县内有林木品种97科、839种，竹

---

① 自然环境部分主要参考云阳县志编纂委员会编纂：《云阳县志》，四川人民出版社，1999年。

类13种^①。20世纪90年代，全县有林地11.6万公顷，活立木蓄积10.5330万立方米。主要树种有马尾松、柏树、杉树、油桐等。油桐、桑树、柑橘等具有较大经济价值，其中桐油产量居全国产地之首。代表性畜种有猪、山羊、水牛、黄牛等，云阳为重庆市生猪饲养大县。现主要渔业养殖品种有草鱼、鲢鱼、鲤鱼、鲫鱼。全县有可养殖水面2000公顷，已养殖水面1500公顷。

二、历史沿革

云阳县境古代主要为巴人活动区域。相传夏商时期属于所谓的梁州之域，周初曾经隶属于庸国。在东周时期曾先归属巴国，后又归属楚国，期间攻伐不断，你争我夺。到战国末期又归属于秦国，始置"朐忍"县，为巴郡所辖。以朐忍名地，因"其地下湿，多朐忍虫""古人质直，地亦物称"，所以地称朐忍。朐忍虫即蚯蚓，当地俗名"蛐蟮"。秦在此设县，沿用以为县名。初建县时，其县境辖区大体为西界临江（今忠县），东邻鱼复（今奉节县），幅员较广，辖今云阳县、开州区、万州区、梁平县等地域。县治在今云阳县双江镇建民村（原名万户驿、万户坝、旧县坪）。

西汉初，袭秦郡县制。朐忍属益州刺史部巴郡。后陆续改隶永宁郡、巴东郡、固陵郡。蜀汉时又转隶属巴东郡。三国时期魏亡蜀，朐忍改属梁州巴东郡。西晋初，朐忍隶属未变。成汉时改隶荆州巴东郡。东晋穆帝永和三年（347年），成汉亡，朐忍复归梁州巴东郡。在南北朝时期，朐忍先属于南朝刘宋的荆州巴东郡，再属于南齐的巴州巴东郡。到梁普通四年（523年）改巴州为信州，朐忍隶属信州巴东郡。同时分朐忍县东部和鱼复县西南部置阳口县，移巴东郡治于阳口县。梁承圣二年（553年），巴蜀地区被北朝占领，朐忍仍隶属于信州巴东郡。北周武帝天和三年（568年），宇文邕派陆腾率师驻汤口（今云阳镇）镇压信州冉令贤等的反叛之后，将朐忍县治从万户驿迁移至汤口，以为信州的锁钥，并更名为"云安"。

隋开皇三年（583年），撤郡改州，以州统县，云安县隶属于信州。同年废阳口县，其西部划归云安县，东部归还鱼复（人复）县。大业三年（607年）又废州设郡，以郡统县，云安县隶属于巴东郡。唐武德元年（618年），撤巴东郡复为信州，云安县隶信州。武德二年（619年）改信州为夔州，云安县为其属县，唐贞观年间，全国政区实行道、州（府）、县三级制，云安县属山南道夔州都督府。玄宗开元二十五年（737年），分山南道为东西两道，云安县为山南东道属县。天宝元年（742年）废夔州改置云安郡，云安县为其首县。乾元元年（758年），废云安郡，复立夔州，云安县仍隶夔州。唐贞元元年（785年），在云安盐场设云安监，以收盐课（一说魏唐顺宗时公元805年设监）。五代时期，史籍对云安县均少有记载，但从宋朝承袭唐制的情况看，云安县的境遇及隶属夔州当无所变化。

宋朝对州、县大加调整，并改道为路。云安先后属西川路、峡西路、川陕路，宋太祖开宝六年（973年），以夔州云安县建云安军隶川陕路，据《宋史·地理志》载，云安军仅领云安县及云安监。宋真宗咸平四年（1001年），分四川地区为益州路、梓州路、夔州路、利州路，

---

① 云阳县地方志办公室：《云阳县县情概览》，2022-06-15发布。见重庆市地方志办公室网站www.cqdfz.cn。

云安县隶属夔州路云安军。宋神宗熙宁四年（1071年），分云安县所属云安监盐户建置安义县，熙宁八年（1075年）撤销安义县，诏以户口还隶云安县。宋末废云安军，云安县乃直属夔州路。元初设夔州路总府，至元十五年（1278年）复立云安军，云安县即隶属夔州路、云安军。至元二十年（1283年）云安军改置云阳州，省云安县。至元二十三年（1286年）在全国施行行省制，设四川行中书省，于是云阳州隶属于四川行中书省四川南道宣慰司夔路。

明初于县、州、府之上设"道"。洪武四年（1371年）改"路"为"府"，云阳州隶属下川东道夔府。洪武六年（1373年）十二月降云阳州为县，定名为"云阳县"。洪武九年（1376年），废行中书省，夔府降为夔州，云阳县改隶重庆府。洪武十四年（1381年）夔州复升为府，云阳仍为其属县。清朝分全国为18行省，四川境遇未变。嘉庆年间，地方行政组织又增加道一级，以"道"辖该地区府、州、厅、县。这一建制直到清末。云阳县与开县、万县、奉节、巫山、大宁（巫溪）同隶于川东道夔州府。

民国元年（1912年），废府存道，以道统县，云阳县直属于四川省川东道。民国二年，川东道改名东川道。民国六年至二十三年，四川军阀混战，各霸一方，云阳县初为杨森20军驻防区，后为刘湘21军驻防区。民国二十四年，四川地区划为18个行政督察区，云阳县隶属于四川省第九行政督察区万县专员公署。1949年12月16日成立云阳县人民政府，隶属于万县地区专员公署，1955年1月更名为云阳县人民委员会。1969年10月，改称云阳县革命委员会，隶属于四川省万县地区革命委员会。1981年4月恢复云阳县人民政府，隶属四川省万县地区行政公署。1992年12月，改属万县市。1997年6月18日，重庆直辖市人民政府挂牌，云阳改由万州移民开发区代管，2000年7月14日直属重庆直辖市管辖[①]。

三、发现与发掘整理经过

本项目属于三峡库区地下文物保护项目之一。最初领的任务书是对云阳尸山包墓群的抢救性发掘，2003年经批准将项目名称改为"丝栗包遗址"[②]。

该墓地是在1987年文物普查中发现，1992年又进行了复查。1993年12月由四川大学历史系考古专业三峡考古队勘查核实。据当时调查和复查勘探可知，该墓地位于双江镇群益村十四组，中心地理坐标为东经108°43′15″、北纬30°55′48″，海拔约160米，处于水库蓄水的第三、四级高程之间，墓群分布范围东西长约3000米，南北宽约200米，总面积近60万平方米，属于汉代砖室墓群。墓群主体部分保存情况较好。

按照三峡库区地下文物保护发掘规划，由于墓地所在位置海拔较高，位于三峡库区水位上涨的第三期淹没范围内，因此2003年度才开始进行发掘。原计划发掘面积1万平方米，但是当四川大学历史文化学院考古系等单位于2003年9月进入现场后，才发现该墓地由于建设新县城河边公园绿地而遭到了严重破坏,大部分山岗顶部已被削去,几乎夷为一片平地,墓地的原地表已所剩甚少。

2003年9～10月,由于该墓地遭到严重破坏,只好在对墓地残存部分进行考古勘探的同时,又在墓地上下游两个方向沿长江北岸进行了调查。其调查范围是:西向长江上游方向约有2千米,东向长江下游方向约3千米。在这一范围内,新发现了余家河坝、塘坊等遗址2处,风箱背墓地1处。由于余家河坝正好位于丝栗包墓地所处的山岗崖壁下面江边,距离丝栗包墓地很近,因此我们将丝栗包墓地和余家河坝遗址都归入丝栗包遗址的范畴(图1-2)。

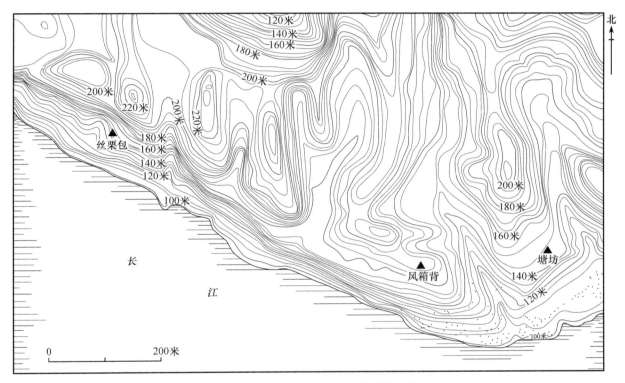

图1-2 遗址地形及周边遗址位置示意图

2003年11月,四川大学历史文化学院考古系对塘坊遗址及周边再次进行全面的考古调查,确定由于三峡库区水位的上涨,该遗址已有相当部分被江水淹没,现仅存靠长江一侧的东部和南部,剩余面积不大。

我们将这一情况上报重庆市文化局三峡库区地下文物保护办公室,并申请对该遗址剩余部分进行全面发掘。在申请得到批准后,于2004年3～9月对这处江边台地遗址的剩余部分进行了全面发掘。共布10米×10米的探方25个,发掘面积为2500平方米(图1-3、图1-4;彩版1、彩版2)。由于地势的原因,布方都没有采取正方向,而是北偏西60°。

云阳塘坊遗址发掘资料的整理在发掘过程中已于2004年开始进行。此后由于各种原因,整理工作于2005年之后一度停滞,于2012年才又开始陆续进行。

发掘和整理工作由四川大学考古文博学院(原四川大学历史文化学院考古系)承担,云阳县文物管理所协助。

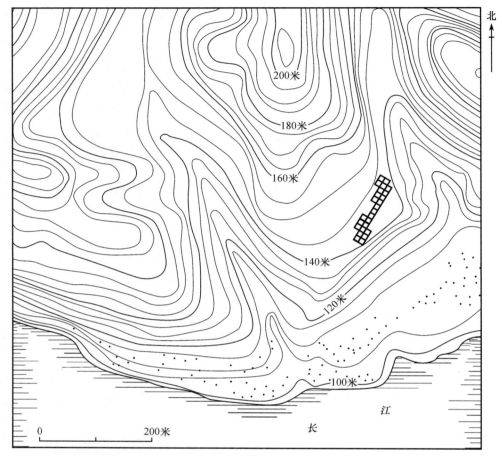

图1-3 遗址地形及发掘区位置示意图

四、遗址环境与地层堆积

（一）遗址环境

塘坊遗址位于重庆三峡库区云阳县境内长江北岸边的一个台地上，西距风箱背墓地200多米，再往西距丝栗包遗址约1.5千米。海拔139～143米。三峡库区移民和云阳县城搬迁后，现已进入云阳新县城的城区范围之内。

过去，遗址所在的台地坐北向南，其南侧面向长江，北侧背靠山峦，东西两侧各有一条小溪，形成冲沟。由于长江三峡库区二期工程水位的上涨，到2003年秋季，这一台地仅剩下地势较高的部分尚未被淹，形成一个地势较为平坦的半岛，原台地的整体地貌已不存在。因此，遗址的原面积不详。该遗址现存部分位于半岛靠长江一侧的东部和南部（彩版1）。

（二）地层堆积

由于地势较为平缓，历代的文化堆积大体呈水平分布，遗址南部略高于北部。

整个发掘区的地层可以统一划分为10层。

第1层：地表层，可分为两个亚层。

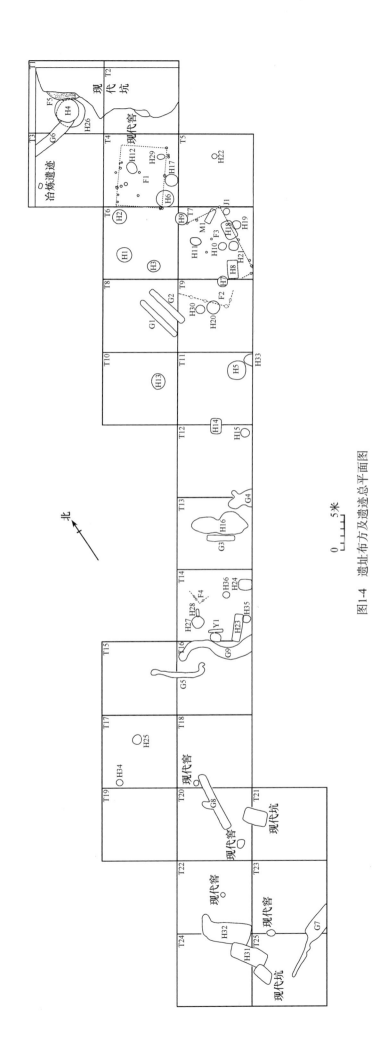

图1-4 遗址布方及遗迹总平面图

北

0　5米

第1A层：现代耕土层，红褐色沙黏土，覆盖大部分的遗址表面。

第1B层：现代屋基瓦砾层，灰褐色，有大面积的坚硬三合土和屋基条石等，分布于中西部的大部分探方内。

第2层：红褐色黏土，为耕土层，可能为水田土。分布于整个遗址内，除了极少的青花瓷片等之外基本上未见文化包含物。时代约为清代早中期。

第3层：黄褐色黏土。分布于遗址东部。含有小砾石、炭渣、瓦砾、青花瓷片等。时代为明清时期。

第4层：黄褐色沙黏土。除了最西部之外，基本上分布于整个遗址。该层出土有青瓷片、黑瓷片、白瓷片、瓦片等。时代约为宋代。

第5层：暗土黄色黏沙土。主要分布于遗址东部。出土遗物有青瓷片、黑瓷片、白瓷片、板瓦、泥质陶片等，时代约为中晚唐五代。

第6层：灰褐色黏土。除了最西部之外，基本上分布于整个遗址。出土遗物有陶罐、青瓷片、板瓦等。时代约为唐代。

第7层：土黄褐色黏土。分布在遗址东中部的部分探方内。出土遗物有陶釜、陶罐、青瓷片、板瓦等。时代约为南朝时期。

第8层：褐色黏沙土。主要分布在遗址的中部，另在东部也有少量分布。出土遗物有陶鬲、豆、盆、钵、罐、器盖等。时代约为东周时期。

第9层：灰褐色沙黏土。分布在遗址的中部。包含物较多，出土遗物有陶小平底罐、高柄器、罐、器盖、缸等。时代约为夏商时期。

第10层：暗土黄色沙黏土。分布在遗址的中部。出土遗物有陶卷沿罐、折腹钵、曲腹钵、壶、厚壁缸等。时代为新石器时代晚期。

第10层以下为纯净的土黄色沙黏土，无任何文化包含物。

下面再举例具体探方的地层剖面加以说明。

1. T3东壁地层剖面

T3东壁地层堆积可分为7层，其中第2层还可以分为两个亚层，第3层可以分为三个亚层（图1-5）。

第1B层：耕土层，红褐色沙黏土，质疏松，夹杂大量现代植物根系及较多炭点。厚19.5～30厘米。分布全方。

第2层：为清代早中期。可分为两个亚层。

第2A层：红褐色黏土，质较硬，夹杂大量水锈及少量炭点。厚0～48.5厘米。东南角缺失。包含物极少，有瓦片及青花瓷片。

第2B层：灰褐色黏土，质较硬，夹杂较多水锈及零星炭点。厚0～16.5厘米。无包含物。

第3层：为明清层。可分三个亚层。

第3A层：黄褐色黏土，质较软，夹杂零星炭点及红烧土颗粒。厚0～15.5厘米。分布在东北部。包含物较少，有瓦片及青花瓷片。瓷片可辨器形有碗等。

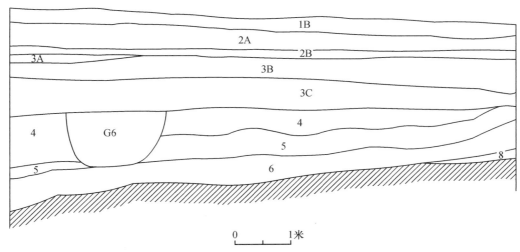

图1-5　T3东壁地层剖面图

第3B层：浅灰色黏土，质较软，夹杂零星炭点及红烧土颗粒。厚0～64厘米。西南大部缺失。包含物较少，有瓦片及青花瓷片。

第3C层：黄褐色黏土，质较硬，夹杂零星红烧土颗粒及炭点。厚0～72.8厘米。西北部及西南角缺失。包含物较少，有少量瓦片和青花瓷片。瓦片为蓝色，多为素面，有少量内布纹外绳纹。青花瓷可辨器形有碗等。本层开口下遗迹有G6。

第4层：黄褐色沙黏土，质较软，夹杂少量炭点及红烧土颗粒。厚0～93.2厘米。东南部缺失。包含物较少，瓦片较多，其次为陶片、瓷片。瓦片多为灰色，有少量蓝色，素面为主，有少量绳纹。陶片均为灰陶、素面，可辨器形有盆等。瓷片有青瓷、影青瓷，可辨器形有碗等。为宋代层。

第5层：暗土黄色黏沙土，质较硬，夹杂较多炭屑及零星红烧土颗粒。厚0～48.5厘米。西南小部分缺失。包含物较多，主要是瓦片，其次是瓷片，再次是陶片。瓦片为灰色，素面为主，有少量内外绳纹及内布纹外素面。瓷片为青瓷，可辨器形有碗、盏、壶、罐等。陶片为灰陶，可辨器形有罐、盆等。为中晚唐五代层。

第6层：灰褐色黏土，质较软，夹杂大量炭点及较多红烧土颗粒。厚27.2～60.2厘米。分布全方。本层包含物丰富，陶片与青瓷片数量很多，而且可复原的器物很多，瓦片极少。为唐代层。

本探方缺第7层。

第8层：褐色黏沙土，质硬，夹杂少量炭点及红烧土颗粒。厚0～18厘米。分布在探方东南部，包含物较少，均为泥质灰陶，除素面外，纹饰有方格纹，可辨器形有豆、罐、鬲等。为东周时期层。

第8层以下为生土，本探方缺第9、10层。

2. T7南壁地层剖面

T7南壁地层堆积可分为7层，其中第1层和第2层还可以分为两个亚层（图1-6；彩版3-1）。

第1A层：灰黄色土，土质疏松，内有大量黑色炭渣、河卵石、浮土层，为近年的堆积。厚

5～30厘米。分布于整个探方。出土少量陶瓷片。为现代层。

第1B层：耕土层，褐色沙黏土，土质疏松。厚0～20厘米。分布于探方东南角和西南角。包含有建筑垃圾、残砖、石渣、瓷片、残铁器和瓦片等。为近现代层。

第2A层：红褐色土，土质紧密，黏性大，有水稻根茎腐烂后的铁褐色斑点。厚10～38厘米。分布全方。包含物仅有极少量青花瓷片、瓦片。为清代层。

第2B层：灰褐色土，土质紧密。厚5～15厘米。分布于探方西南角。为清代层。

本探方缺第3层。

第4层：黄褐色土，土质较紧密，夹杂少量红烧土颗粒。厚15～30厘米。分布于整个探方。出土物有少量化妆土粗瓷片、影青瓷片、陶器和瓦片等。为宋代层。

第5层：暗土黄色黏沙土。厚9～24厘米。主要分布于探方南部。出土物有黑瓷片、青瓷片、板瓦、泥质陶片等。为中晚唐五代层。

第6层：灰褐色黏土，土质松软，夹杂木炭粒和红烧土颗粒。厚0～40厘米。分布于探方南半部。出土物有较多的青瓷片、泥质灰陶片等。瓷器可辨器形有碗、钵、罐、壶等类。为唐代层。

第7层：土黄褐色黏土。厚8～16厘米。分布于探方南部。出土物可辨有陶釜、罐，以及青瓷片、板瓦等。为南朝层。

本探方缺第8、9层。

第10层：暗土黄色沙黏土。厚16～22厘米。分布于探方南部。出土物有陶卷沿罐、折腹钵、曲腹钵、壶、尖底厚壁缸等。为新石器时代层。

第10层以下为生土，土质为纯净的土黄色沙黏土。

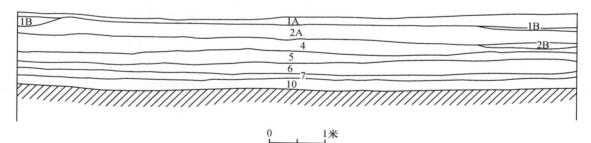

0　　　　1米

图1-6　T7南壁地层剖面图

3. T11南壁地层剖面

T11南壁地层堆积可分为7层，其中第2层还可以分为两个亚层（图1-7）。

第1B层：灰褐色土，黑色炭渣、河卵石、浮土层。厚0～12厘米。分布于探方大部。包含较多建筑垃圾、石渣和瓦片等。为现代层。

第2层：可分为两个亚层。

第2A层：红褐色黏土，土质紧密坚硬，黏性大，有水稻根茎腐烂后的铁褐色斑点。厚18.4～43.7厘米。分布于整个探方。包含物有少量青花瓷片、瓦片。为清代层。

第2B层：灰褐色黏土，土质紧密，为水稻田土，有水稻根茎腐烂后形成的铁褐色斑点。厚9.7～24.3厘米。分布于整个探方。出土物有少量青瓷花片和瓦片。为清代层。

本探方缺第3层。

第4层：黄褐色沙黏土，土质较紧密，夹杂少量红烧土颗粒。厚10~35厘米。分布于探方大部。出土物有少量化妆土粗瓷片、瓦片和影青瓷片。为宋代层。

本探方缺第5层。

第6层：灰褐色黏土，土质松软，夹杂木炭粒和红烧土颗粒。厚0~25.2厘米。分布于探方大部。出土物有化妆土粗瓷片、青瓷片、泥质灰陶片、瓦片等。为唐代层。

第7层：土黄褐色黏土，土质坚硬，夹杂较多红烧土颗粒。厚0~35厘米。分布于探方南半部分。出土物稀少，仅有少量陶片、青瓷片。为南朝层。

本探方缺第8层。

第9层：灰褐色沙黏土，土质紧密。厚0~26.2厘米。分布于探方西南角。出土物有少量陶片，主要为泥质灰陶、黑皮红陶，器类有高柄器等。为夏商时期层。

第10层：暗土黄色沙黏土，土质紧密，夹杂少量红烧土颗粒。厚0~37.8厘米。分布在探方南面大部分。出土物有陶片、打制石片、磨制石器和兽骨等。陶片以泥质灰褐陶、磨光泥质黑皮褐陶、夹细砂褐陶为主。该层下的遗迹有H33。为新石器时代层。

第10层以下为生土，土质为纯净的土黄色沙黏土。

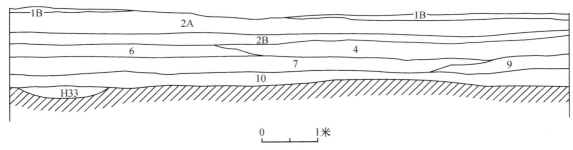

图1-7　T11南壁地层剖面图

4. T13西壁地层剖面

T13西壁地层堆积可分为7层，其中第1层和第2层还可以分为两个亚层（图1-8）。

第1A层：耕土层，红褐色沙黏土。厚16~28厘米。分布于整个探方。为现代层。

第1B层：屋基瓦砾层，灰褐色土，土质疏松，有大面积的坚硬三合土和屋基条石等。厚0~24厘米。分布于探方北部。出土物有陶瓷片、残砖、瓦等。为近现代层。

第2A层：水田层，红褐色黏土，土质紧密坚硬，黏性大，有水稻根茎腐烂后的铁屑色斑点。厚20~32厘米。分布于整个探方。出土少量青花瓷片、瓦片和影青瓷片。为清代层。

第2B层：水田层，灰褐色黏土，土质紧密坚硬，黏性大，有水稻根茎腐烂后的铁屑色斑点。厚8~11厘米。分布于整个探方。出土少量青花瓷片、瓦片和影青瓷片。为清代层。

本探方缺第3层。

第4层：黄褐色沙黏土，土质较紧密，夹零星红烧土颗粒。厚0~30厘米。分布于探方大部。出土少量青瓷片、瓦片和影青瓷片。为宋代层。

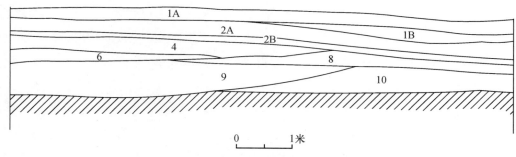

图1-8　T13西壁地层剖面图

本探方缺第5层。

第6层：灰褐色黏土，土质较疏松，夹杂木炭粒和红烧土颗粒。厚0～23厘米。分布于探方南部。出土较多青瓷片、泥质灰陶片等。为唐代层。

本探方缺第7层。

第8层：褐色黏沙土，土质较疏松。厚0～29厘米。分布于探方大部。出土物有陶片和残石器，器形有纺轮等。为东周时期层。

第9层：灰褐色沙黏土，土质较紧密。厚0～69厘米。分布于探方南部。出土有较多陶片和石片，器形有高柄器、罐、器盖、缸等。为夏商时期层。

第10层：暗土黄色沙黏土，土质紧密，包含少量红烧土颗粒。厚0～50厘米。分布于探方大部。出土少量陶片、打制石器、磨制石器、兽骨等残片。为新石器时代层。

第10层以下为生土，土质为纯净的土黄色沙黏土。

从以上介绍可以看出，该遗址存在着多个时期的文化堆积。以下根据时代的早晚分章进行介绍。

第二章　新石器时代遗存

属于这一时期的遗存不多。第10层属于这一时期，主要分布在遗址中部的T6、T7、T9、T11～T14、T16～T20等探方内。遗迹仅有H33、H34等两座灰坑，开口均位于第10层下（图2-1）。

第一节　遗　　迹

遗迹仅发现2座灰坑。均为平面近圆形，平底，在废弃前应是作为窖藏使用。

一、H33

（一）位置与层位

位于T11东南角，部分延伸至探方南壁外。由于库区江水上涨的冲刷，现南壁外已是数米高的陡崖，因此灰坑南半部未能进行扩方清理发掘。开口于第10层下，打破生土。坑口距地表深1.5米。

（二）形制与结构

已清理部分的平面为半椭圆形，底部平整，推测整个灰坑略呈口大底小的椭圆形。坑的现存深度较浅，推测原上半部在早期已被破坏。已清理部分的坑口最长1.47、最宽1.05米，底部最长1.4、最宽1米，深0.2米（图2-2）。

（三）坑内堆积

坑内填土为黄灰色土，土质疏松，包含细小红烧土颗粒。

（四）出土遗物

主要为陶器，共52片（件），另有石器的残片和少量鱼骨、兽骨等。

（1）陶质陶色

出土陶器均为夹砂陶，其中夹粗砂红褐陶31片、夹粗砂褐陶20片、夹砂灰黑陶1片（件）。

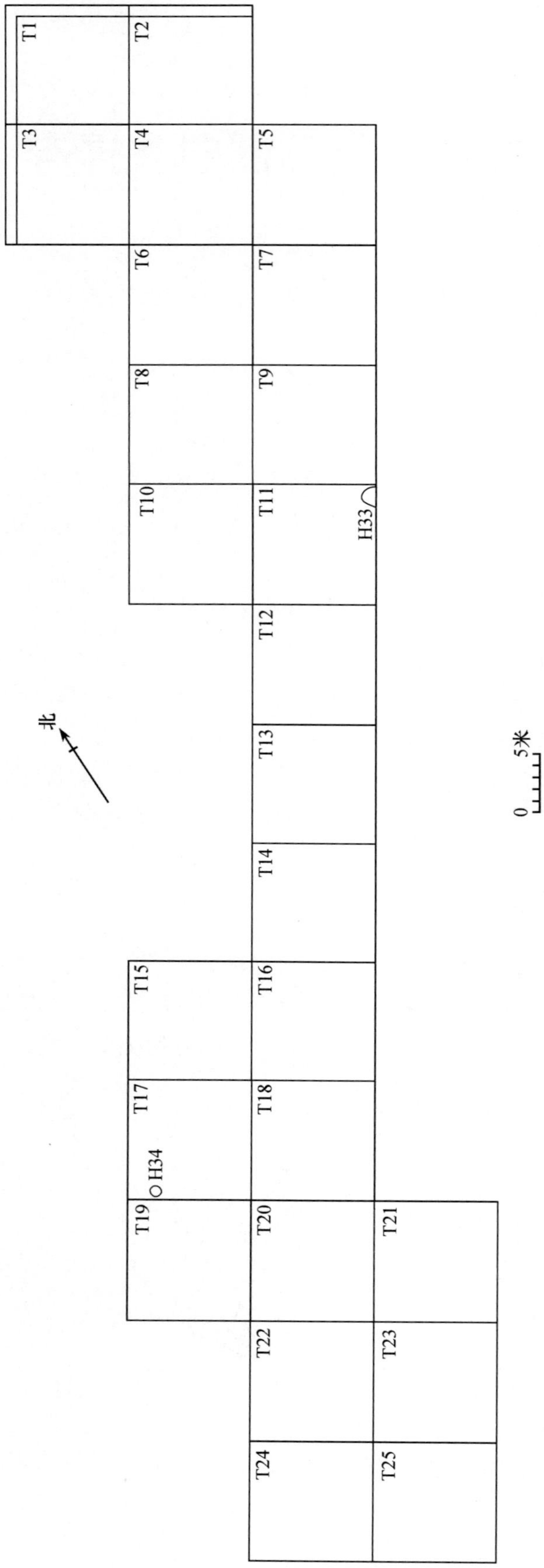

图2-1　新石器时代遗迹分布图

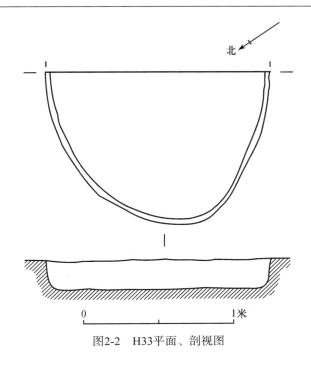

图2-2　H33平面、剖视图

（2）纹饰

有纹饰的陶器共7片（件），其中交错粗绳纹4片、方格纹2片、箍带纹1片（件）。

标本H33：2，厚壁缸腹部。夹粗砂红褐陶。箍带纹，箍带上有凸棱（图2-3-3）。

标本H33：3，侈口厚壁缸口沿。夹砂灰黑陶。花边口。口饰压印绳纹，肩部菱形交错绳纹（图2-3-2）。

标本H33：4，壶腹部。夹粗砂红褐陶。交错绳纹（图2-3-1）。

（3）器类

可辨器类的陶器共5片（件），其中有1件可复原。

卷沿罐　1件。标本H33：1，夹砂红褐陶。侈口，卷沿，圆唇，深腹，上腹微鼓，下腹内收，平底。唇部以下通饰菱形交错绳纹。口径28.8、底径14.6、高34.8厘米（图2-4；彩版7-3；图版9-1）。

此外，大体可辨识器类的陶器残片还有卷沿罐1片、壶1片、厚壁缸2片（件）。

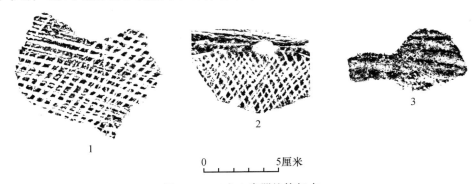

图2-3　H33出土陶器纹饰拓本

1.交错绳纹·壶（H33：4）　2.交错绳纹+花边口压印绳纹·缸（H33：3）　3.箍带纹·缸（H33：2）

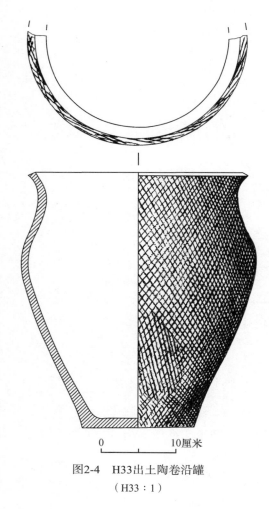

图2-4 H33出土陶卷沿罐
（H33∶1）

（五）性质

该坑形制规则，可能原是人工开凿的窖穴，废弃后作为倾倒垃圾之处。

二、H34

（一）位置与层位

位于T17西北部。开口于第10层下，打破生土。坑口距地表深1.35米。

（二）形制与结构

平面呈圆形，坑壁基本垂直，坑壁和底部都较平整。口径0.9、底径0.9、深0.4米（图2-5）。

（三）坑内堆积

坑内填土呈灰褐色，土质较紧密。

（四）出土遗物

出土遗物有陶器和石器。

1. 陶器

（1）陶质陶色

出土陶器共421片（件），可分为夹砂陶和泥质陶两类。

夹砂陶：夹细砂红（黄）陶42片、夹细砂褐陶101片、夹细砂灰陶24片、夹细砂褐（黑）陶44片、夹细砂灰黑陶1片、夹细砂黑皮红陶1片、夹粗砂红陶7片、夹粗砂红皮灰陶1片、夹粗砂红褐陶1片、夹粗砂灰褐陶1片、夹粗砂灰陶1片（件）。

泥质陶：泥质灰陶60片、磨光泥质灰陶3片、泥质黑皮灰陶3片、泥质黑皮红陶1片、泥质红褐陶30片、泥质黑皮褐陶46片、磨光泥质黑褐陶1片、泥质褐皮褐陶32片、泥质灰褐陶1片、泥质灰（黄）陶17片、粗泥黑褐陶1片、粗泥黄褐陶1片、细泥橘黄陶1片（件）。

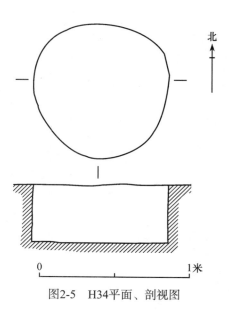

图2-5 H34平面、剖视图

（2）纹饰

有纹饰的陶片共有57片（件）。纹饰种类多样，其中粗绳纹5片、细绳纹8片、交错细绳纹2片、交错粗绳纹1片、戳印纹3片、绳纹加戳印纹组合10片、细绳纹加箍带纹组合3片、交错绳纹加弦纹组合2片、交错线划纹加戳印纹2片、交错绳纹加划纹2片、细绳纹加划弦纹1片、戳印纹加压印纹组合1片、戳印纹加弦纹组合1片、细弦纹1片、线划纹1片、瓦棱纹5片、瓦棱纹加戳印纹组合1片、划纹加箍带纹组合1片、凸点状附加堆纹及与其他纹组合4片、箍带纹1片、篮纹1片、镂孔1片（件）。另有1件高柄器的器物表面着朱红色彩绘。

绳纹：标本H34:25，罐颈部。夹粗砂黄褐陶。交错粗绳纹（图2-6-8）。

划纹：标本H34:10，罐腹部。泥质灰陶。交错线划纹（图2-6-11）。

戳印纹：标本H34:23，罐颈部。粗泥灰陶。戳印纹（图2-6-10）。标本H34:26，罐颈部。泥质红褐陶。戳印纹三个一组（图2-6-5）。

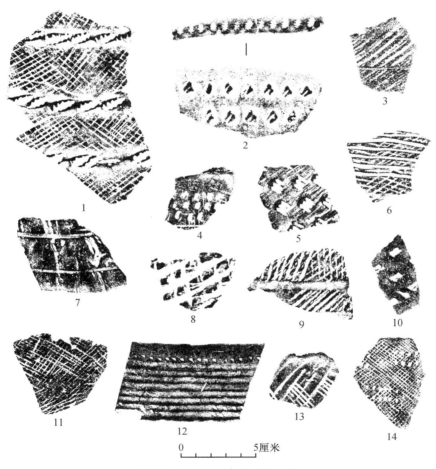

图2-6　H34出土陶器纹饰拓本

1. 交错细线划纹+箍带纹·缸（H34:33）　2. 凸点状附加堆纹·压印绳纹花边口罐（H34:34）　3. 细绳纹+划弦纹·罐（H34:32）　4. 交错线划纹+戳印纹·罐（H34:28）　5、10. 戳印纹·罐（H34:26、H34:23）　6. 交错绳纹+划纹·罐（H34:30）　7. 戳印纹+抹划弦纹·罐（H34:27）　8. 交错粗绳纹·罐（H34:25）　9. 交错绳纹+抹划宽弦纹·壶（H34:24）　11. 交错线划纹·罐（H34:10）　12. 瓦棱纹+戳印纹·折腹钵（H34:3）　13. 细绳纹+戳印纹·罐（H34:31）　14. 交错线划纹+戳印纹·罐（H34:29）

两种纹饰组合：

标本H34：3，折腹钵口沿。粗泥黄褐陶。瓦棱纹与点状戳印纹组合（图2-6-12；图版9-5）。

标本H34：27，罐腹部。泥质灰陶。戳印纹两个一组、抹划弦纹（图2-6-7）。

标本H34：28，罐颈部。泥质灰陶。先施交错线划纹，再在其上加施长方形戳印纹三排（图2-6-4）。

标本H34：29，罐颈部。泥质灰陶。戳印纹十二个一组，为两排，交错线划纹（图2-6-14）。

标本H34：24，壶腹部。泥质灰陶。交错绳纹、抹划宽弦纹（图2-6-9）。

标本H34：30，罐腹部。夹细砂褐陶。交错绳纹加划纹（图2-6-6）。

标本H34：31，罐颈肩部。夹细砂灰褐陶。细绳纹加五个一组的长条戳印纹（图2-6-13）。

标本H34：32，罐腹部。夹细砂灰陶。细绳纹加划弦纹（图2-6-3）。

标本H34：33，厚壁缸腹部。泥质红褐陶。交错细线划纹、箍带纹上长条压印纹五个一组（图2-6-1；彩版8-4）。

标本H34：34，深腹折沿花边口罐口沿。夹细砂灰黑陶。凸点状附加堆纹两个一组，口沿上饰压印绳纹（图2-6-2）。

（3）器类

可辨识器类的陶器共有38片（件），均为残件。

罐　1件。标本H34：13，夹粗砂红褐陶。残，仅存颈部，近口沿处饰斜细绳纹，残存三道凸弦纹，上两道凸弦纹下各有一排三个一组的凸点状附加堆纹。最大残径26.7、残高7.7厘米（图2-7-8；图版10-4）。

壶　6件。标本H34：6，泥质灰陶。残，仅存口颈部，侈口，圆唇。口径35.7、残高6.8厘米（图2-7-6）。标本H34：5，泥质灰陶。残，仅存口沿、肩部，卷沿，圆唇。口径32.2、残高6.6厘米（图2-7-5；图版9-2）。标本H34：1，泥质灰陶。残，仅存口颈部，卷沿，圆唇。口径32.5、残高6.7厘米（图2-7-4）。标本H34：17，细泥橘黄陶，表面施红彩。仅存口颈部，直口微敞，高领。口径5.2、残高2.8厘米（图2-8-5；彩版8-1）。标本H34：20，泥质黑皮灰褐陶。卷沿，圆唇，领较高。颈部以下残。饰瓦棱纹。口径13.7、残高5厘米（图2-8-7；图版9-3）。标本H34：36，磨光泥质黑褐陶。卷沿，圆唇。残高2.1厘米。

折沿盆　4件。下部均残，折沿，唇略尖，腹部向下内收。标本H34：19，泥质黑皮红陶。器内表磨光。口径37.7、残高5.2厘米（图2-7-2；图版10-2）。标本H34：2，夹细砂黑皮红陶。口径37.2、残高3.4厘米（图2-7-3；图版10-1）。标本H34：38，泥质灰褐陶。仅存口沿部分，平折沿。残高2.8厘米。

敞口器　1件。标本H34：15，泥质红褐陶。残，仅存口部，器类不详。敞口，圆唇。口径30.4、残高3.1厘米（图2-7-1）。

折腹钵　5件。标本H34：14，泥质黑皮灰陶。下部残，敛口，折腹，下腹内收，上腹饰四道瓦棱纹。口径17.5、残高4.3厘米（图2-8-2）。

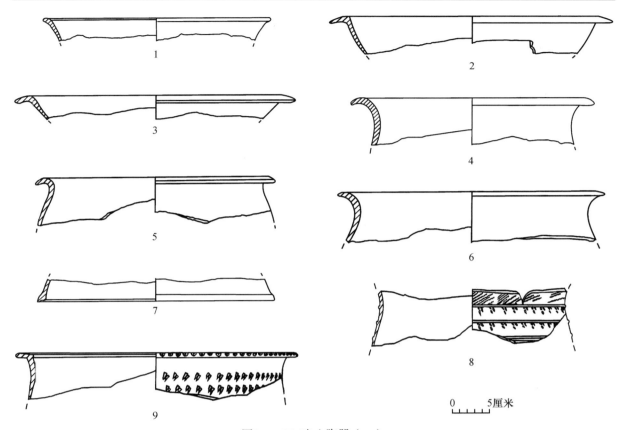

图2-7　H34出土陶器（一）

1. 敞口器（H34：15）　　2、3. 折沿盆（H34：19、H34：2）　　4~6. 壶（H34：1、H34：5、H34：6）　　7. 圈足器（H34：4）

8. 罐（H34：13）　　9. 尊形器（H34：7）

尊形器　2件。标本H34：7，夹粗砂灰褐陶。残，仅存口肩部。宽沿平折，圆唇。唇上有压印绳纹，颈部有两排两个一组的凸点状的附加堆纹。口径37.6、残高6.5厘米（图2-7-9；彩版8-3）。标本H34：18，粗泥黑褐陶。残，仅存上部。平折沿，圆唇，上腹较直。饰两排凸点状的附加堆纹。口径12.3、残高3.4厘米（图2-8-1；图版10-3）。

杯　1件。标本H34：16，泥质红褐陶。最大腹径7.8、残高4.7厘米（图2-8-6）。

圈足器　3件。不排除个别为器座。标本H34：4，夹粗砂红皮灰陶。上部残，底大向上略内收，厚沿。足径31.6、残高3.2厘米（图2-7-7）。标本H34：22，泥质灰陶。仅存部分可能为高圈足，呈上小下大的喇叭形，壁向外弧，圈足的上下部均残。残存镂孔两个。最大残径11、残高7.5厘米（图2-8-4）。标本H34：21，泥质灰陶。残，仅存圈足部分。圈足上小下大呈喇叭形。上部饰一道抹划弦纹。最大残径11.3、残高4.3厘米（图2-8-3）。

不明器　1件。标本H34：37，泥质黑皮灰陶。仅有一段直筒形残器，可能为某种器类的颈部。饰一道箍带纹。最大直径6.8、残高2.1厘米（图2-8-8；图版9-4）。

另外，大体可辨器类的陶器残片还有折沿罐5片（其中花边口2片）、敛口钵3片、器盖1片、厚壁缸4片、有柄器柄1片（件）。

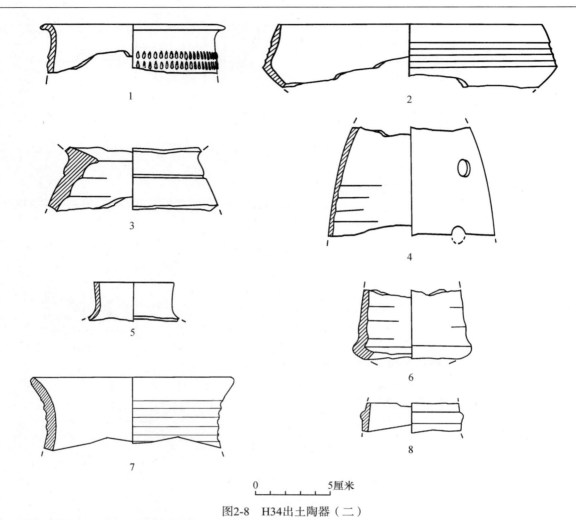

图2-8　H34出土陶器（二）

1. 尊形器（H34：18）　2. 折腹钵（H34：14）　3、4. 圈足器（H34：21、H34：22）　5、7. 壶（H34：17、H34：20）
6. 杯（H34：16）　8. 不明器（H34：37）

2. 石器

可辨识器类的石器共10件，其中4件较为完整。可分为打制石器和磨制石器两类。

（1）打制石器

斧　1件。标本H34：8，黄褐皮绿石的海成岩。形制规整，平面为长方形，纵剖面呈梭形。刃缘采用单向加工，器身两侧为双向加工，其中刃缘和两侧加工细致。器身单面局部磨制，有使用痕迹。长10.1、宽5.7、厚3厘米（图2-9-2；彩版9-4；图版13-1～3）。

砍砸器　2件。标本H34：11，灰褐色海成岩。斧形，平面略呈长方梯形，较厚重。刃部和顶部双向加工，局部二次修整。长11.1、宽7.5、厚3厘米（图2-9-4；图版18-1～3）。

切割器　2件。标本H34：12，红褐色砂岩。平面呈椭圆形。单向加工，局部二次修整细致，刃部有使用痕迹。长10.1、宽6.4、厚0.9厘米（图2-9-1；图版16-1～3）。

盘状刮削器　1件。标本H34：9，灰褐色火山岩。平面呈盘状。以整个器身为周缘向中心单向加工，另一面保留基本完整的砾石面，整个周缘都可作为刃部，有使用痕迹。长9.7、宽

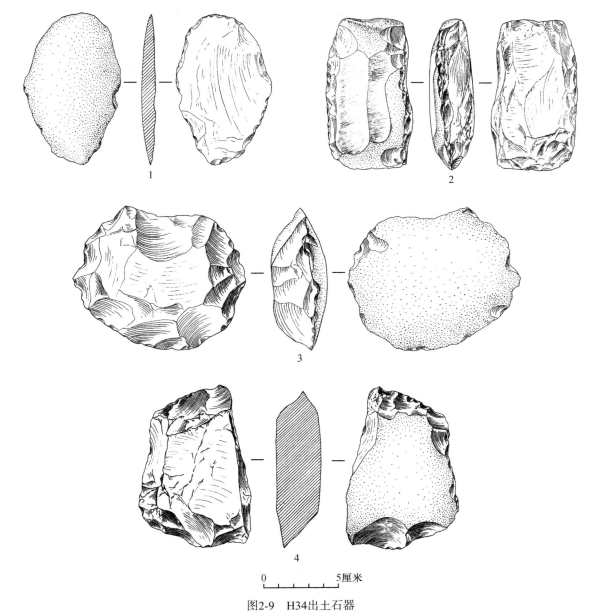

图2-9　H34出土石器

1. 切割器（H34：12）　2. 斧（H34：8）　3. 盘状刮削器（H34：9）　4. 砍砸器（H34：11）

11.5、厚3.7厘米（图2-9-3；图版16-4～6）。

　　另有大体可辨为砍砸器类的打制石器3件。此外，还有可能是石器制作过程中产生的大石片1件、石块4件等。

　　（2）磨制石器

　　锛　1件。仅存很小一块残段。

（五）性质

　　推测该灰坑原为窖穴，废弃后作为垃圾坑。

第二节　第10层出土陶器

地层中出土遗物主要有石器和陶器。

陶质陶色：陶器共1544片（件），分为夹砂陶和泥质陶。夹砂陶计488片（件），其中夹细砂灰黑陶2片、夹细砂红（黄）褐陶124片、夹细砂红陶1片、夹细砂灰陶35片、夹细砂灰褐陶136片、夹细砂黑陶5片、夹细砂黑褐陶58片、夹细砂褐陶67片、夹粗砂灰陶1片、夹粗砂红褐陶47片、夹粗砂及蚌粉红褐陶7片、夹粗砂灰褐陶3片、夹粗砂褐陶2片。泥质陶（包括粗泥陶）[①]1056片（件），其中灰陶225片、灰褐陶86片、粗泥灰褐陶53片、褐陶（包括褐皮红褐陶）264片（其中磨光陶80片）、黑皮灰褐陶（包括黑皮褐陶）153片（其中磨光陶6片）、粗泥黑褐陶16片、红（黄）褐陶79片（件）、粗泥红褐陶120片、红陶50片、橘黄陶1片、黑灰陶（包括黑皮灰陶）3片、黑皮红陶5片（均磨光）、褐皮黑陶1片。

纹饰：制作方法主要有戳印、压印、刻划、拍印、捏塑、贴塑、镂孔等。纹饰种类丰富，有瓦棱纹、点状戳印纹、条状戳印纹、新月戳印纹、条形压印纹、细绳纹、粗绳纹、凹弦纹、划线纹、圆形镂孔、平行折线篦划纹、附加堆纹（箍带纹）等。

可辨器类主要有折沿盆、折腹钵、敛口钵、侈口罐、折沿罐、卷沿罐、敛口罐、敞口小罐、灯形器、壶（瓶）、盘、圈足器、纺轮等。

一、T7第10层出土陶器

出土的陶器共199片（件）。

（1）陶质陶色

可分为夹砂陶和泥质陶。

夹砂陶：92片（件），其中夹细砂红（黄）褐陶52片、夹细砂灰陶35片、夹粗砂灰褐陶2片、夹粗砂褐陶2片、夹粗砂灰陶1片（件）。

泥质陶：107片（件），其中灰陶32片、灰褐陶24片、褐皮红褐陶42片（其中磨光6片）、黑皮灰褐陶9片（件）（其中磨光2片）。

（2）纹饰

有纹饰的陶器共18片（件），其中戳印纹3片、戳印纹加瓦棱纹1片、线划纹加戳印纹加抹划弦纹1片、交错中绳纹5片、交错粗绳纹1片、交错绳纹加箍带纹1片、绳纹加抹划弦纹2片、瓦棱纹2片、线划纹1片、粗篮纹1片、箍带纹1片（件）。纹饰在陶器上部分为组合形式出现。

标本T7⑩：3，折沿尊形器或罐口沿。夹粗砂褐陶。绳纹，颈部抹划掉绳纹（图2-10-1）。

标本T7⑩：4，罐肩部。夹细砂灰陶。线划纹、条状戳印纹两个一组，有多排，与多道抹划弦纹相间（图2-10-2）。

———————————

① 粗泥陶是指陶质较疏松不致密，硬度不高的陶器。

标本T7⑩：7，厚壁缸腹部。夹粗砂褐陶。拍印粗篮纹（图2-10-4）。

标本T7⑩：8，罐近底部。夹粗砂灰陶。绳纹近底部（图2-10-5）。

标本T7⑩：9，折腹钵口沿。泥质磨光黑皮灰褐陶。瓦棱纹，口沿下一排圆点戳印纹（图2-10-3）。

（3）器类

可辨识器类的陶器有卷沿罐、直领卷沿罐、折沿罐、曲腹钵、折腹钵、壶、圈足器、厚壁缸、杯、器盖、平底器底部等共41片（件），均为残件。

卷沿罐　6件。均残。标本T7⑩：1，泥质灰陶，表面磨光。侈口，尖唇，圆肩，下腹残。口径20.3、残高7.8厘米（图2-11-1；图版10-5）。

直领卷沿罐　2件。均残。标本T7⑩：10，泥质磨光褐皮红褐陶。卷沿，直领，圆唇，颈部以下均残。残高3.7厘米。

曲腹钵　3件。均残。标本T7⑩：6，泥质褐皮红褐陶。敛口，圆唇，下腹以下均残。口径19.6、残高3.9厘米（图2-11-3）。

壶　6件。均残。其中5件仅存口沿。

圈足器　4件。均仅存圈足。标本T7⑩：11，泥质灰陶。上部残，仅存喇叭形圈足。残高

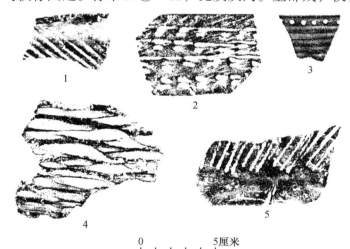

图2-10　T7第10层出土陶器纹饰拓本

1、5.绳纹·罐/尊形器（T7⑩：3、T7⑩：8）　2.线划纹+戳印纹·罐（T7⑩：4）　3.瓦棱纹+戳印纹·折腹钵（T7⑩：9）

4.篮纹·缸（T7⑩：7）

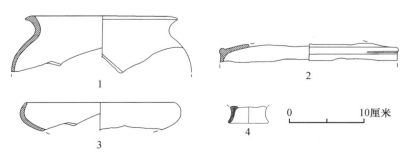

图2-11　T7第10层出土陶器

1.卷沿罐（T7⑩：1）　2.不明器（T7⑩：5）　3.曲腹钵（T7⑩：6）　4.圈足器（T7⑩：2）

4.6厘米。标本T7⑩：2，泥质灰陶。足径5.2、残高2.4厘米（图2-11-4）。

不明器　1件。仅存肩腹部。标本T7⑩：5，泥质灰陶。仅存肩腹部，折肩，上腹直壁，口部及下腹以下残。肩部饰一道箍带纹，直径23.8、残高2.4厘米（图2-11-2）。

此外，可辨器类的陶器残片还有折沿罐1片、折腹钵2片、厚壁缸3片、杯1片、器盖1片（件），另有平底器底部11片（件）。

二、T9第10层出土陶器

T9的第10层还可以再细分为A、B两个亚层。共有陶器546片（件）。

（1）陶质陶色

可分为泥质陶与夹砂陶。其中泥质陶405片、夹砂陶141片（件）。

第10A层：夹砂陶：97片（件），其中夹粗砂红褐陶（略黄）17片、夹细砂灰褐陶75片、夹细砂黑陶5片。泥质陶：50片（件），其中粗泥红褐陶17片、红陶（略黄）9片、灰陶10片、灰褐陶14片（件）。

第10B层：夹砂陶：44片（件），夹细砂黑褐陶39片、夹细砂红陶1片、夹细砂灰黑陶2片、夹粗砂红褐陶2片。泥质陶：355片（件），其中粗泥黑褐陶15片、粗泥红褐陶（略黄）102片、粗泥灰褐陶（略红）44片、磨光黑皮红陶5片、红陶2片、褐陶140片（其中磨光40片）、灰陶41片、灰褐陶3片、黑灰陶2片、褐皮黑陶1片（件）。

（2）纹饰

第10A层：有纹饰的陶器共52片（件）。其中箍带纹加中绳纹3片、细绳纹加戳印纹10片、细绳纹加抹划凹弦纹1片、细绳纹加绳纹花边口1片、瓦棱纹加中绳纹9片、交错线划纹加抹划（凹）弦纹1件、细绳纹1片、中绳纹1片、箍带纹5片、线划纹加弦纹1片、弦纹加戳印纹15片、凸点状附加堆纹2片、瓦棱纹2片（件）。纹饰在陶器上多以组合形式出现。

标本T9⑩A：32，厚壁缸腹部。夹粗砂红褐陶。凸棱宽箍带纹（图2-12-17）。

标本T9⑩A：49，宽沿罐口沿。夹细砂灰褐陶。外饰细绳纹，口部压印绳纹花边口（图2-12-16）。

标本T9⑩A：46，腹部。泥质红陶。点状戳印纹成多排，与多道平行弦纹相间（图2-12-12）。

标本T9⑩A：47，腹部。泥质灰陶。交错线划纹与多道抹划弦纹相间（图2-12-13）。

标本T9⑩A：48，肩部。夹粗砂红褐陶。三个一组凸点状附加堆纹，成排分布（图2-12-14）。

第10B层：有纹饰的陶器共61片（件）。其中细绳纹加戳印纹6片、细绳纹加凹弦纹4片、细绳纹加凸棱纹1片、交错细绳纹3片、细绳纹16片、交错细绳纹加凹弦纹2片、细绳纹加抹划弦纹1片、细绳纹加箍带纹3片、交错划纹加箍带纹2片、交错划纹加抹划弦纹1片、粗绳纹加抹划弦纹1片、折线篦划纹1片、斜条压印纹加横向戳印纹1片、网格细绳纹2片、人字形细绳纹2片、中绳纹2片、箍带纹5片、网格纹1片、凹弦纹2片、凸弦纹1片、瓦棱纹2片、戳印纹2片（件）。纹饰在陶器上多以组合形式出现。

标本T9⑩B：34，腹部。夹细砂红陶。交错细绳纹加抹划弦纹（图2-12-1）。

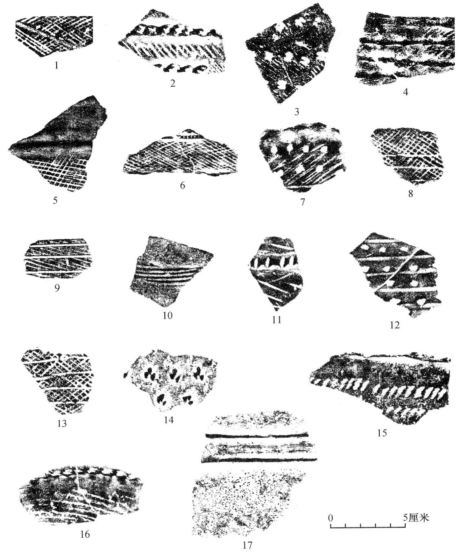

图2-12　T9第10层出土陶器纹饰拓本

1. 交错细绳纹+抹划弦纹（T9⑩B：34）　　2、4、11. 细绳纹+窄箍带纹上压印纹（T9⑩B：35、T9⑩B：37、T9⑩B：44）
3. 细绳纹+戳印纹（T9⑩B：36）　　5. 交错划纹+箍带纹（T9⑩B：38）　　6. 交错划纹+凸棱箍带纹（T9⑩B：39）　　7. 细绳纹+戳印
纹·罐（T9⑩B：40）　　8. 交错划纹+弦纹（T9⑩B：41）　　9. 绳纹+凹弦纹（T9⑩B：42）　　10. 平行凸弦纹（T9⑩B：43）
12. 戳印纹+弦纹（T9⑩A：46）　　13. 交错线划纹+弦纹（T9⑩A：47）　　14. 凸点状附加堆纹（T9⑩A：48）　　15. 条状戳印纹·罐
（T9⑩B：45）　　16. 细绳纹·压印绳纹花边口罐（T9⑩A：49）　　17. 箍带纹·缸（T9⑩A：32）

　　标本T9⑩B：35，缸类腹部。泥质灰褐陶。细绳纹加窄箍带纹，箍带纹上压印绳纹（图
2-12-2）。

　　标本T9⑩B：36，腹部。泥质灰陶。细绳纹加两个一组条状戳印纹（图2-12-3）。

　　标本T9⑩B：37，腹部。夹细砂灰黑陶。细绳纹加凸棱箍带纹，箍带纹上压印绳纹（图
2-12-4）。

　　标本T9⑩B：38，腹部。泥质磨光黑皮红陶。交错划纹加宽箍带（图2-12-5）。

　　标本T9⑩B：39，腹部。泥质灰褐陶。交错划纹加凸棱箍带纹，箍带纹上压印平行竖线（图
2-12-6）。

标本T9⑩B：40，深腹罐颈肩部。泥质黑灰陶。细绳纹加圆点戳印纹（图2-12-7）。

标本T9⑩B：41，腹部。泥质黑灰陶。交错划纹加平行抹划弦纹三道（图2-12-8）。

标本T9⑩B：42，腹部。泥质灰褐陶。细绳纹（或划纹）加平行凹弦纹三道（图2-12-9）。

标本T9⑩B：43，腹部。泥质灰陶。平行凸弦纹四道（图2-12-10）。

标本T9⑩B：44，腹部。泥质红陶。细绳纹加窄箍带纹，箍带纹上压印竖条纹（图2-12-11）。

标本T9⑩B：45，深腹罐肩部。夹砂灰黑陶。条状戳印纹横行排列（图2-12-15）。

（3）器类

大体可辨识器类的陶器共122片（件），基本均为口部和底部等残件。

第10A层：可辨识器类的陶器有折沿罐、卷沿罐、敞口罐、壶、尊形器、厚壁缸、装饰花边口沿罐、中领罐等27片（件）。

卷沿罐　1件。标本T9⑩A：33，泥质红陶（略黄）。侈口，圆唇，溜肩，腹部以下均残。口径30.2、残高5.1厘米（图2-13-6）。

此外，还有装饰花边口沿罐3片、折沿罐（颈部以下饰细绳纹加戳印纹）8片、卷沿罐1片、敞口罐2片、中领罐口沿1片、壶颈部2片（其中瓦棱纹1片）、尊形器3片、厚壁缸（均饰箍带纹）4片、平底器底部2片（件）。

第10B层：大体可辨识器类的陶器有折沿罐、敛口罐、敞口罐、折腹钵、壶、厚壁缸、尊

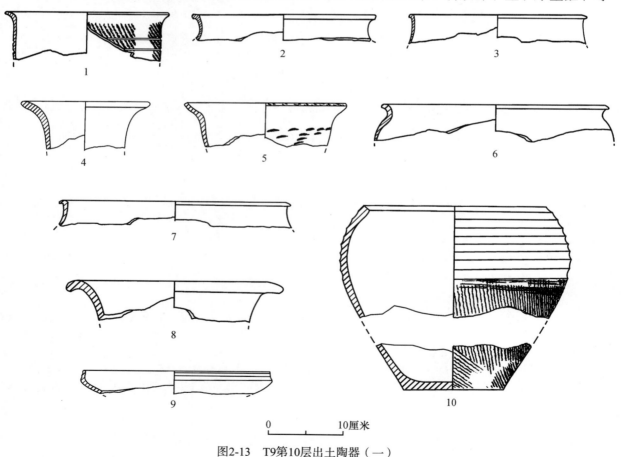

0　　　　　　10厘米

图2-13　T9第10层出土陶器（一）

1、5. 尊形器（T9⑩B：2、T9⑩B：18）　2、3、7. 折沿罐（T9⑩B：6、T9⑩B：17、T9⑩B：14）　4、8. 壶（T9⑩B：1、T9⑩B：20）　6. 卷沿罐（T9⑩A：33）　9. 折腹钵（T9⑩B：7）　10. 敛口罐（T9⑩B：23）

形器、装饰花边口卷沿罐、盘口罐、器盖、圈足器、平底器底等。共95片（件）。

折沿罐 7件。可分为斜折沿和平折沿。

斜折沿 4件。标本T9⑩B：11，粗泥红褐陶。侈口，圆唇，下腹残。上腹饰两个一组的条状戳印纹，现残留三排。口径14.8、残高3.2厘米（图2-14-3）。标本T9⑩B：5，粗泥红褐陶。圆唇，腹微鼓，下腹以下均残。唇部以下饰斜线细绳纹，再饰两排三个一组的点状戳印纹。口径34.5、残高6.7厘米（图2-14-7）。标本T9⑩B：15，粗泥黑褐陶。圆唇，腹微鼓，下腹残。器身饰折线篦划纹。口径14.6、残高3.9厘米（图2-14-4）。

平折沿 3件。标本T9⑩B：6，泥质红陶。束颈，肩部以下均残。口径24.5、残高3.7厘米（图2-13-2）。标本T9⑩B：17，泥质灰陶。束颈，肩部以下残。口径23.7、残高3.9厘米（图2-13-3）。标本T9⑩B：14，泥质灰陶。肩部以下均残。口径30.8、残高3.5厘米（图2-13-7）。

敛口罐 1件。标本T9⑩B：23，泥质灰褐陶。敛口，圆肩，下腹内收，平底。肩部饰九道瓦棱纹，下腹饰竖斜向绳纹，局部有交错绳纹。口径24、底径13.3厘米（图2-13-10；彩版7-5）。

尊形器 4件。标本T9⑩B：4，夹粗砂红褐陶。敞口，圆唇，上腹较直，下腹略内收，底部残。腹部饰交错细绳纹。口径15.6、残高7.5厘米（图2-14-1）。标本T9⑩B：3，粗泥红褐陶。敞口，圆唇，上腹较直，下腹以下均残。口沿下饰十二个一组的两排点状戳印纹，其下先拍印斜向细绳纹，再饰横排的连续点状戳印纹，现存有九排。口径23.2、残高8.1厘米（图2-14-2；图版10-6）。标本T9⑩B：18，泥质褐皮黑陶。敞口，圆唇，上腹向下斜收，下腹残。唇上有斜条压印纹，上腹饰指压状横向戳印纹。口径21.6、残高6.2厘米（图2-13-5）。标本T9⑩B：2，夹细砂黑褐陶。敞口，折沿，上腹直壁。上腹先饰斜向粗绳纹，再饰两道抹划弦纹。口径23.8、残高6.8厘米（图2-13-1）。

壶 2件。标本T9⑩B：1，泥质灰陶。敞口，圆唇，长颈，颈部以下均残。口径17.2、残高6.7厘米（图2-13-4）。标本T9⑩B：20，泥质灰陶。卷沿，圆唇，颈部以下残。口径28.9、残高4.1厘米（图2-13-8）。

盘口罐 1件。标本T9⑩B：13，泥质灰陶，表面磨光。盘口，圆唇，颈部以下均残。口径12.4、残高2.9厘米（图2-14-5）。

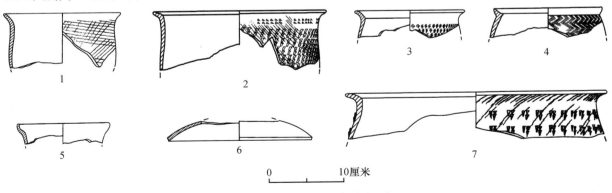

图2-14 T9第10层出土陶器（二）

1、2.尊形器（T9⑩B：4、T9⑩B：3） 3、4、7.折沿罐（T9⑩B：11、T9⑩B：15、T9⑩B：5） 5.盘口器（T9⑩B：13）

6.器盖（T9⑩B：16）

折腹钵　1件。标本T9⑩B：7，泥质灰陶。口微敛，圆唇，折腹，下腹内收，底部残。上腹饰两道瓦棱纹。口径24.7、残高3.1厘米（图2-13-9）。

器盖　1件。标本T9⑩B：16，粗泥红褐陶。倒喇叭形，方唇，顶部已残。口径19.4、残高2.7厘米（图2-14-6）。

此外，大体可辨识器类的陶器残片还有折沿罐6片（其中折沿鼓腹罐1片）、折腹钵11片、装饰花边口卷沿罐2片、敞口罐7片（其中颈部饰人字形细绳纹1片、细绳纹加戳印纹2片）、壶口沿10片（其中磨光8片）、厚壁缸1片、器盖1片、圈足器2片、平底器底38片（件）（其中底部有纹饰12片）。

三、T11第10层出土陶器

共有陶器337片（件）。

（1）陶质陶色

可分为夹砂陶和泥质陶。

夹砂陶：144片（件），其中夹细砂黑褐陶19片、夹细砂红（黄）褐陶50片、夹细砂褐陶67片、夹粗砂及蚌粉红褐陶7片、夹粗砂灰褐陶1片（件）。

泥质陶：193片（件），其中红（黄）陶39片、灰陶41片、黑皮灰陶1片、灰褐陶45片、磨光褐陶23片、磨光黑皮褐陶43片、粗泥红褐陶1片（件）。

（2）纹饰

有纹饰的陶器共37片（件）。其中交错粗绳纹1片、中绳纹3片、交错中绳纹1片、细绳纹2片、交错细绳纹1片、细绳纹加凹弦纹1片、交错细绳纹加凹弦纹1片、交错细绳纹加箍带纹1片、细绳纹加交错划纹1片、细绳纹加划纹和戳印纹1片、细绳纹加戳印纹1片、唇部竖条压印纹加器表斜向和交错绳纹再加抹划弦纹1片、细绳纹加抹划弦纹2片、戳印纹7片、戳印纹加线划纹1片、箍带纹2片、篮纹1片、瓦棱纹9片（件）。

标本T11⑩：12，罐腹部。夹细砂红陶。交错细绳纹加平行抹划弦纹（图2-15-1）。

标本T11⑩：13，罐肩部。泥质灰陶。细绳纹、平行抹划弦纹（图2-15-2）。

标本T11⑩：14，深腹罐腹部。夹细砂红陶。点状戳印纹加线划纹。点状戳印纹六个一排，多排（图2-15-4）。

标本T11⑩：15，厚壁缸近底部。夹粗砂及蚌粉红褐陶。交错粗绳纹（图2-15-3）。

（3）器类

可辨识器类的陶器有卷沿罐、折沿罐、高领罐、中厚壁花边口罐、装饰花边器口罐、折腹钵、曲腹钵、敛口钵、壶、厚壁缸、纺轮、盘口罐、尊形器、有柄器柄、宽沿器、特宽沿器、卷沿壶、圈足盘、矮圈足器、平底罐器底等，共58片（件）。除1件卷沿罐可复原之外，均为残件。

卷沿罐　1件。标本T11⑩：1，可复原。夹细砂红（黄）褐陶。侈口，圆唇，鼓腹，平底。唇部饰竖条压印纹，器表大部先饰斜向绳纹，局部再饰交错绳纹，在肩部再饰两道抹划弦

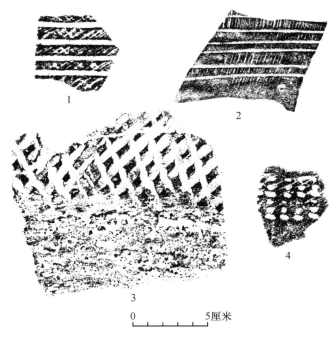

图2-15　T11第10层出土陶器纹饰拓本
1、2. 细绳纹+平行弦纹·罐（T11⑩：12、T11⑩：13）　3. 交错粗绳纹·厚壁缸（T11⑩：15）
4. 点状戳印纹+线划纹·罐（T11⑩：14）

纹。口径18.8、底径9.1、高19.8厘米（图2-16-1；彩版7-1；图版11-1）。

折沿罐　1件。标本T11⑩：5，粗泥红褐陶。侈口，圆唇，溜肩，腹部以下残。唇部为捏塑花边口，唇部以下通饰斜向绳纹，局部交错。口径18.3、残高3.8厘米（图2-16-3）。

盘口罐　1件。标本T11⑩：9，夹细砂黑褐陶。仅存宽折沿，圆唇。表面饰横向绳纹及斜向绳纹。口径25.3、残高4.7厘米（图2-16-6）。

折腹钵　1件。标本T11⑩：6，泥质磨光黑皮褐陶。口微敞，圆唇，下腹向内急收，底部残。上腹饰八道瓦棱纹。口径28.6、残高5.2厘米（图2-16-4）。

曲腹钵　1件。标本T11⑩：7，泥质灰陶，表面均磨光。敛口，圆唇，腹部以下残。肩部饰三道瓦棱纹。口径22.6、残高3.4厘米（图2-16-5）。

厚壁缸　1件。标本T11⑩：8，夹粗砂灰褐陶。唇部残，敞口，折沿，上腹较直，下腹部以下均残。内壁沿部与腹部交接处饰一道凹弦纹，腹部外壁饰篮纹。最大残口径36.4、残高16.3、壁最厚3.5厘米（图2-16-2）。

纺轮　1件。标本T11⑩：4，泥质黑皮褐陶。算珠形，上部微残。直径4.5、残厚1.7厘米（图2-17）。

另外，还有一些可以辨识器类的陶器残片：尊形器1片、卷沿罐口沿5片（颈部饰戳印纹）、装饰花边口罐口沿3片、宽沿器口沿2片、特宽沿器口沿1片、卷沿壶口沿7片、壶颈部1片（饰瓦棱纹）、高领罐口沿3片、折腹钵5片（饰瓦棱纹）、敛口钵2片（其中磨光黑皮陶1片）、有柄器柄2片（其中黑皮灰陶1片）、圈足盘2片、矮圈足器2片、中厚壁花边口罐2片（腹饰箍带纹）、厚壁缸3片、平底罐器底10片（件）。

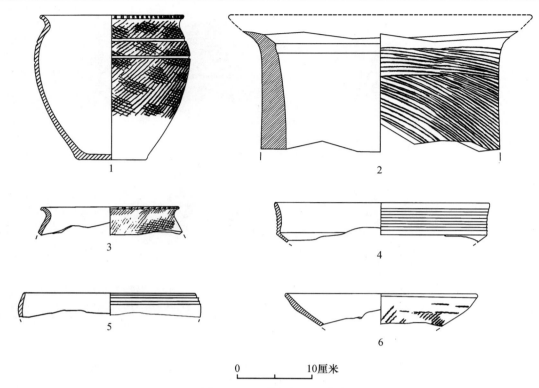

图2-16　T11第10层出土陶器

1. 卷沿罐（T11⑩：1）　2. 厚壁缸（T11⑩：8）　3. 折沿罐（T11⑩：5）　4. 折腹钵（T11⑩：6）　5. 曲腹钵（T11⑩：7）

6. 盘口罐（T11⑩：9）

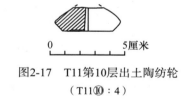

图2-17　T11第10层出土陶纺轮

（T11⑩：4）

四、T12第10层出土陶器

共有陶器36片（件）。

（1）陶质陶色

可分为夹砂陶和泥质陶。

夹砂陶：6片（件），其中夹细砂红褐陶4片、夹细砂灰褐陶2片（件）。

泥质陶：30片（件），其中红褐陶12片、灰陶3片、黄褐陶3片、黑皮褐陶8片、磨光褐陶2片、粗泥黑褐陶1片、粗泥灰褐陶1片（件）。

（2）纹饰

有纹饰的陶器有7片（件），其中交错细绳纹1片、细绳纹1片、中绳纹1片、戳印纹1片、瓦棱纹2片、戳印纹加绳纹加凹弦纹1片（件）。

（3）器类

可辨识器类的陶器有折沿罐、折腹钵、敛口钵、壶（瓶）、尊形器、盘、器盖等，共14片（件）。除1件盘可复原之外，均为残件。

盘　1件。标本T12⑩：1，泥质黑皮褐陶。敞口，圆唇，下腹略内曲，平底。口径13.9、底径6.9、高3厘米（图2-18-2；彩版7-6）。

尊形器　2件。标本T12⑩：5，粗泥黑褐陶。口沿外撇微折，圆唇，上腹较直，下腹微内收，底部残。颈部饰三排点状戳印纹，腹部先拍印稀疏斜绳纹，再施十一道刻划凹弦纹。口径25.6、残高9.9厘米（图2-18-1；彩版8-2）。标本T12⑩：3，粗泥灰褐陶。仅存口颈部。敞口，颈部较直。唇上饰压印斜向绳纹形成花边口，颈部饰一排两个一组的点状戳印纹。口径25.4、残高2.9厘米（图2-18-3）。

壶（瓶）　1件。也可能是瓶，因为过于破碎，无法准确判断。标本T12⑩：4，泥质红褐陶。平折沿，双唇，颈部略向内收。颈部以下残。口径14.8、残高3.5厘米（图2-18-4）。

此外，大体可以辨识器类的陶器残片还有花边口的折沿罐2片、盘口壶口沿1片和颈部1片、卷沿壶口沿1片、折腹钵1片、敛口钵1片、器盖1片、平底器底部2片（件）。

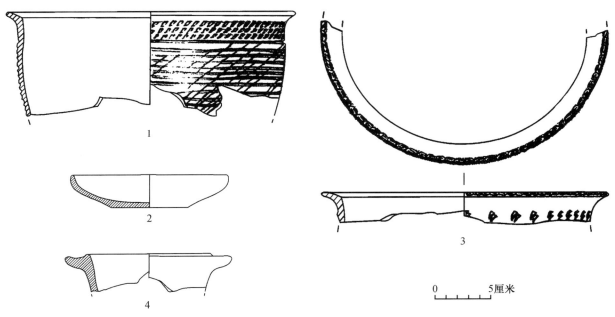

图2-18　T12第10层出土陶器

1、3. 尊形器（T12⑩：5、T12⑩：3）　2. 盘（T12⑩：1）　4. 壶（瓶）（T12⑩：4）

五、T14第10层出土陶器

出土陶器共192片（件）。

（1）陶质陶色

可分为夹砂陶和泥质陶。

夹砂陶：52片，其中夹细砂灰褐陶22片、夹细砂黄褐陶11片、夹细砂红褐陶1片、夹粗砂红褐陶18片（件）。

泥质陶：140片（件），其中灰陶36片、粗泥灰褐陶8片、红（黄）褐陶32片、褐陶31片（其中磨光陶5片）、黑皮褐陶32片、橘黄陶1片（件）。

（2）纹饰

有纹饰的陶片共21片（件），其中交错绳纹5片、中粗绳纹4片、细绳纹加戳印纹6片、细绳纹加箍带纹2片、线划纹1片、瓦棱纹1片、篮纹2片（件）等。

（3）器类

出土陶器极少。可辨识器类的陶器仅有4件，均为残件。

折沿罐　1件。标本T14⑩：8，粗泥红陶。圆唇，溜肩。腹部以下均残。唇上饰纵向压印纹，唇部以下饰较稀疏多向绳纹，局部交错。口径31.8、残高7.2厘米（图2-19-4）。

盘口罐　1件。标本T14⑩：4，夹细砂红褐陶。仅存口沿部分，宽沿。口沿外侧饰中粗斜绳纹。口径25.4、残高4.2厘米（图2-19-3）。

尊形器　1件。标本T14⑩：5，夹细砂灰褐陶。敞口，宽斜沿，腹部微鼓。腹部饰斜向中粗绳纹。口径19、残高11.5厘米（图2-19-1；图版11-2）。

灯形器　1件。标本T14⑩：1，泥质橘黄陶，表面施红彩。灯盘口部残，壁圆弧，粗柄中空，柄下部以下均残。盘残径6.8、残高10.9厘米（图2-19-2；彩版7-4）。

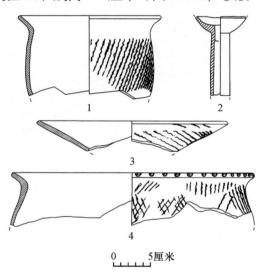

0　　　5厘米

图2-19　T14第10层出土陶器

1. 尊形器（T14⑩：5）　2. 灯形器（T14⑩：1）　3. 盘口罐（T14⑩：4）　4. 折沿罐（T14⑩：8）

六、T17第10层出土陶器

出土陶器共234片（件）。

（1）陶质陶色

可分为夹砂陶和泥质陶。

夹砂陶：53片（件），其中夹细砂灰褐陶37片、夹细砂红（黄）褐陶6片、夹粗砂红褐陶10片。

泥质陶：181片（件），其中泥质红（黄）褐陶32片、灰陶62片、褐陶26片（其中磨光陶12片）、黑皮褐陶61片（件）（其中磨光陶4片）。

（2）纹饰

有纹饰的陶片共21片（件），其中交错绳纹5片、中粗绳纹4片、细绳纹加戳印纹6片，细绳纹加箍带纹2片、交错线划纹1片、瓦棱纹1片、篮纹2片（件）。

标本T17⑩：3，罐腹部。泥质灰褐陶。杂乱交错线划纹（图2-20）。

（3）器类

可辨识器类的陶器共36片（件），均为残件。

折沿盆　1件。标本T17⑩：1，泥质灰陶。折沿，圆唇，腹部向内急收，下腹以下均残。口径33.8、残高3.6厘米（图2-21-1）。

尊形器　1件。标本T17⑩：2，泥质褐陶。侈口，圆唇，下腹以下均残。腹部饰稀疏的横向绳纹。口径23.3、残高8厘米（图2-21-2；图版11-3）。

此外，可以辨识器类的残片还有卷沿罐口沿5片、盘口罐口沿1片、折沿盆1片、壶口沿8片（其中磨光褐陶2片）、圈足器3片、折腹钵6片、平底器底部6片（其中黑皮磨光1片）、器盖1片、厚壁缸3片（件）。

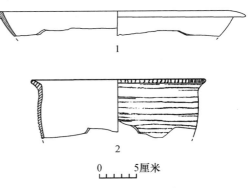

0　　　5厘米

图2-21　T17第10层出土陶器

1. 折沿盆（T17⑩：1）　2. 尊形器（T17⑩：2）

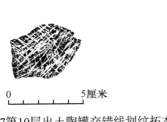

0　　　5厘米

图2-20　T17第10层出土陶罐交错线划纹拓本

（T17⑩：3）

第三节　第10层出土玉石器

出土可辨识器类的石器104件、玉器1件。其中打制石器89件、磨制玉石器15件。石材多选用海成岩、火山岩、砂岩等。打制石器的器类主要有砍砸器、刮削器、斧、锄形器等。磨制玉石器的器类主要有斧、锛、刀等。

一、T9第10层出土玉石器

出土石器较多，可辨识器类的共57件。可分为磨制和打制两类，其中打制石器49件，磨制玉石器8件。

（1）打制石器

共49件。可辨识器类的有斧、斧形器、锄形器、刮削器、切割器、钻等，其中11件较为完整。

斧　3件。多利用砾石的自然平面作为台面打击制取石片。石片都是一面为劈裂面，另一面仍保留石皮自然面。一般器身边缘部分多单面修整。这些石斧多有明显的使用痕迹。标本T9⑩：24，灰色海成岩。石片石器，打制。平面呈长方形，平头，平刃。器身两侧为双面修整，两端为单面修整，刃部有使用痕迹。长10.1、宽7、厚3.3厘米（图2-22-3）。标本T9⑩：9，绿色海成岩。石片石器。平面为长方形，形制较规范，头端较平，平刃。利用修整后的台面打击制取石片，再进行修整，斧身一侧为双面修整，其余周缘部分仅劈裂面经过修整，刃部有使用痕迹。长10.8、宽5.5、厚2.9厘米（图2-22-4；图版13-4～6）。

斧形器　1件。标本T9⑩：28，灰绿色海成岩。砾石石器。可能为斧的半成品，平面呈长方形，头端为圆弧形，砸击端较平。两侧为单面修整，砸击端为双面修整，并有使用痕迹。长11、宽6.9、厚2.5厘米（图2-22-1；彩版9-5；图版14-1～3）。

锄形器　3件。标本T9⑩：8，绿色海成岩。器物形制规范，平面呈长条形，刃部一端略宽，刃部为圆弧形。器身两面周缘都加以修整，刃部有使用痕迹。长15.1、宽5.8、厚3.5厘米（图2-22-5；彩版9-1；图版17-1～3）。标本T9⑩：10，灰色砂岩。砾石石器。平面为略呈椭圆的长条形，头端和刃部均略呈圆弧形。除头端外其余周缘均为双面修整。顶部有敲砸痕。长14.7、宽5.7、厚2.4厘米（图2-22-6；彩版9-2；图版17-4～6）。标本T9⑩：12，红褐色海成岩。石片石器。平面略呈椭圆形。整个器身的劈裂面周缘都加以修整。长12.8、宽7.9、厚2.3厘米（图2-22-2；彩版9-3；图版14-4～6）。

刮削器　11件。石片石器均利用砾石的自然平面作为台面打击制取石片。石片都是一面为劈裂面，另一面仍保留砾石石皮的自然面。一般刃缘部分稍加修整即可使用，有的则利用石片劈裂时形成的锋利刃缘直接使用。这些石片刮削器的刃部大多有明显的使用痕迹。标本T9⑩：30，红褐色火山岩。以器身为周缘向中心单向加工，另一面保留砾石面。刃部留有多次使用痕迹。长8.8、宽11.8、厚2.3厘米（图2-23-3；彩版9-6；图版15-1～3）。标本T9⑩：29，绿色火山岩。平面略呈椭圆形。双面加工，刃部锋利，有使用痕迹。长7.6、宽9.7、厚1.8厘米（图2-23-4）。

切割器　17件。标本T9⑩：19，灰色海成岩。平面呈椭圆形。单面加工，留有使用痕迹。长5.5、宽10.3、厚1厘米（图2-23-2）。

钻　1件。标本T9⑩：21，灰绿色海成岩。平面略呈三角形。砾石自然面有压剥痕迹，钻尖有明显使用痕迹。长5.3、宽2.9、厚1.3厘米（图2-23-1；图版19-3）。

砍砸器　10件。多为砾石石器，周缘经过简单修整。平面形制不定。

另外，还有大体可辨器类的石器残片有斧1片、锄形器2片（件）等。

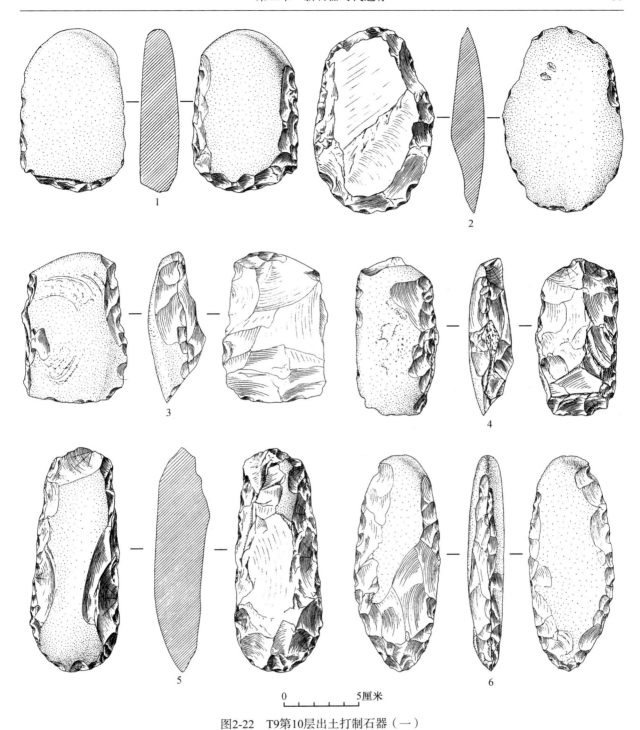

图2-22 T9第10层出土打制石器（一）

1. 斧形器（T9⑩：28） 2、5、6. 锄形器（T9⑩：12、T9⑩：8、T9⑩：10） 3、4. 斧（T9⑩：24、T9⑩：9）

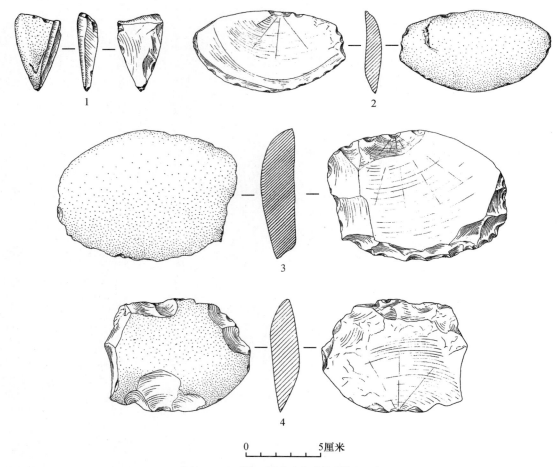

图2-23　T9第10层出土打制石器（二）

1. 钻（T9⑩：21）　　2. 切割器（T9⑩：19）　　3、4. 刮削器（T9⑩：30、T9⑩：29）

（2）磨制玉石器

可辨识器类的磨制玉石器8件，其中5件较为完整。

斧　1件。标本T9⑩：25，绿色海成岩。砾石石器。平面为长方形，形制规范，头部略平，平刃。器身大部磨制，顶端和刃部有明显多次使用痕迹。长10、宽5.1、厚2.9厘米（图2-24-5；彩版10-1；图版19-4～6）。

锛　5件。其中3件较为完整。标本T9⑩：26，灰白色海成岩。平面略呈长方形，头端和刃部均呈圆弧形。器身部分保留砾石自然面，上部双面压剥修整，刃部双面磨制，有使用痕迹。长5.3、宽2.8、厚1.3、刃部宽1.6厘米（图2-24-3；彩版10-4）。标本T9⑩：27，灰色海成岩。通体磨制，留有使用痕迹。长7.7、宽3.7、厚1、刃部宽0.5厘米（图2-24-2；图版20-2）。

凿形器　1件。玉凿形器的残块。标本T9⑩：31，绿色海成岩。残存部分平面呈梯形，刃部窄，上部略宽，双面刃。通体磨制，有使用痕迹。残长4.5、宽3、厚0.8、刃部宽0.3厘米（图2-24-1；彩版10-5）。

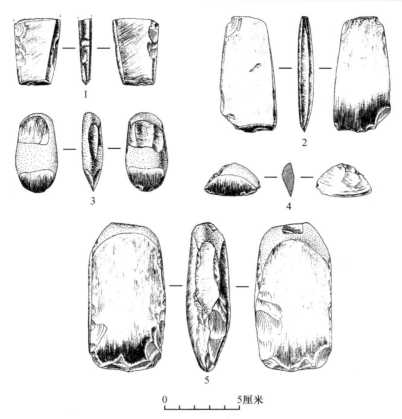

图2-24　T9第10层出土磨制玉石器

1. 凿形器（T9⑩：31）　　2、3. 锛（T9⑩：27、T9⑩：26）　　4. 小刀（T9⑩：22）　　5. 斧（T9⑩：25）

小刀　1件。标本T9⑩：22，青灰色海成岩。石片石器。平面略呈横三角形。砾石自然面的刃部为单面磨制，留有明显使用痕迹。长2.3、宽3.7、厚0.7、刃部宽1.4厘米（图2-24-4；图版18-4～6）。

另外，还有可能是制作石器过程中产生的大石片9片、石核2件。

二、T11第10层出土石器

出土的石器不多，可辨识器类的4件，均为磨制石器。

锛　3件。双面刃。标本T11⑩：2，灰色海成岩。刃部两面磨制，留有使用痕迹。长6.3、宽6.1、厚1.5、刃部宽2.2厘米（图2-25-3；图版20-4）。标本T11⑩：3，灰绿色海成岩。石片石器。平面呈长方梯形，刃部宽、头端窄，头端和刃部均微呈弧形。大部分磨制，仅头端留有砾石的自然面和打制修整痕迹。长7.5、宽6、厚1.9、刃部宽3厘米（图2-25-1）。标本T11⑩：10，灰绿色海成岩。平面基本呈长方形，刃部平且略宽于头端。通体磨制，有使用痕迹。长7.6、宽3.9、厚0.9、刃部残宽1.8厘米（图2-25-2；彩版10-3）。

小刀　1件。标本T11⑩：11，浅绿色海成岩。双面磨制。长3.2、宽2.2、厚0.7、刃部宽0.7厘米（图2-25-4；图版20-3）。

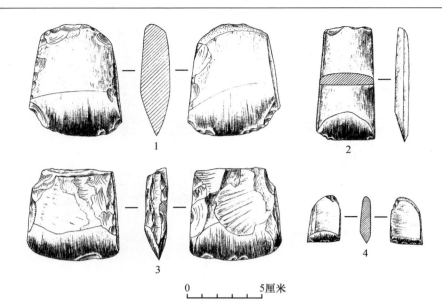

图2-25　T11第10层出土磨制石器

1～3.锛（T11⑩：3、T11⑩：10、T11⑩：2）　4.小刀（T11⑩：11）

三、T12第10层出土石器

出土的石器较多，可辨识器类的有35件，均为打制石器，其中较为完整的仅1件。

斧　1件。标本T12⑩：2，灰白色海成岩。石片石器。平面基本呈长方形，头端为三角形，刃部平。两侧为双面修整，刃部略残，有使用痕迹。长10.9、宽5、厚1.9厘米（图2-26-2；图版12-4～6）。

其他可辨识器类的石器残片还有斧4片、斧形器（或石斧半成品）13片、刮削器8片、切割器9片（件）等。

此外，还有可能是在石器制作过程中产生的小石片4片、大石片8片、石核7件等。

四、T13第10层出土石器

出土的石器不多，可辨识器类的有5件，均为打制石器，其中较为完整的仅1件。

斧形器　4件。仅1件较为完整。可能是石斧的半成品，仅打制成形，尚未进行磨制精加工。标本T13⑩：1，黄绿色海成岩。砾石石器。平面基本呈长方形，周缘局部经双面打制修整。长9.8、宽5.6、厚1.9厘米（图2-26-5；图版19-1）。

另有尖状器1件，甚残。

五、T14第10层出土石器

出土石器共3件，均为磨制石器。

锛　3件。标本T14⑩：6，灰绿色海成岩。器身大部分磨制，刃部有使用痕迹。长9、宽

6、厚1.8、刃部宽2.3厘米（图2-26-4）。标本T14⑩：7，绿色海成岩。砾石石器。平面略呈长方梯形，刃部略宽呈弧形，头端略窄为不对称弧形。器身大部分磨制，刃部略残，有使用痕迹。长8.2、宽4.2、厚2.5、刃部残宽3.3厘米（图2-26-1）。标本T14⑩：3，绿色海成岩。砾石石器。平面呈长方梯形。器身大部分磨制，双面刃，有明显的使用痕迹。长6、宽4.5、厚1.6、刃部宽2.3厘米（图2-26-3）。

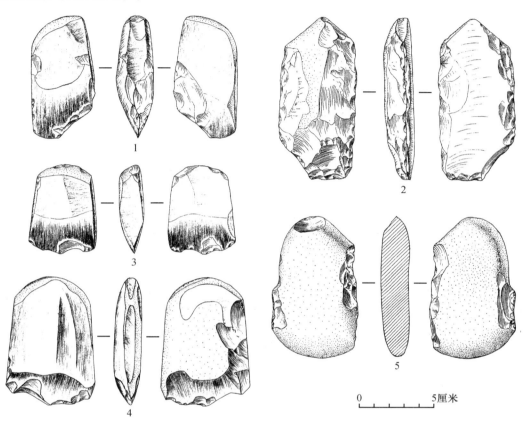

图2-26　T12～T14第10层出土石器
1、3、4.锛（T14⑩：7、T14⑩：3、T14⑩：6）　2.斧（T12⑩：2）　5.斧形器（T13⑩：1）

第三章 夏商时期遗存

属于这一时期的堆积仅有第9层。该层分布在发掘区的中部略偏西侧的T11～T16、T18等探方内。属于这一时期的遗迹仅有第9层下的H35（图3-1）。

第一节 遗 迹

属于这一时期的遗迹仅1座灰坑。

H35

（一）位置与层位

位于T14西南部。开口于第9层下，打破生土，西北边缘又被东周时期H23打破。坑口距地表深1.05米。

（二）形制与结构

平面呈圆形，底部和坑周壁都较平整，坑壁基本垂直但略向内倾斜，口略大于底部。口径1.04、底径0.9、深0.53米（图3-2）。

（三）坑内堆积

坑内填土呈灰黑色，土质疏松，黏性较大，含大量木炭粒。

（四）出土遗物

出土遗物有少量的残石器和陶器。

1.陶器

出土陶器共132片（件）。

（1）陶质陶色

可分为夹砂陶和泥质陶。

夹砂陶：70片（件），其中夹细砂红陶2片、夹细砂灰褐陶30片（件）、夹细砂褐陶20片、夹细砂（黄）红陶13片、夹粗砂红褐陶2片、夹粗砂红陶3片（件）。

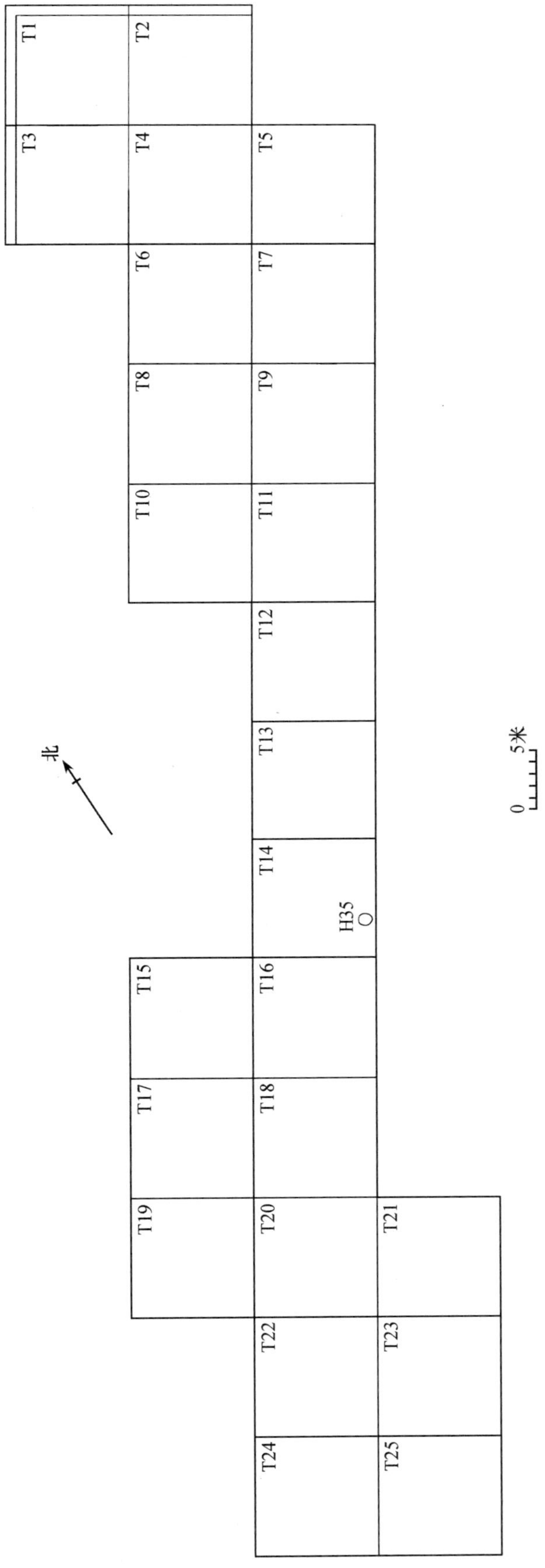

图3-1　夏商时期遗迹分布图

泥质陶：62片（件），其中灰陶27片、褐陶15片、黑皮褐陶13片、磨光黑皮陶3片、粗泥红陶4片（件）。

（2）纹饰

共13片（件），其中细绳纹3片、中绳纹2片、平行凹弦纹1片、凸弦纹2片、交错划纹1片、方格纹1片、瓦棱纹3片（件）。

标本H35：3，高领罐颈部。泥质灰陶。划凹弦纹两道（图3-3-4）。

标本H35：10，肩部。粗泥红陶。交错菱形网格划纹（图3-3-3）。

标本H35：11，腹部。粗泥红陶。拍印方格纹（图3-3-2）。

标本H35：9，圜底器底部。夹粗砂红褐陶。细绳纹（图3-3-1）。

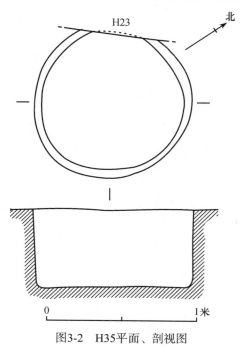

图3-2　H35平面、剖视图

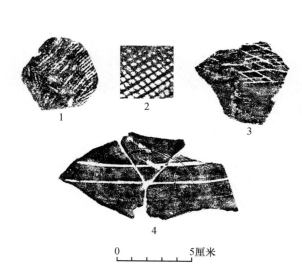

图3-3　H35出土陶器纹饰拓本

1. 细绳纹·圜底器（H35：9）　2. 拍印方格纹（H35：11）
3. 交错划纹（H35：10）　4. 平行凹弦纹·罐（H35：3）

（3）器类

可辨器类的陶器有小平底罐、卷沿罐、折沿罐、鼓腹罐、折腹钵、壶、圈足盘、器盖、钵、三足器等22片（件），均为残件。其中折腹钵、壶等为新石器时代陶器。

折沿罐　1件。标本H35：4，夹粗砂红褐陶。侈口，圆唇，鼓腹，底部残。唇上有竖条压印纹，腹部拍印不规则中粗绳纹。口径25、残高25厘米（图3-4-1；彩版7-2；图版11-4）。

卷沿罐　1件。标本H35：2，泥质灰陶。卷沿，圆唇，鼓腹，下腹残。唇下饰竖斜线绳纹。口径25.2、残高7.6厘米（图3-4-2）。

圈足盘　1件。标本H35：5，泥质灰陶。口及上腹均残，下腹坦，矮圈足。足径10.3、残高2.9厘米（图3-4-3）。

器盖　3件。标本H35：6，泥质灰陶。仅存盖纽，为细长喇叭形。纽径2.3、残高3.1厘米

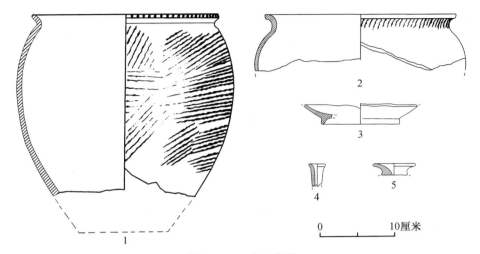

图3-4　H35出土陶器

1. 折沿罐（H35：4）　2. 卷沿罐（H35：2）　3. 圈足盘（H35：5）　4、5. 器盖（H35：6、H35：7）

（图3-4-4）。标本H35：7，夹粗砂红褐陶。仅存盖纽，为喇叭形。纽径5.6、残高1.6厘米（图3-4-5）。

另外，大体可以辨识器类的陶器残片还有罐口沿1片、小平底罐7片（其中溜肩罐1片）、鼓腹罐2片、平底罐底1片、鬶盉类器足1片、器盖纽1片、钵1片，另有新石器时代的折腹钵1片、壶口沿1片（件）。

2. 石器

（1）打制石器

盘状切割器　1件。标本H35：1，绿色火山岩。刃部有使用痕迹。直径9.3～9.4、厚2.3厘米（图3-5-1；图版15-4～6）。

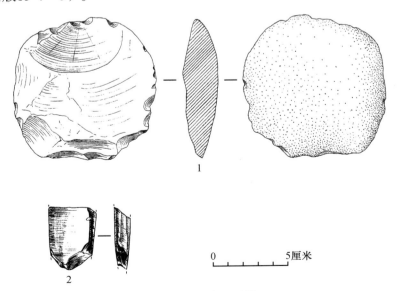

图3-5　H35出土石器

1. 盘状切割器（H35：1）　2. 凿形器（H35：8）

（2）磨制石器

凿形器　1件。标本H35∶8，灰绿色海成岩。平面近长方形，残缺，器形不辨。残长4.3、宽3.2、厚1.1厘米（图3-5-2）。

3. 其他

出土草食类动物角1件。

（五）性质

推测该灰坑原为窖穴，废弃后作为垃圾坑。

第二节　第9层出土陶器

陶器有夹砂陶和泥质陶两类，其中以夹砂陶数量最多。夹砂陶以夹细砂陶为主，仅有少量夹中砂陶。

陶色以红陶、褐陶、灰陶、灰褐陶为主，另有少量黑陶、黑褐陶。

纹饰的制作方法有拍印、压印、刻划、附加堆等，纹饰种类有绳纹、凹弦纹、凸弦纹、压印平行条纹等。

器类有小平底罐、鼓腹小罐、高柄器、壶、鬶（盉）、圈足器、网坠、纺轮等。

一、T11第9层出土陶器

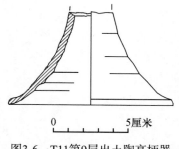

图3-6　T11第9层出土陶高柄器
（T11⑨∶1）

出土陶器13片（件）。

（1）陶质陶色

可分为夹砂陶和泥质陶。夹砂陶有夹细砂褐陶4片（件）。泥质陶有泥质灰陶7片、黑皮粗泥红陶2片。

（2）纹饰

有纹饰的陶器2片，其中细绳纹1片、交错绳纹1片。

（3）器类

可见高柄器1件。标本T11⑨∶1，泥质灰陶。足径11.1、残高6.5厘米（图3-6）。

二、T14第9层出土陶器

出土陶器307片（件）。

（1）陶质陶色

可分为夹砂陶和泥质陶。

夹砂陶：166片（件），其中夹细砂红褐陶28片、夹细砂褐陶66片、夹细砂黑陶21片、夹细砂灰陶39片、夹粗砂灰陶3片、夹砂黄褐陶8片、夹砂黑褐陶1片（件）。

泥质陶：141片（件），包括粗泥陶。其中红（黄）褐陶42片、灰陶57片、灰褐陶1片、黑褐陶36片、红陶5片（件）。

（2）纹饰

有纹饰的陶器共23片（件），其中细绳纹10片、粗绳纹5片、中绳纹2片、细划纹1片、凸弦纹加粗绳纹1片、绳纹加划纹加抹划弦纹1片、平行折线划纹1片、凸弦纹1片、凹弦纹1片（件）。

标本T14⑨：9，罐肩部。泥质灰陶。细绳纹（图3-7-1）。

标本T14⑨：10，罐腹部。粗泥灰陶。块状拍印细绳纹（图3-7-2）。

标本T14⑨：11，罐圈底。粗泥灰陶。平行粗绳纹（图3-7-3）。

标本T14⑨：27，折沿深腹罐领部。夹细砂灰陶。平行折线划纹（图3-7-4）。

标本T14⑨：5，罐肩部。夹细砂红褐陶。交错划纹、拍印绳纹与抹划弦纹（图3-7-5）。

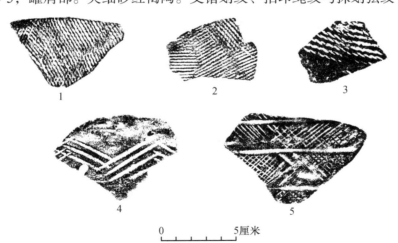

图3-7　T14第9层出土陶器纹饰拓本

1~3. 绳纹·罐（T14⑨：9、T14⑨：10、T14⑨：11）　4. 平行折线划纹·罐（T14⑨：27）　5. 交错划纹+绳纹+抹划弦纹·罐（T14⑨：5）

（3）器类

可辨识器类的陶器有小平底罐、侈口罐、卷沿罐、高领罐、有领罐、花边口沿敛口罐、厚沿罐、折沿罐、尊形器、灯形器、壶、高柄器、矮圈足器、直口杯、三足器、厚壁缸、鬶盉类、杯、器盖、网坠等，共68片（件）。除1件网坠保存完整之外，均为残件。

小平底罐　11件。标本T14⑨：8，泥质灰陶。口微敞，唇略尖，溜肩，下部残。口径13.2、残高5.6厘米（图3-8-5）。标本T14⑨：28，粗泥黑褐陶。敞口，唇略尖，领略高，耸肩，肩部以下残。口径12.9、残高4.1厘米（图3-8-4）。标本T14⑨：22，泥质灰陶。大敞口，圆唇，溜肩，肩部以下残。口径15.4、残高3.9厘米（图3-8-7）。标本T14⑨：20，泥质灰陶。大敞口，圆唇，溜肩，鼓腹，腹部以下残。口径13.4、残高4.3厘米（图3-8-6）。

小平底罐底部　4件。标本T14⑨：25，泥质灰陶。仅存底部。近底部有两道细划纹。底径2.6、残高1.8厘米（图3-8-8）。

卷沿罐　9件。根据大小可分为二型。

小型　4件。鼓腹小罐。标本T14⑨：4，粗泥黑褐陶。侈口，圆唇，溜肩，鼓腹，下部残。肩腹部饰交错细绳纹。口径11.2、残高6.3厘米（图3-8-1）。标本T14⑨：15，粗泥黑褐陶。侈口，圆唇，溜肩，鼓腹，下部残。颈部饰一道凸弦纹，肩部以下饰纵向中粗绳纹。口径11.2、残高5.2厘米（图3-8-3）。标本T14⑨：14，粗泥灰褐陶。侈口，唇略尖，领部较高，溜肩，下部残。肩腹部饰块状斜向中粗绳纹。口径11.3、残高5.9厘米（图3-8-2）。

中型　5件。器体较大。标本T14⑨：19，夹粗砂灰陶。侈口，圆唇，溜肩，腹部以下均残。口径17.8、残高4.6厘米（图3-9-3）。标本T14⑨：31，夹粗砂灰陶。侈口，圆唇，溜肩，鼓腹，下腹残。肩部饰块状拍印横斜向的中粗绳纹。口径18.5、残高8.9厘米（图3-9-6）。标本T14⑨：21，粗泥红褐陶。侈口，溜肩。腹部满饰较为稀疏的斜横向中细绳纹。口径15.8、残高7.2厘米（图3-9-8）。

折沿罐　3件。其中，花边口沿罐2件。标本T14⑨：17，粗泥红褐陶。侈口，圆唇，溜肩。唇部饰竖向压印绳纹，颈部饰竖向细绳纹，肩腹部饰斜向绳纹，腹部饰三道不太规则的凹弦纹。口径18.3、残高7.4厘米（图3-9-4；图版12-1）。标本T14⑨：7，粗泥黑褐陶。侈口，圆

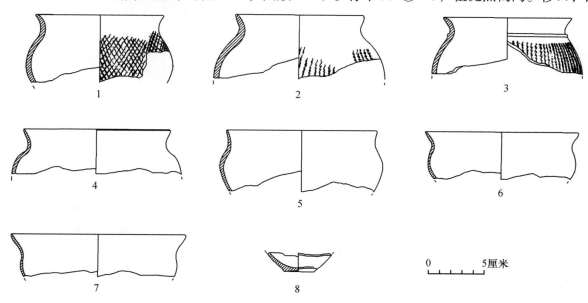

图3-8　T14第9层出土陶罐

1～3. 卷沿罐（T14⑨：4、T14⑨：14、T14⑨：15）　　4～7. 小平底罐（T14⑨：28、T14⑨：8、T14⑨：20、T14⑨：22）

8. 小平底罐底部（T14⑨：25）

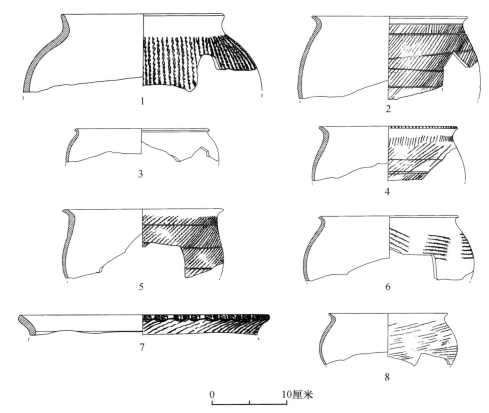

图3-9　T14第9层出土陶罐、尊形器

1. 侈口罐（T14⑨：6）　2、4、7. 折沿罐（T14⑨：7、T14⑨：17、T14⑨：26）　3、6、8. 卷沿罐（T14⑨：19、T14⑨：31、
T14⑨：21）　5. 尊形器（T14⑨：18）

唇，溜肩，鼓腹，下部残。颈部以下先满饰中粗斜绳纹，再刻划五道不太规整的凹弦纹。口径20.7、残高11.6厘米（图3-9-2；图版11-5、6）。标本T14⑨：26，泥质红陶。口唇压印纵向绳纹，沿下饰斜向绳纹。口径33.4、残高2.7厘米（图3-9-7）。

侈口罐　1件。标本T14⑨：6，夹砂黑褐陶。侈口，圆唇，圆肩，鼓腹，下部残。肩部以下满饰纵向粗绳纹。口径21.6、残高10.9厘米（图3-9-1）。

高领罐　2件。标本T14⑨：12，夹细砂灰陶。敞口，圆唇，高领，肩部以下残。颈部饰两道凹弦纹，颈部内侧有一刻符号。口径17.6、残高7.4厘米（图3-10-1）。

尊形器　1件。标本T14⑨：18，夹细砂红褐陶。卷沿，腹微鼓，下腹以下残。口沿以下饰斜向中绳纹，再饰三道划弦纹。口径21.2、残高9.5厘米（图3-9-5）。

高柄器　7件。均残，仅存柄部。标本T14⑨：30，夹细砂红褐陶。柄下部为喇叭形。残高9.8厘米（图3-10-5）。标本T14⑨：29，泥质灰陶。柄部下部略粗、上部略细。残高12.9厘米（图3-10-3）。标本T14⑨：23，泥质黑褐陶。饰一道凸弦纹。残高9.1厘米（图3-10-4）。

壶　1件。标本T14⑨：2，夹砂黄褐陶。直口，圆唇，高领，肩部以下残。口径7.4、残高6.1厘米（图3-10-2）。

鬶盉类　1件。标本T14⑨：3，粗泥红陶。仅存袋足下部。足部有刀削加工痕迹。残高5.4厘米（图3-10-7）。

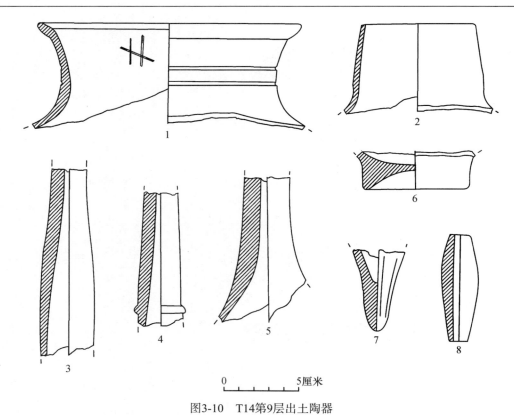

图3-10　T14第9层出土陶器

1. 高领罐（T14⑨：12）　2. 壶（T14⑨：2）　3~5. 高柄器（T14⑨：29、T14⑨：23、T14⑨：30）

6. 矮圈足器（T14⑨：24）　7. 鬶盉类（T14⑨：3）　8. 网坠（T14⑨：1）

矮圈足器　4件。标本T14⑨：24，夹细砂红褐陶。矮圈足，外部呈直筒形。足径6.9、残高2.7厘米（图3-10-6）。

网坠　1件。标本T14⑨：1，泥质红陶。中部粗，两端较细，中空用以穿绳。长7.2、最大径2.5厘米（图3-10-8）。

此外，可大体辨识器类的陶器残片还有有领罐6件、花边口沿敛口罐1件、厚沿罐口沿1件、平底罐底5件、直口杯口沿1件、圈足纽器盖5件、三足器足4件等。

三、T15第9层出土陶器

出土陶片共19片（件），均为残件。

（1）陶质陶色

可分为夹砂陶和泥质陶。

夹砂陶：7片，其中夹细砂黑陶6片、灰陶1片（件）。

泥质陶：12片，其中磨光黑皮红陶1片、灰皮红褐陶1片、褐陶3片、灰陶5片、红陶1片、红（黄）陶1片（件）。

（2）纹饰

有4片（件），其中斜向细绳纹1片、纵向细绳纹2片、中绳纹1片。

（3）器类

可辨识器类的陶器有小平底罐、侈口罐、高柄器、花边口沿罐等，共10件（片）。

高柄器　3件。标本T15⑨：1，泥质磨光黑皮红陶。仅存柄部，直柄，下部略呈喇叭形。残高14厘米（图3-11-1）。

此外，可大体辨识器类的陶器残片有侈口罐3片、花边口沿罐2片、小平底罐口沿1片（件）。

此外，还有新石器时代的曲腹钵1片（件）。

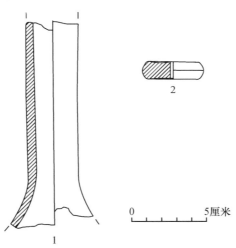

图3-11　T15、T18第9层出土陶器

1.高柄器（T15⑨：1）　2.纺轮（T18⑨：1）

四、T18第9层出土陶器

出土陶器仅5片（件）。

（1）陶质陶色

有泥质灰陶1片、泥质黑皮褐陶1片、夹砂灰褐陶3片。

（2）器类

纺轮　1件。标本T18⑨：1，泥质黑皮褐陶。算珠形。直径4、厚1.2厘米（图3-11-2）。

第三节　第9层出土石器

出土石器均为磨制，大体可辨器类的有斧、磨石等。

磨石　1件。标本T14⑨：13，深灰色砂石。残。平面略呈梯形，一面中部有纵向磨痕。长6.9、宽6、厚1.2厘米（图3-12）。

图3-12　T14第9层出土磨石

（T14⑨：13）

第四章 东周时期遗存

属于这一时期的遗存有第8层以及该层下的G5、H23、H25、H36等遗迹。分布在遗址东部的T3、T4和遗址中部略偏西侧的T13～T21等探方内（图4-1）。

第一节 遗 迹

一、G5

（一）位置与层位

位于T15东南部和T16东北部。开口于第8层下，打破生土。沟口距地表深1.3米。

（二）形制与结构

平面基本呈不规则的弯曲长条形，沟壁基本垂直，沟底深浅不一。全长7.1、最宽0.66、最窄0.42、深0.2～0.37米（图4-2）。

（三）沟内堆积

坑内填土为黄灰色，土质较硬，夹杂零星红烧土颗粒。沟中间的底部平放有两块较大的石头。

（四）出土遗物

出土物均为陶器，共405片（件）。

（1）陶质陶色

可分为夹砂陶和泥质陶。

夹砂陶：106片（件），其中夹细砂红陶46片、夹细砂灰陶57片、夹粗砂褐陶2片、夹粗砂红褐陶1片（件）。

泥质陶：299片（件），其中灰陶76片、褐陶11片、灰皮褐陶30片、灰皮红陶1片、黑皮红陶41片、红褐陶14片、黄褐陶95片、红陶31片（件）。

（2）纹饰

有纹饰的陶器共22片（件），其中细绳纹加抹划弦纹4片、粗绳纹加凹弦纹加抹划弦纹2片、方格纹9片、细绳纹1片、粗绳纹4片、镂孔1片、篮纹1片（件）。

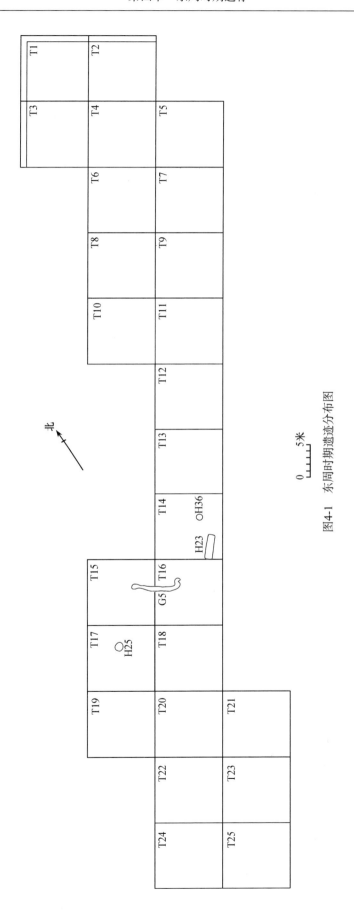

图4-1 东周时期遗迹分布图

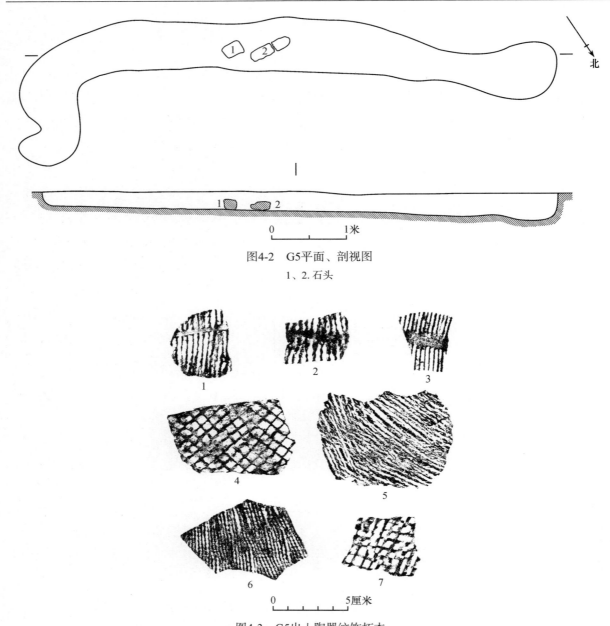

图4-2　G5平面、剖视图
1、2.石头

图4-3　G5出土陶器纹饰拓本
1～3.拍印绳纹加抹划弦纹·鬲甗类（G5：20、G5：21、G5：6）　4、7.拍印方格纹·罐（G5：7、G5：17）
5、6.拍印绳纹·罐（G5：9、G5：11）

标本G5：7，罐腹部。泥质灰皮褐陶。拍印方格纹（图4-3-4）。

标本G5：9，罐腹部。夹细砂红陶。拍印粗绳纹（图4-3-5）。

标本G5：11，罐腹部。泥质灰陶。拍印粗绳纹（图4-3-6）。

标本G5：17，罐腹部。泥质红陶。拍印方格纹（图4-3-7）。

标本G5：20，鬲甗类腹部。泥质灰陶。拍印绳纹加抹划弦纹（图4-3-1）。

标本G5：21，鬲甗类腹部。泥质红陶。拍印绳纹加抹划弦纹（图4-3-2）。

标本G5：6，鬲甗类腹部。泥质红陶。拍印绳纹加抹划弦纹（图4-3-3）。

（3）器类

可辨识器类的陶器有鬲、甗、豆、卷沿罐、侈口罐、高领罐、瓮、厚壁器、纺轮、网坠、平底器、圆饼陶片等共110片（件）或更多，均为残件。

甗　1件。标本G5：14，夹细砂灰陶。上部已残，束腰，下部呈鬲形，下部鼓腹，袋足，足下部已残。上部残存部分可见纵向粗绳纹，腰部以下先通饰纵向粗绳纹，再在腰部下面饰一道凹弦纹、肩部饰两道抹划弦纹。腹径27.1、残高23.2厘米（图4-4-6）。

鬲甗类　18片（件）或更多，均为残件。

口部　18片（件）。均仅存口沿或上半部。基本都是夹细砂或泥质灰陶。标本G5：2，泥质灰陶。直口，宽平折沿，束颈，圆肩，肩部以下均残。先肩部以下满饰纵向粗绳纹，再饰两道抹划凹弦纹。口径23.6、残高7.9厘米（图4-4-3）。标本G5：13，泥质灰皮红陶。敞口，平折沿特宽，唇略尖，束颈，圆肩，肩部以下均残。颈部饰一道凹弦纹，弦纹以下满饰纵向粗绳纹，再饰一道抹划弦纹。口径26、残高4.8厘米（图4-4-5）。

器足　7件。均仅存足部，为袋足，足跟部为圆柱形。标本G5：15，夹粗砂红褐陶。残存足部满饰纵向粗绳纹。残高11.7厘米（图4-4-8）。

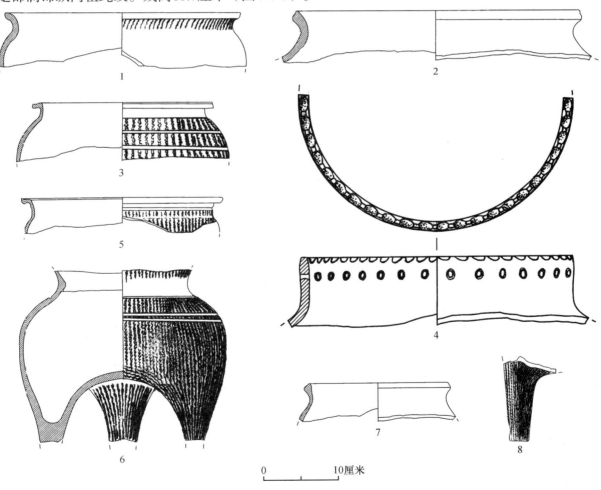

0　　　　　　10厘米

图4-4　G5出土陶器（一）

1. 卷沿罐（G5：1）　2. 瓮（G5：3）　3、5. 鬲甗类（G5：2、G5：13）　4. 高领罐（G5：12）　6. 甗（G5：14）
7. 侈口罐（G5：5）　8. 鬲甗类器足（G5：15）

卷沿罐　1件。标本G5：1，泥质灰陶。卷沿，圆唇，圆肩，肩部以下均残。唇下至颈部均饰纵向粗绳纹。口径30.7、残高7.4厘米（图4-4-1）。

侈口罐　1件。标本G5：5，泥质灰皮褐陶。侈口，厚方唇，溜肩，肩部以下均残。口径19.2、残高5.2厘米（图4-4-7）。

高领罐　1件。标本G5：12，夹粗砂褐陶。直口，圆唇，直领，肩部以下均残。唇部压印深痕，形成花边口沿，颈部有一周圆形小镂孔。口径35.4、残高9.5厘米（图4-4-4）。

瓮　1件。标本G5：3，泥质灰陶。卷沿，方唇，广肩，肩部以下均残。口径38.2、残高7.1厘米（图4-4-2）。

豆　4件。标本G5：4，泥质灰陶。仅存豆盘。直口，圆唇，浅盘，弧腹。口径16.2、残高4.5厘米（图4-5-1）。标本G5：16，夹细砂红陶。仅存豆盘。敞口，圆唇，盘较深，弧腹。口径17.1、残高5.5厘米（图4-5-3）。标本G5：10，泥质灰陶。仅存柄部。柄较高，下部呈喇叭形。足径7.8、残高9.6厘米（图4-5-6）。标本G5：8，泥质红褐陶。仅存底部。柄较高，下部呈喇叭形，足沿略内勾。足径9.6、残高4.5厘米（图4-5-2）。

圆饼陶片　2件。均利用残陶器的陶片制成。标本G5：18，泥质红陶。平面呈圆形。原器饰方格纹。最大径3.8、厚0.7厘米（图4-5-4）。标本G5：19，泥质灰陶。平面呈圆形。最大径3.2、厚0.7厘米（图4-5-5）。

此外，大体可辨识器类的陶器残片还有侈口罐类口沿13片、高甗类口沿16片、瓮口沿3片、厚壁器1片、豆底部15片、豆盘6片、豆柄10件、平底器底5片、纺轮9片、网坠3片（件）。

（五）性质

可能原为自然沟。推测其用途可能与排水有关。

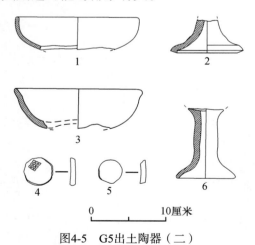

图4-5　G5出土陶器（二）

1~3、6.豆（G5：4、G5：8、G5：16、G5：10）　4、5.圆饼陶片（G5：18、G5：19）

二、H23

（一）位置与层位

位于T14西南部。开口于第8层下，打破第9层、H35和生土。坑口距地表深1.1米。

（二）形制与结构

平面呈狭长方形，略为口大底小，坑壁略向内倾斜，底部平整。口部长3.76、宽1.06米，底部长3.52、宽0.86米，深0.68～0.7米（图4-6）。

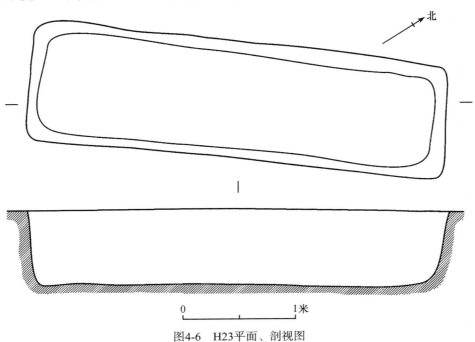

图4-6　H23平面、剖视图

（三）坑内堆积

坑内填土为灰黄色，土质较紧密。

（四）出土遗物

出土遗物主要为陶器和石器。

1.陶器

出土陶器共299片（件）。

（1）陶质陶色

可分为夹砂陶和泥质陶。

夹砂陶：63片（件），其中夹细砂黑陶1片、夹粗砂红陶或红褐陶61片（件）、夹粗砂灰皮红褐陶1片。

泥质陶：236片（件），其中红（黄）陶37片、灰陶90片、粗泥灰褐陶44片、黑皮褐陶37片、黑褐陶4片、红褐陶24片（件）。

（2）纹饰

以各种绳纹为主，如有粗绳纹5片、中粗绳纹2片、交错中粗绳纹2片、细绳纹1片，还有绳纹加凹弦纹2片、中粗绳纹加抹划弦纹3片、细绳纹加抹划弦纹2片。此外还有抹划弦纹1片、方格纹2片、篮纹1片、凸弦纹加方格纹加抹划弦纹1片（件）。另有花边口沿2片。

标本H23：16，罐肩部。泥质灰陶。拍印绳纹加凹弦纹（图4-7-1）。

标本H23：17，罐肩部。泥质灰陶。拍印绳纹加抹划弦纹（图4-7-2）。

标本H23：18，腹部。泥质红陶。拍印方格纹（图4-7-3）。

标本H23：19，罐肩部。泥质红陶。拍印绳纹加抹划弦纹（图4-7-4）。

标本H23：20，罐口沿。夹粗砂红陶。拍印篮纹（图4-7-5）。

标本H23：21，颈肩部。夹粗砂红陶。拍印粗绳纹（图4-7-6）。

标本H23：22，腹部。泥质灰陶。抹划弦纹（图4-7-7）。

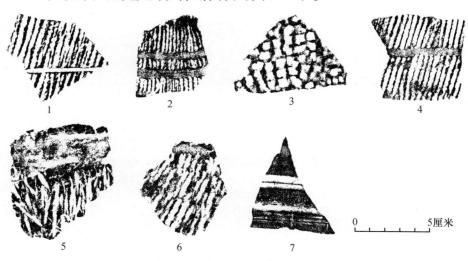

图4-7　H23出土陶器纹饰拓本

1. 拍印绳纹+凹弦纹·罐（H23：16）　　2、4. 拍印绳纹+抹划弦纹·罐（H23：17、H23：19）　　3. 拍印方格纹（H23：18）
5. 拍印篮纹·罐（H23：20）　　6. 拍印粗绳纹（H23：21）　　7. 抹划弦纹（H23：22）

（3）器类

可辨识器类的陶器主要有深腹瓮、侈口瓮、卷沿罐、侈口罐、高领罐、平沿罐、中领罐、敞口罐、豆、器盖等共98件（片），除1件可以复原之外，均为残件。

侈口瓮　1件。标本H23：4，泥质灰陶。侈口，厚唇，溜肩，肩部以下均残。肩部局部饰方格纹。口径44.8、残高17.2厘米（图4-8-2）。

深腹罐　1件。标本H23：1，泥质红陶，局部呈褐色。口颈部残，溜肩，深鼓腹，底部残。颈部饰一道凸弦纹，肩腹部饰方格纹，下腹饰四道抹划弦纹。腹最大径48.4、残高55.4厘

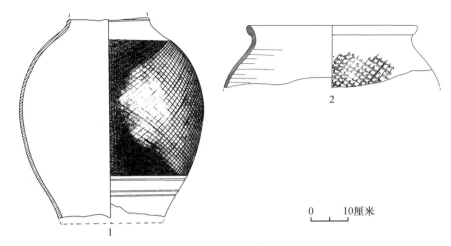

图4-8　H23出土陶器（一）

1. 深腹罐（H23∶1）　2. 侈口瓮（H23∶4）

米（图4-8-1）。

卷沿罐　1件。标本H23∶9，夹粗砂红陶。侈口，圆唇，溜肩，下部残。肩部以下饰纵向中粗绳纹。口径27.6、残高8.3厘米（图4-9-3）。

侈口罐　1件。标本H23∶14，夹粗砂红褐陶。侈口，沿上部略呈盘状，圆唇，颈部以下均残。口径24.9、残高3.6厘米（图4-9-5）。

高领罐　2件。标本H23∶10，夹粗砂红陶。仅存口颈部，口微敞，领较高，唇部饰较深的压印痕形成花边口沿。口径28.3、残高8.4厘米（图4-9-1）。标本H23∶6，夹粗砂红陶。仅存口颈部，口微敞，领较高，唇部饰较深的压印痕形成花边口沿。口沿下局部饰绳纹。口径16.8、残高5.4厘米（图4-9-7）。

鬲甗类　3件。标本H23∶13，泥质灰陶。敞口，平折沿，方唇，溜肩，肩部以下均残。平沿上有三道凹弦纹，肩部以下饰纵向粗绳纹，并有一道凹弦纹。口径26.7、残高7.2厘米（图4-9-6）。标本H23∶7，泥质灰陶。敛口，厚唇，折肩，腹部向内急收，下腹残。口径29.3、残高8.8厘米（图4-9-4）。标本H23∶15，泥质灰陶。敛口，厚唇，折肩，腹部向内急收，下腹残。腹部饰纵向中粗绳纹。口径35.6、残高9.5厘米（图4-9-2）。

鬲甗类器足　17件。标本H23∶12，夹粗砂灰皮红褐陶。足为上部略粗的圆柱形。通饰纵向粗绳纹。残高13.4厘米（图4-9-11）。标本H23∶11，夹粗砂红褐陶。足为上部略粗的圆柱形。通饰纵向粗绳纹。残高12.3厘米（图4-9-12）。

豆　3件。标本H23∶2，可复原。泥质黑皮褐陶。直口，圆唇，浅盘，圜底，柄较矮，下部呈喇叭形，近底部有一折棱。口径14.9、足径9.8、高10.4厘米（图4-9-9；彩版8-6）。标本H23∶5，泥质黑皮褐陶。豆盘上部已残，盘为圜底，柄较矮，下部呈喇叭形，近底部有一折棱。足径11.4、残高6.7厘米（图4-9-13）。标本H23∶8，泥质灰陶。敞口，折沿，唇略尖，腹部以下残。口径19.4、残高5.5厘米（图4-9-10）。

大体可以辨识器类的陶器残片还有侈口罐口沿4片、平沿罐口沿8片、中领罐口沿1片、敞口鼓腹罐1片、卷沿罐口沿3片、瓮3片、平底罐底5片、鬲甗类口沿9片、花边口沿直腹

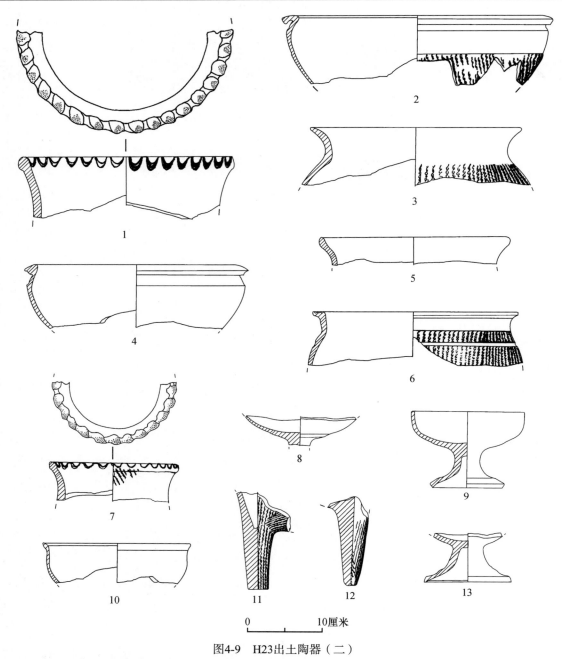

图4-9　H23出土陶器（二）

1、7. 高领罐（H23：10、H23：6）　　2、4. 6. 鬲甗类（H23：15、H23：7、H23：13）　　3. 卷沿罐（H23：9）　　5. 侈口罐
（H23：14）　　8. 高柄豆（H23：3）　　9、10、13. 豆（H23：2、H23：8、H23：5）　　11、12. 鬲甗类器足（H23：12、
H23：11）

器1片、矮柄豆柄8片、矮柄豆盘9片、矮柄豆底4片、尖唇卷沿钵1片、器盖3片（件）。

此外，还有少量可辨器类的夏商时期陶器残片：高柄器底部1片、高柄器柄部6片、矮圈足器圈足1片、盖纽1片（件）。

高柄豆　1件。夏商时期陶器。标本H23：3，泥质红陶。仅存豆盘下部，圜底。最大残径14.7、残高3.9厘米（图4-9-8）。

2. 石器

斧　1件。标本H23：23，绿色海成岩。通体磨制。长7.7、宽4.1、厚1.1、刃部宽0.8厘米（图4-10-1；图版20-1）。

锛　1件。标本H23：24，灰色海成岩。通体磨制，留有使用痕迹。长5、宽4.3、厚0.8、刃部宽1.1厘米（图4-10-2）。

（五）性质

原为人工挖掘的坑，具体用途不详，废弃后作为垃圾坑。

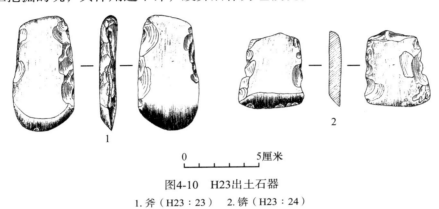

0 ————— 5厘米

图4-10　H23出土石器

1. 斧（H23：23）　　2. 锛（H23：24）

三、H25

（一）位置与层位

位于T17中部略偏东。开口于第8层下，打破第10层和生土。坑口距地表深0.75米。

（二）形制与结构

平面近圆形，口大底小，底部较平，坑壁略微向内倾斜。口径1.2～1.26、底径1.12～1.2、深0.48～0.58米（图4-11）。

（三）坑内堆积

坑内填土呈灰黑色，土质较坚硬。

（四）出土遗物

出土遗物有陶器和石器。

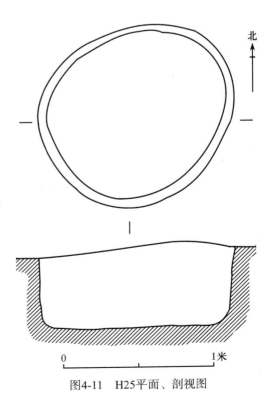

北

0 ————— 1米

图4-11　H25平面、剖视图

1. 陶器

出土陶器共176片（件）。

（1）陶质陶色

可以分为夹砂陶和泥质陶。

夹砂陶：79片（件），其中有夹细砂红陶38片、夹中粗砂红陶8片、夹细砂黑皮褐陶28片、灰陶5片等。

泥质陶：97片（件），其中黑皮红陶21片、红陶22片、灰陶43片、灰褐陶11片（件）。

（2）纹饰

以各种绳纹为主，如有中粗绳纹4片、粗绳纹1片、粗绳纹加抹划弦纹5片、中粗绳纹加抹划弦纹5片、绳纹加凹弦纹加抹划弦纹1片（件）等，还有方格纹4片。此外，有夏商时期的交错绳纹1片。

标本H25：4，鬲罐类腹部。泥质红陶。拍印平行绳纹加抹划弦纹（图4-12-4）。

标本H25：5，罐领肩部。泥质红陶。绳纹加凹弦纹加抹划弦纹（图4-12-3）。

标本H25：6，鬲类领肩部。泥质灰陶。拍印平行粗绳纹，颈部抹划掉绳纹（图4-12-2）。

标本H25：7，腹部。泥质红陶。交错绳纹（图4-12-6）。

标本H25：8，腹部。泥质灰褐陶。拍印方格纹（图4-12-5）。

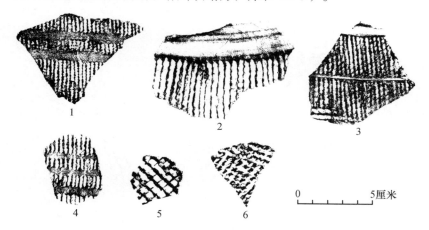

图4-12　H25出土陶器纹饰拓本

1、2、4.拍印平行绳纹+抹划弦纹·鬲罐类（H25：9、H25：6、H25：4）　3.绳纹+凹弦纹+抹划弦纹·罐（H25：5）

5.拍印方格纹（H25：8）　6.交错绳纹（H25：7）

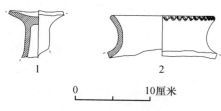

图4-13　H25出土陶器

1.豆（H25：3）　2.高领罐（H25：1）

标本H25：9，鬲罐类腹部。泥质灰褐陶。拍印平行绳纹加抹划弦纹（图4-12-1）。

（3）器类

有豆、鬲甗类、侈口罐、花边口罐、瓮、高领罐、平底器、纺轮、网坠、环等。

高领罐　1件。标本H25：1，含细砂粗泥红陶。敞口，圆唇，领部较高，颈部以下均残。唇部饰纵向压印痕形成花边口沿。口径13.7、残高5.8厘米（图4-13-2；图版12-2）。

豆　1件。标本H25：3，泥质灰褐陶。豆盘为圜底，柄上部为圆柱状，盘上部和柄下部均残。残高6.4厘米（图4-13-1）。

此外，大体可辨器类的陶器残片还有豆盘2片、豆柄7片、豆底部4片、花边口罐3片、鬲甗类口沿6片、瓮口沿1片、平底器底部5片、纺轮4片、网坠10片、环1片（件）。

2. 石器

仅有残石器1件。

切割器　1件。标本H25：2，花岗岩，黑、白混合色。仅存刃部，通体磨制，有使用痕迹。残长8、宽10、厚1.4厘米（图4-14；图版19-2）。

另有可能是石器制作过程中产生的石片2片。

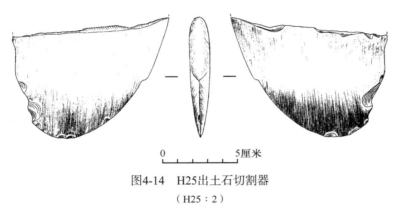

0　　　　　　5厘米

图4-14　H25出土石切割器

（H25：2）

（五）性质

推测该坑原为窖穴，废弃后作为垃圾坑。

四、H36

（一）位置与层位

位于T14东南部。开口于第8层下，打破第9层和生土。坑口距地表深0.4米。

（二）形制与结构

平面基本呈圆形，坑口东高西低，底部平整，坑壁略微向内倾斜，口大底小。口径0.92、底径0.8、深0.56～0.6米（图4-15）。

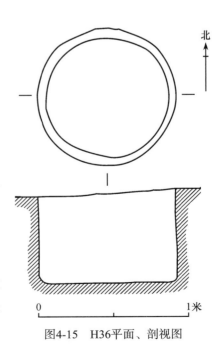

北

0　　　　　　　　1米

图4-15　H36平面、剖视图

（三）坑内堆积

坑内填土呈灰黑色，土质疏松。

（四）出土遗物

出土遗物均为陶器，共41片（件）。

（1）陶质陶色

泥质灰陶23片、泥质红陶12片、夹细砂黑陶6片（件）。

（2）纹饰

绳纹3片、绳纹加抹划弦纹2片。

标本H36：1，罐肩部。泥质灰陶。拍印绳纹加平行抹划弦纹（图4-16-5）。

（3）器类

大体可辨器类的陶器残片有罐1片、鬲甗类2片、盆1片（件）等。

（五）性质

推测该灰坑原为窖穴，废弃后作为垃圾坑。

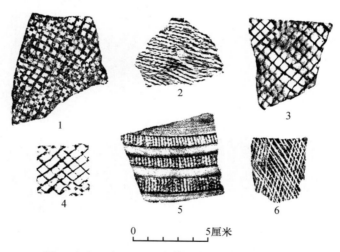

图4-16　H36与T14、T15第8层出土陶器纹饰拓本

1、3、4. 拍印方格纹（T15⑧：2、T15⑧：4、T14⑧：3）　2. 拍印绳纹（T15⑧：3）　5. 拍印绳纹+抹划弦纹·罐（H36：1）　6. 交错划纹（T14⑧：4）

第二节　第8层出土陶器

陶器为夹砂陶和泥质陶，以泥质陶为主。陶色以灰陶、红陶、褐陶为主，黑陶次之，另有部分黑皮陶、青灰陶等。

泥质陶以红陶、褐陶、红黄陶、灰陶为主，另有一些黑皮陶，其中小部分为磨光黑皮陶。

夹砂陶多为夹细砂，主要有红陶、褐陶和黑陶，也有少量灰陶和青灰陶等。

陶器纹饰：根据制作方法可分为拍印、捏塑、刻划、镂孔，纹饰种类有绳纹、凹弦纹、花边口沿装饰、镂孔圆圈纹等。

陶器器类：主要有罐、瓮、壶、钵、尖底器、豆、鬲甗类、网坠、纺轮等。

一、T3第8层出土陶器

出土陶器共41片（件）。

（1）陶质陶色

可分为泥质陶和夹砂陶。泥质陶有38片（件），其中灰陶15片、灰褐陶11片、红陶4片、黑皮红陶5片、褐皮灰陶3片（件）。夹砂陶仅有夹细砂红陶3片。

（2）纹饰

仅有绳纹2片、方格纹1片。

（3）器类

大体可以辨识器类的陶器主要有鬲、豆、罐等，均为残片。其中鬲口沿3片、矮柄豆盘3片、豆柄2片、圈足底部1片、折沿罐口沿2片、卷沿罐1片、平底器1片（件）。

二、T13第8层出土陶器

出土有陶纺轮1件。标本T13⑧：1，泥质灰陶。算珠形，斜壁。直径3.4、厚1.5厘米（图4-17-2）。

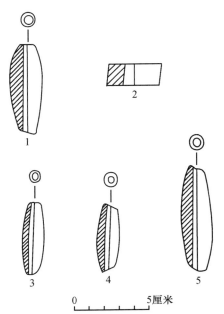

图4-17　T13、T15、T16第8层出土陶网坠、纺轮

1、3～5.网坠（T15⑧：5、T16⑧：4、T16⑧：1、T16⑧：2）　2.纺轮（T13⑧：1）

三、T14第8层出土陶器

出土陶器共242片（件）。

（1）陶质陶色

可分为夹砂陶和泥质陶。

夹砂陶：86片（件），其中夹细砂青灰陶8片、灰陶13片、红陶38片、黑陶26片（件），夹粗砂灰皮红陶1片（件）。

泥质陶：156片（件），其中灰陶18片、褐陶24片、红陶34片、红黄陶36片、磨光黑皮红陶1片、黑皮红陶43片（件）等。

（2）纹饰

绳纹3片、绳纹加抹划弦纹1片、方格纹8片、凸弦纹1片、篮纹1片、附加堆纹1片、划纹1片、压印花边口1片（件）。

标本T14⑧：3，腹部。泥质红陶。拍印方格纹（图4-16-4）。

标本T14⑧：4，腹部。泥质红陶。交错划纹（图4-16-6）。为早期陶器。

（3）器类

有罐、瓮、鬲、豆、平底器等。

高领罐　1件。标本T14⑧：1，夹粗砂灰皮红陶。敞口，唇略尖，颈部较高，从上向下逐渐变粗，肩部以下均残。肩部局部饰方格纹。口径18.9、残高9.4厘米（图4-18-1）。

瓮　1件。标本T14⑧：2，泥质红陶。直口微侈，厚沿，唇略尖，颈部以下均残。口径35.8、残高7.7厘米（图4-18-2）。

大体可以辨识器类的陶器残片还有鬲口沿2片、鬲足2片、豆柄1片、豆底部1片、折沿溜肩罐4片、高领罐1片、卷沿罐1片、矮领直口罐1片、瓮2片、平底器3片（件）。

此外，还出土有部分早期陶器。

新石器时代陶器可辨器类的残片有花边口罐口沿2片、折沿罐口沿6片、平底器（底部有纹饰）1片（件）。纹饰有划纹1片、压印花边口1片。

夏商时期陶器可辨器类的残片有小平底罐2片（圆肩1片）、直领罐口沿1片、平底器2片、高柄器柄1片、壶口沿1片、器纽2片、器盖1片（件）。纹饰有细绳纹3片。

0　　　　　10厘米

图4-18　T14第8层出土陶器

1.罐（T14⑧：1）　2.瓮（T14⑧：2）

四、T15第8层出土陶器

出土陶器共144片（件）。

（1）陶质陶色

可分为夹砂陶和泥质陶。

夹砂陶：31片（件），其中夹细砂红陶16片、夹细砂黑陶14片、夹细砂灰陶1片（件）。

泥质陶：113片（件），其中灰陶50片、黑皮红陶42片、红陶10片、红（黄）陶11片等。

（2）纹饰

有粗绳纹2片、中绳纹1片、绳纹加抹划弦纹1片、细绳纹3片、方格纹6片、凹弦纹1片（件）。

标本T15⑧：2，腹部。泥质灰陶。拍印方格纹（图4-16-1）。

标本T15⑧：3，腹部。夹细砂黑陶。拍印绳纹（图4-16-2）。

标本T15⑧：4，腹部。泥质灰陶。拍印方格纹（图4-16-3）。

（3）器类

有鬲鬴类、豆、罐、壶、盆、网坠等。

豆　1件。标本T15⑧：1，泥质灰陶。浅盘，圆唇，弧壁，柄较高而下部残。盘径13.6、残高11.5厘米（图4-19-2）。

网坠　1件。标本T15⑧：5，粗泥质红陶。细长圆柱形，中部最粗，逐渐向两端变细。长6.2、最大径2.2厘米（图4-17-1）。

另外，大体可以辨识器类的陶器残片还有鬲鬴类口沿3片、鬲鬴类足4个、中柄豆柄2片、豆盘2片、豆底部4片、平沿罐1片、花边口罐2片、平沿盆1片、壶口沿1片、平底器3片（件）。

此外，还有部分早期陶器。

新石器时代陶器可辨器类的仅有敛口钵口沿1片（件）。

夏商时期陶器可辨器类的有高柄器柄部2片、折沿罐3片、小平底罐口沿1片（件）。还有细绳纹陶片3片。

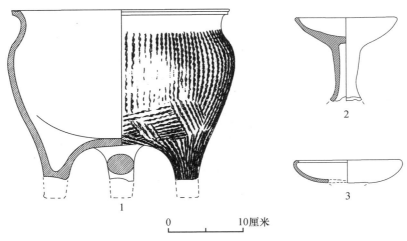

0　　　　　　10厘米

图4-19　T15、T16、T17第8层出土陶器

1.鬲（T17⑧：2）　2、3.豆（T15⑧：1、T16⑧：3）

五、T16第8层出土陶器

出土陶器共714片（件）。

（1）陶质陶色

可分为夹砂陶和泥质陶。

夹砂陶：126片（件），其中红陶83片、褐陶43片。

泥质陶：588片（件），其中灰陶375片（其中有磨光陶3片）、红黄陶78片、黑皮灰褐陶120片、褐皮红陶12片、红陶3片（件）。

（2）纹饰

有中绳纹9片、粗绳纹2片、绳纹加抹划弦纹3片（件）、抹划弦纹1片、细绳纹3片、方格纹8片（件）。

标本T16⑧：5，腹部。夹粗砂褐陶。拍印粗绳纹（图4-20-1）。

标本T16⑧：6，腹部。泥质红黄陶。拍印绳纹加抹划弦纹（图4-20-2）。

标本T16⑧：7，腹部。泥质灰陶。拍印绳纹加抹划弦纹（图4-20-3）。

标本T16⑧：8，腹部。泥质灰陶。拍印绳纹加抹划弦纹（图4-20-4）。

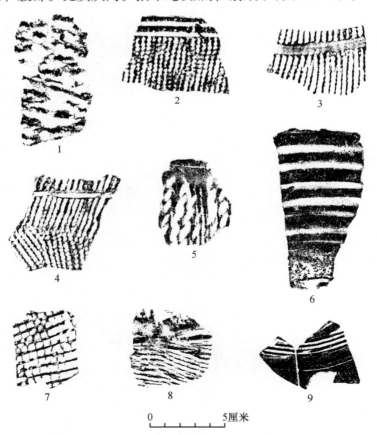

图4-20　T16、T17、T18第8层出土陶器纹饰拓本

1. 拍印粗绳纹（T16⑧：5）　2~4. 拍印绳纹+抹划弦纹（T16⑧：6、T16⑧：7、T16⑧：8）　5. 粗绳纹·罐（T16⑧：9）

6. 平行抹划弦纹·罐（T16⑧：10）　7. 方格纹（T17⑧：3）　8. 细绳纹（T17⑧：4）　9. 平行凹弦纹·器盖（T18⑧：1）

标本T16⑧：9，罐肩颈部。泥质红黄陶。粗绳纹（图4-20-5）。

标本T16⑧：10，罐近底部。泥质红黄陶。平行抹划弦纹（图4-20-6）。

（3）器类

可辨识器类的陶器主要有罐、瓮、鬲（鬹类）、壶、豆、钵、尖底器、平底器、圈足器、网坠等，均为残件。

豆　1件。标本T16⑧：3，泥质灰陶。仅存豆盘，敛口，唇略尖，浅腹，圜底，柄部均残。口径14.3、残高3.2厘米（图4-19-3）。

网坠　3件。标本T16⑧：1，泥质红陶。细长圆柱形，中部最粗，逐渐向两端变细。长4.6、最大径1.6厘米（图4-17-4）。标本T16⑧：2，泥质红陶。细长圆柱形，中部最粗，逐渐向两端变细。长7.1、最大径2.1厘米（图4-17-5）。标本T16⑧：4，泥质红陶。细长圆柱形，中部最粗，逐渐向两端变细。长4.9、最大径1.5厘米（图4-17-3）。

另外，大体可以辨识的陶器残片还有鬲鬹类口沿2片、鬲鬹类足16片、豆盘9片、豆底部15片、豆柄12片、中领平沿罐8片、花边口罐8片、高领罐1片、钵1片、瓮4片、尖底器底1片、平底器2片、壶口沿2片、壶底圈足1片、圈足器1片、网坠8片（件）。

此外，还有部分早期陶器。

新石器时代陶器可辨器类的有折沿盆2片、盘口罐口沿1片（件）。纹饰有瓦棱纹1片（件）。

夏商时期陶器可辨器类的有小平底罐口沿2片（其中溜肩1片、圆肩1片）、高柄灯形器盘4片、高柄器柄1片、高柄器圈足底4片、花边口罐2片、直口罐口沿2片（件）等。纹饰有细绳纹3片（件）。

六、T17第8层出土陶器

出土陶器共104片（件）。

（1）陶质陶色

可分为夹砂陶和泥质陶。

夹砂陶：30片（件），其中红陶14片、黑灰陶16片（件），均为夹细砂陶。

泥质陶：74片（件），其中红陶24片、灰陶21片、黑皮红陶29片（其中磨光陶3片）等。

（2）纹饰

有11片（件），其中绳纹2片、方格纹4片、附加堆纹1片、交错绳纹1片、瓦棱纹1片、细绳纹加戳印纹1片、凹弦纹加粗绳纹1片（件）。

标本T17⑧：3，腹部。泥质灰陶。方格纹（图4-20-7）。

标本T17⑧：4，肩部。夹砂灰褐陶。细绳纹（图4-20-8）。

（3）器类

可辨器类的有鬲、敞口罐、花边口罐、平底器等。

鬲　1件。标本T17⑧：2，夹细砂黑灰陶。平折沿，方唇，束颈，溜肩，腹部向内斜收，平档，袋足较浅，足为圆柱形，下部残。沿上和唇部各饰一道凹弦纹，颈部以下通饰粗绳纹，除档足部有少量为横斜向之外，均为纵向。口径28.8、残高22.9厘米（图4-19-1；彩版8-5；图版12-3）。

另外，大体可辨识器类的陶器残片还有敞口罐1片（T17⑧：7）、宽沿花边口罐1片（T17⑧：6）、平底器3片（件）。

此外，还有部分新石器时代的陶器，可辨器类的有折沿深腹罐3片（T17⑧：5）、卷沿壶2片（T17⑧：8）、折腹钵2片。纹饰有交错绳纹1片、瓦棱纹1片、细绳纹加戳印纹1片（件）。

七、T18第8层出土陶器

出土陶器共36片（件）。

（1）陶质陶色

可分为泥质陶和夹砂陶。泥质陶有灰陶及灰褐陶20片、黑皮红陶5片（件）。夹砂陶有夹细砂红陶11片。

（2）纹饰

有凹弦纹1片、瓦棱纹1片、戳印纹1片、细绳纹加凹弦纹1片（件）。

标本T18⑧：1，器盖。泥质灰陶。平行凹弦纹（图4-20-9）。

（3）器类

大体可辨识器类的陶器有鬲鬹类器足1个、深腹罐1片、器盖1片（件）。

此外，还有部分新石器时代陶器。可辨识的器类有折腹钵4片、折沿罐1片（件）。纹饰有瓦棱纹1片、戳印纹1片、细绳纹加凹弦纹1片（件）。

第三节　第8层出土石器

小刀　1件。标本T17⑧：1，绿色海成岩。刃部单面磨制，两侧均磨制，有使用痕迹。长3.6、宽1.9、厚0.5、刃部宽0.4厘米（图4-21；图版20-6）。

此外，大体可辨识的石器残片还有小刀2片、石片3片、小石核3件。

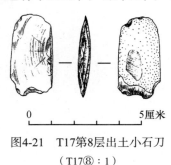

图4-21　T17第8层出土小石刀

（T17⑧：1）

第五章　东晋南朝遗存

属于这一时期的遗存有第7层，以及第7层下的遗迹、部分第6层下的遗迹。第7层主要分布在T7、T9、T11等探方。总体上讲，东晋南朝时期的遗存主要分布在发掘区的东部。

第一节　遗　　迹

这一时期遗迹有灰坑12个、陶窑1处。

其中第7层下的遗迹有H7、H8、H10、H21，第6层下的遗迹有H1～H3、H11、H12、H19、H26、H30、Y1等（图5-1～图5-3）。

一、H1

（一）位置与层位

位于T6西北部。开口于第6层下，打破生土。开口距地表深0.85米。

（二）形制与结构

坑口平面呈圆形，从坑口到坑底呈同心圆台阶式向中心收缩逐层降低，从上到下共三级，总深度为0.96米。第一级：坑壁略为向内倾斜，底部平整。口径2.1、底径2、深0.67米。第二级：坑壁垂直向下，底部平整，直径0.68、深0.21米。第三级：坑壁垂直，坑底平整。直径0.28、深0.08米（图5-4；彩版4-1）。

（三）坑内堆积

坑内填土为灰褐色，土质紧密。包含物有红烧土颗粒等。

（四）出土遗物

出土遗物较多，有瓷器、陶器、石器、铜钱、板瓦，以及残瓦片、砖块、石头、鱼骨、兽骨、蚌壳等。此外，还有少量早期遗物。

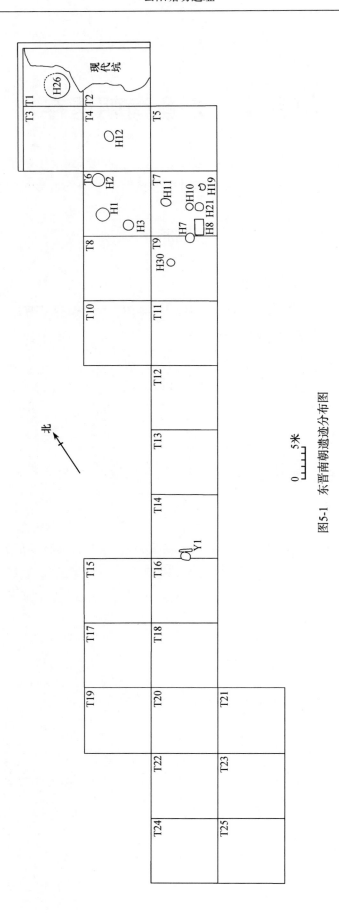

图5-1　东晋南朝遗迹分布图

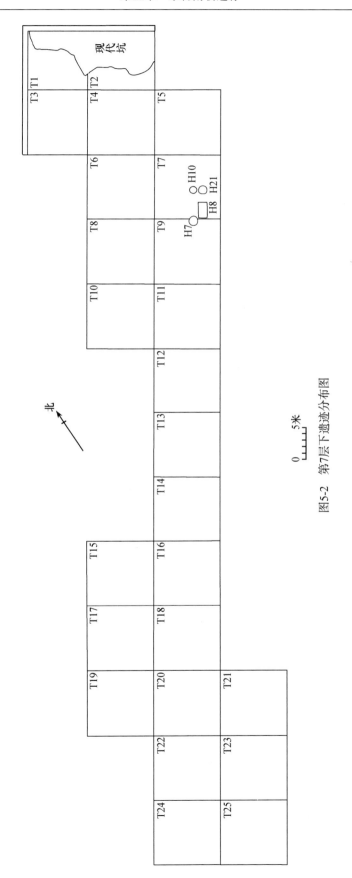

图5-2　第7层下遗迹分布图

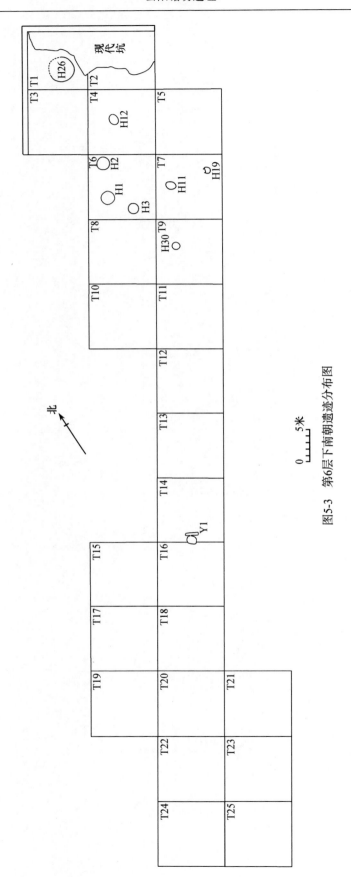

图5-3　第6层下南朝遗迹分布图

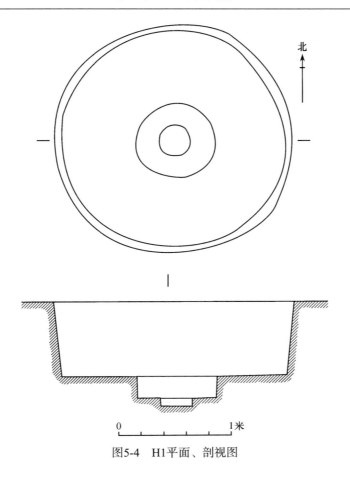

图5-4　H1平面、剖视图

1. 瓷器

出土瓷器共149片（件）。

〔1〕瓷系

均为青瓷，其中有淡青绿釉红褐胎15片、青绿釉灰胎28片、灰绿釉灰胎或灰白胎49片、黄釉（黄绿釉）灰胎12片、酱釉红褐胎42片、无釉红褐胎3片（件）。器表未见纹饰。

〔2〕器类

大体可以辨识器类的有37件，具体有碗、盏、盘等。此外可见罐的残片。

碗　26件。标本H1∶3，灰胎，青绿釉，外壁挂半釉。敞口较直，弧壁，饼足。饼足下有两个同心圆划纹。口径14.2、足径5.1、高7.9厘米（图5-5-6）。标本H1∶10，灰胎，灰绿釉，外壁挂大半釉。敞口，弧壁，玉璧足。足内底部有一道划弦纹。口径14.5、足径4.9、高8.3厘米（图5-5-1）。标本H1∶5，灰胎，青绿釉，外壁挂大半釉。敞口较直，尖唇，弧壁，玉璧足，底外沿微卷。口径13.7、足径5.3、高7.6厘米（图5-5-2；彩版11-3）。标本H1∶16，灰胎，黄釉，外壁挂大半釉，釉以下涂红褐色化妆土。敞口较直，深腹，玉璧足。口径14.5、足径4.8、高8.3厘米（图5-5-3）。标本H1∶15，灰胎，黄釉，外壁挂半釉，釉以下涂红褐色化妆土。敞口，浅腹，弧壁，玉璧足。口径14.4、足径4.6、高7.7厘米（图5-5-4）。标本H1∶1，灰胎，青绿釉，外壁挂半釉。敞口，唇微尖，弧壁，平底微内凹。器内底共有八个支钉痕。口径14.6、底径7.6、高5.5厘米（图5-5-5）。标本H1：2，灰胎，灰绿釉，外壁挂半釉。敞口，圆唇，弧壁，平底内凹。口径14.5、底径8.4、高6.2厘米（图5-5-8）。标本H1：9，灰胎，黄绿釉，外壁挂半釉，下部施红褐色化妆土。敞口较直，弧壁，平底微内凹。内底一周共有十七个圆形支钉痕。口径15、底径9.8、高5.5厘米（图5-5-7）。标本H1：8，灰胎，青绿釉，外壁挂半釉。敞口，弧壁，平底微内凹。腹下部有两道随意的划线纹。口径14.2、底径8.8、高6.1厘米（图5-5-9）。标本H1：13，灰胎，灰绿釉，外壁挂半釉，下端涂红褐色化妆土。敞口，弧壁，平底微内凹。腹下部有四道划线纹，外底有随意的半圆线划纹，内底一周共有七个支钉

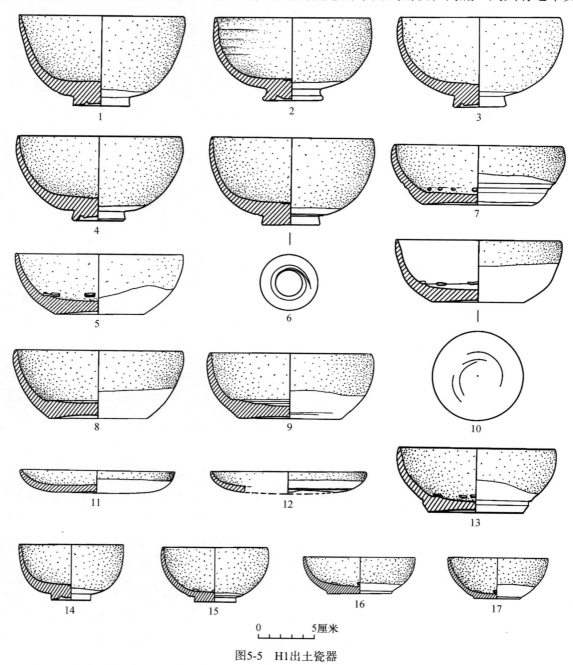

图5-5　H1出土瓷器

1～10、13.碗（H1：10、H1：5、H1：16、H1：15、H1：1、H1：3、H1：9、H1：2、H1：8、H1：13、H1：7）

11、12.盘（H1：4、H1：17）　14～17.盏（H1：6、H1：12、H1：14、H1：11）

痕。口径14.6、底径8.2、高5.7厘米（图5-5-10）。标本H1：7，灰胎，灰绿釉，外壁挂半釉。敞口，弧壁，浅腹，底略呈饼足。内底周边一圈共有八个支钉痕。口径13.8、足径8.4、高5.9厘米（图5-5-13）。

盏　7件。标本H1：6，灰胎，青绿釉，外壁挂大半釉。敞口，弧壁，玉璧足。口径9.2、足径3.5、高5厘米（图5-5-14）。标本H1：12，灰胎，灰绿釉，外壁挂大半釉。敞口较直，浅腹，弧壁，饼足。内底一周有三个圆形支钉痕。口径9.2、足径3.6、高4.9厘米（图5-5-15）。标本H1：14，灰胎，灰绿釉，外壁挂大半釉。敞口，腹很浅，底略呈饼足。内底一周共有三个圆形支钉痕。口径9.9、足径5.8、高3.3厘米（图5-5-16）。标本H1：11，灰胎，灰绿釉，外壁挂半釉。敞口，弧壁，底略呈饼足。内底一周共有三个圆形支钉痕。口径8.8、足径4、高3.7厘米（图5-5-17）。

盘　4件。标本H1：4，灰胎，灰绿釉，外壁挂半釉。敞口，尖唇，浅腹，平底微内凹。口径13.6、高2.1厘米（图5-5-11）。标本H1：17，灰白胎，灰绿釉，外壁挂半釉。敞口，浅腹，尖唇，底部残。腹下部有两道划弦纹。口径14.1、残高2.1厘米（图5-5-12）。

2. 陶器

出土陶器共67片（件）。均已残。其中有少量可能为早期陶器。

（1）陶质陶色

很单纯，泥质灰陶56片、夹粗砂褐陶11片（件）。

（2）纹饰

有纹饰的仅有3片，其中拍印方格纹2片（应为东周时期）、附加堆纹的箍带纹（表面再饰压印绳纹）1片。

（3）器类

可辨识器类的有盆、罐。

罐　1件。标本H1：18，泥质灰陶。口部与上腹部残，下腹略内弧，平底。最大残径23.6、底径18、残高6.7厘米（图5-6）。

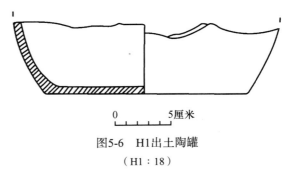

图5-6　H1出土陶罐
（H1：18）

3. 石器

3件。其中1件为南朝时期，2件为早期石器。

（1）南朝时期

半球形器　1件。标本H1：21，用途不详。灰青色火山岩。平面略呈椭圆形，通体磨制。直径4、高2厘米（图5-7-1）。

（2）早期石器

2件。

锛形器　1件。标本H1：22，红褐色火成岩。磨制石器。上窄下宽，平面略呈三角形，局

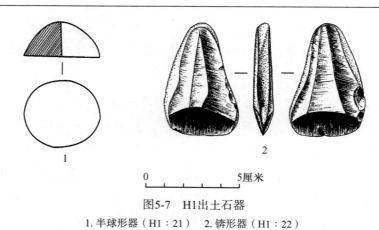

图5-7　H1出土石器
1. 半球形器（H1：21）　　2. 锛形器（H1：22）

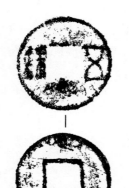

图5-8　H1出土五铢钱拓本
（H1：20）

部残缺有崩痕。最长6、最宽4、最厚处1.1厘米（图5-7-2）。

　　凿　1件。标本H1：23，利用自然砾石，仅刃部磨制。

4. 铜钱

　　五铢　1枚。标本H1：20，应为汉代钱币。保存较好，"五"字交叉两笔弯曲，"朱"字上下两笔弯曲。背面有内郭。直径2.5、厚0.7厘米（图5-8）。

5. 板瓦

　　共9片。均为泥质灰陶。其中外侧饰粗绳纹内侧素面8片、外侧饰粗绳纹内侧饰粗布纹1片（件）。

（五）性质与年代

　　此坑形制独特，三个同心圆从上至下直径依次递减。在T6内共发现3个这样的坑（H1～H3），三者在平面上基本呈三角形排列。从土质土色看，填土内的有机质较重。但此坑形制十分规整，可能在废弃之前有特殊的用途。从坑内包含物来看，该坑在废弃后作为垃圾坑使用，坑内包含物散乱堆放，并均已残破。根据开口层位和出土遗物判断，该坑的年代为南朝时期。

二、H2

（一）位置与层位

　　位于T6东北部。开口于第6层下，打破生土。坑口距地表深0.82米。

（二）形制与结构

坑口平面呈圆形，自坑口到坑底呈同心圆台阶式向中心收缩逐渐降低，由上而下共三级，总深度为0.72米。第一级：坑壁略向内倾斜，底部平整。口径2.1、底径2.05、深0.4米。第二级：坑壁略向内倾斜，底部平整。口径1.3、底径1.28、深0.18米。第三级：坑壁垂直，坑底平整。直径0.4、深0.14米（图5-9；图版2-1）。

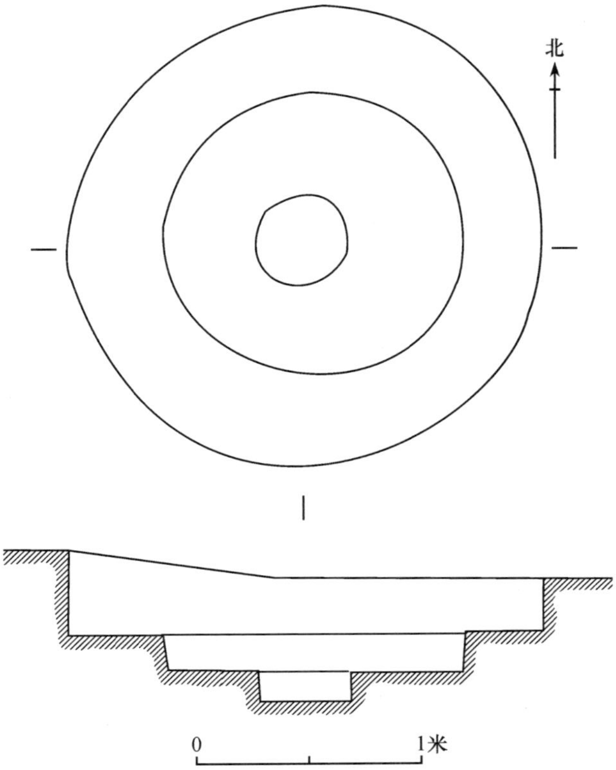

（三）坑内堆积

坑内填土为灰褐色，土质较紧密。

（四）出土遗物

出土少量瓷器、板瓦等。另有青灰色残砖4块和若干砾石等。

图5-9 H2平面、剖视图

1. 瓷器

出土瓷器共32片（件）。

（1）瓷系

均为青瓷，其中青绿釉灰白胎28片、酱色泛黄釉红褐胎1片、无釉青灰胎3片（件）。

（2）器类

大体可以辨识器类的残片有碗、钵、盘类。碗和钵均为饼足。

2. 板瓦

共9片。泥质灰陶8片，其中外侧饰绳纹内侧素面3片，外侧素面内侧饰绳纹5片。还有泥质灰黄陶1片，内外均饰绳纹。

3. 早期石器

锛　1件。标本H2:1，残，大体为近方形。

（五）性质与年代

该坑形制独特，与同处T6的H1、H3类似。三坑在平面上略呈三角形，似有一定规律。但坑内包含物属废弃垃圾物，堆放散乱残破，填土含有机质较重。因此，该坑可能在废弃前有特定用途。

根据开口层位和出土物判断，该坑的年代应为南朝时期。

三、H3

（一）位置与层位

位于T6西南部。开口于第6层下，打破生土。坑口距地表深0.8米。

（二）形制与结构

坑口平面呈圆形，自坑口到坑底呈同心圆台阶式向中心收缩逐渐降低。由上而下共三级，总深度为0.84米。第一级：坑壁明显向内倾斜，底部平整。口径1.66、底径1.34、深0.6米。第二级：坑壁略向内倾斜，底部平整。口径0.9、底径0.86、深0.16米。第三级：坑壁略向内倾斜，底部平整。口径0.44、底径0.37、深0.08米（图5-10；彩版4-2）。

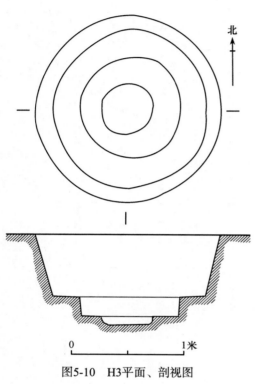

图5-10 H3平面、剖视图

（三）坑内堆积

坑内堆积可分2层，第1层内的填土呈灰黑色，较为紧密；第2层填土呈黄灰色，较为疏松，含较多红烧土颗粒。

（四）出土遗物

出土有陶器、瓷器、石器、瓦、蚌器和砖块等。

第1层出土有少量青瓷器、陶器和瓦。

1. 瓷器

共20片。

（1）瓷系

均为青瓷，其中青绿釉灰白胎4片、黄绿釉灰白胎12片、灰绿釉灰胎1片、酱黄釉红褐胎3片（件）。

（2）装饰

仅1片器表有装饰，外壁饰水波纹。

（3）器类

可以辨识器类的有碗、钵。

碗　1件。标本H3①：2，灰胎，灰绿釉，外壁挂半釉。敞口，圆唇，弧壁，平底略内凹。口径14.6、底径7.7、高5.9厘米（图5-11-1；图版21-2）。

钵　1件。标本H3①：3，灰白胎，青绿釉，外壁挂半釉。敞口较直，弧壁，平底微内凹。内底一周有二十个支钉痕。口径15.5、底径10.3、高6.2厘米（图5-11-2）。

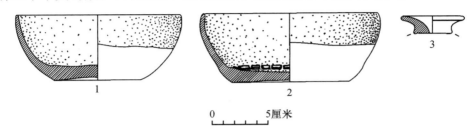

图5-11　H3出土瓷器、陶器
1. 瓷碗（H3①：2）　2. 瓷钵（H3①：3）　3. 陶器盖（H3②：4）

2. 陶器

共14片。

（1）陶质陶色

泥质灰陶10片、泥质黑皮灰陶2片、夹细砂红黄陶1片（有绳纹）、夹粗砂黑褐陶1片（件）。

（2）纹饰

仅见绳纹1片。

（3）器类

大体可以辨识器类的残片有釜2片、平折沿罐3片、附耳罐1片、平底器1片（件）等。

3. 瓦

共13片（件）。有板瓦和筒瓦。

板瓦　12片（件）。均为泥质灰陶，其中外侧饰绳纹内侧饰布纹1片、内外均饰绳纹10片、内外均为素面1片（件）。

瓦当　1件。标本H3①：5，泥质灰陶。宽沿，莲花纹，莲花纹周围无连珠纹。甚残，尺寸不详。

第2层出土有少量青瓷器、陶器和石器。

1. 瓷器

共23片（件）。

（1）瓷系

均为青瓷，其中青绿釉青灰胎10片、黄绿釉灰白胎13片（件）。

（2）器类

大体可辨识器类的残片有罐2片、平底器3片（件）。

此外，还有少量早期遗物。

2. 陶器

器盖　1件。为夏商时期遗物。标本H3②：4，泥质灰陶。仅存盖纽，为倒喇叭形。纽径5.7、残高1.6厘米（图5-11-3）。

3. 石器

纺轮　1件。标本H3②：1，深灰色沉积岩。甚残。算珠形。残高2.3厘米。

（五）性质与年代

该坑形制独特，与同处T6的H1、H2类似，三坑在平面上略呈三角形，似有一定规律。但坑内出土物应是废弃垃圾物，堆放散乱，填土含较多有机物质，因此，该坑在废弃前应有特殊用途。

根据开口层位及出土物推断，该坑的年代应为南朝时期。

四、H7

（一）位置与层位

位于T9东南部和T7西南部偏中。开口于第7层下，打破第10层和生土。坑口距地表深2.2米。

（二）形制与结构

平面基本呈圆形，坑底平整，坑壁基本垂直。口径1.32、深0.52米（图5-12）。

（三）坑内堆积

坑内填土为灰褐色，土质疏松。

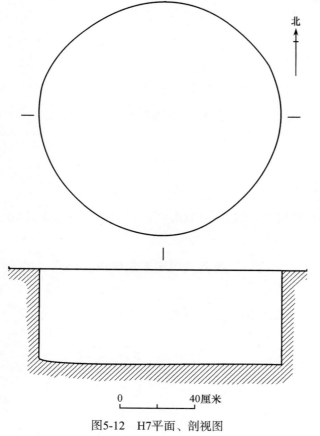

图5-12　H7平面、剖视图

（四）出土遗物

出土有陶、瓷、石器和板瓦等残片。

1. 瓷器

共15片（件）。

（1）瓷系

均为青瓷，其中青绿釉灰白胎12片、青绿釉褐胎3片（件）。

（2）器类

大体可以辨识器类的残片有直口罐1片、平底罐7片、敛口钵1片、碗3片、碗钵类饼足3片（件）。

2. 陶器

共44片（件）。

（1）陶质陶色

有泥质陶和夹砂陶。其中泥质陶有灰陶19片、灰褐陶21片、褐皮红陶1片，夹砂陶仅有黑皮红陶3片（件）。均未见有纹饰者。

（2）器类

大体可以辨识器类的残片有盆2片、小钵1片、罐1片（件）等。

3. 板瓦

共7片（件）。其中泥质灰陶3片、泥质褐皮灰陶2片、泥质黄红陶2片（件）。均有纹饰，其中外侧饰绳纹内侧饰布纹4片、外侧素面内侧饰布纹3片（件）。

4. 石器

1件。刮削器残片，应该是早期石器。

（五）性质与年代

推测该坑原可能为窖穴，废弃后作为垃圾坑。

根据层位关系和出土物判断，该坑的年代约为东晋南朝时期。

五、H8

（一）位置与层位

位于T7西南部。开口于第7层下，打破第10层和生土。坑口距地表深2.15米。

（二）形制与结构

平面呈长方形，坑壁略为向内倾斜，口大底小，底部也呈长方形，但高低不平，还有一不规则的二级小坑。口部长2.52、宽1.4米，底部长1.9、宽0.86米，深0.46～0.68米（图5-13）。

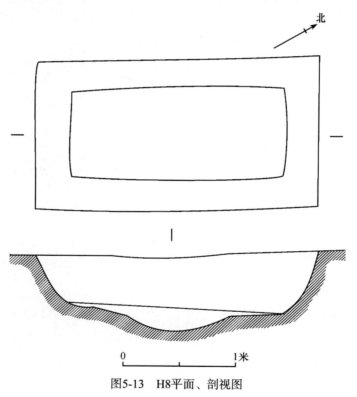

图5-13　H8平面、剖视图

（三）坑内堆积

坑内堆积不分层，均为灰黑色淤土，土质较疏松。

（四）出土遗物

出土很少量的青瓷器、陶器和瓦。

1. 瓷器

共5片（件）。其中酱黄釉青灰胎3片、淡青釉灰白胎2片（件）。
大体可以辨识器类的残片有敞口碗1片、平底罐类1片（件）。

2. 陶器

仅有泥质灰陶4片。

3. 瓦

共21片（件）。均为板瓦，其中泥质灰陶19片、泥质黑皮灰陶2片（件）。纹饰有外侧素面内侧饰布纹18片、外侧饰绳纹内侧饰布纹2片、内外均饰绳纹1片（件）。

（五）性质与年代

该坑为人为建造，但性质和用途不详。废弃后为垃圾坑。

根据层位关系和出土物判断，该坑的年代约为东晋南朝时期。

六、H10

（一）位置与层位

位于T7内中部偏南。开口于第7层下，打破第10层和生土。坑口距地表深2.23米。

（二）形制与结构

平面呈圆形，底部平整，坑壁略向内倾斜，口大底小。口径1.12、底径1.02、深0.5米（图5-14；图版5-1）。

（三）坑内堆积

坑内填土为灰黑色，土质疏松。

（四）出土遗物

仅出土有青釉灰白胎瓷片4片，另有兽骨（牛肩胛骨）和砾石等。

（五）性质与年代

推测原为窖穴，废弃后可能作为垃圾坑。

根据层位关系和出土物判断，该坑的年代可能为东晋南朝时期。

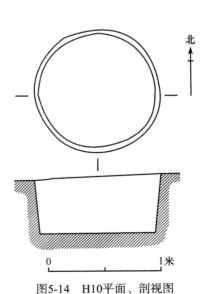

图5-14　H10平面、剖视图

七、H11

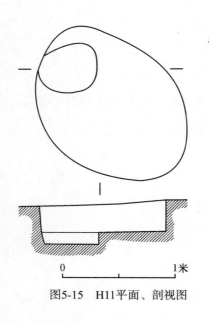

北

图5-15　H11平面、剖视图

0　　　　　1米

（一）位置与层位

位于T7东北部。开口于第6层下，打破第10层和生土。坑口距地表深1米。

（二）形制与结构

坑口平面略呈椭圆形，在坑底的西北部向下有一不规则的圆形小坑，形成二级。坑壁垂直，底部平整。第一级直径1.2～1.65、深0.3米。第二级直径0.4～0.5、深0.1米。坑总深0.4米（图5-15）。

（三）坑内堆积

坑内填土为深黄灰色，土质疏松，夹杂红烧土颗粒。

（四）出土遗物

出土很少量的青瓷片和石块，瓷器可辨的器类有青瓷碗、钵类。

1. 瓷器

共17片（件）。均为青瓷，其中泛青黄釉灰白胎5片、酱黄釉青灰胎2片、酱黄釉灰白胎10片（件）。

大体可以辨识器类的残片有碗1片、敛口钵1片、平底器1片（件）。

2. 陶器

共15片（件）。其中泥质褐陶8片、泥质红褐陶2片、泥质黄红陶2片、夹砂红黄陶3片。纹饰有绳纹3片。

大体可以辨识器类的残片仅有平底罐1件。

此外，还有少量早期陶片：细绳纹泥质褐陶1片、方格纹泥质红褐陶1片、交错细绳纹夹砂红黄陶1片（件）。

（五）性质与年代

该坑的形制较为特殊。用途不详，但可能也是窖穴。

根据层位关系和出土物判断，该坑的年代可能为南朝时期。

八、H12

（一）位置与层位

位于T4东北部，与西南角H6相距约4米。开口于第6层下，打破生土。坑口距地表深2米。

（二）形制与结构

平面呈椭圆形，坑壁较直，略微倾斜，口大底小，底部平整，均未见加工痕迹。坑口直径1.26～1.58、坑底直径1.04～1.4、深0.86米（图5-16；彩版3-2；图版1-2）。

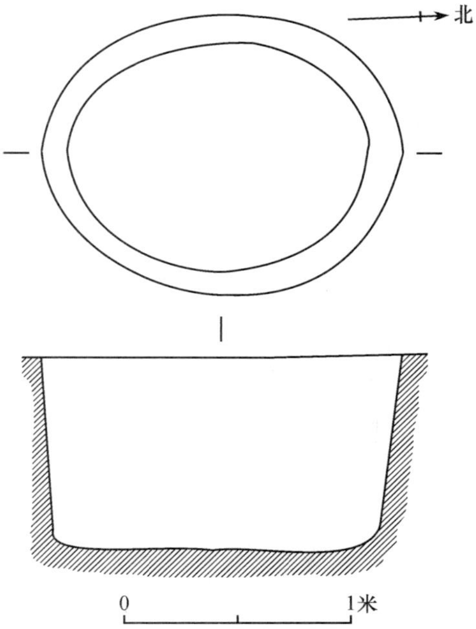

（三）坑内堆积

坑内填土不分层，均为灰色，土质疏松，夹杂较多炭点、砾石和少量红烧土块及粗颗粒。为一次性堆积而成，包含物较少。

图5-16 H12平面、剖视图

（四）出土遗物

出土遗物仅有很少量瓷片和陶片，另外有少量砾石。

1. 瓷器

共19片（件）。均为青瓷，其中淡绿釉灰白胎6片、酱黄釉红褐胎11片、饰方格纹无釉土黄胎2片（件）。

大体可以辨识器类的残片有直口碗1片、平底罐类1片（件）。

2. 陶器

仅出土泥质褐皮红胎2片。

（五）性质与年代

推测原为窖穴之类，废弃后可能为一次性用土填平。

根据层位关系和包含物判断，该坑的时代约为南朝时期。

九、H19

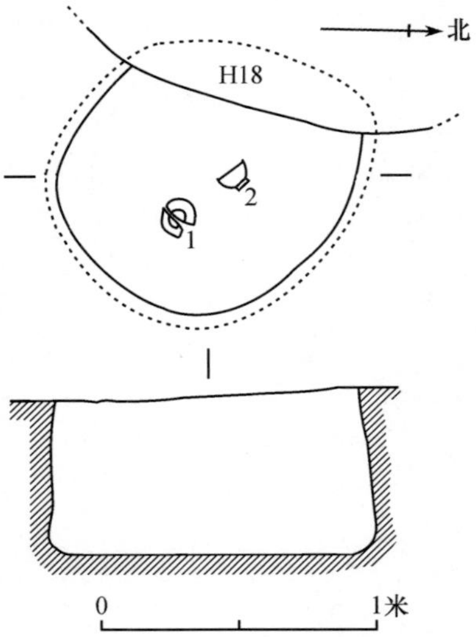

图5-17　H19平面、剖视图
1. 青瓷钵　2. 青瓷碗

（一）位置与层位

位于T7东南部。开口于第6层下，打破第7、10层和生土，被H18打破。坑口距地表深0.9米。

（二）形制与结构

平面呈不规则圆形，口小底大，略呈袋状，底部平整。口径1.1、底径1.15、深0.6米（图5-17；图版3-1）。

（三）坑内堆积

坑内填土不分层，均呈黄灰色，夹杂红烧土颗粒。

（四）出土遗物

出土有瓷器和陶器的残片。

1. 瓷器

共27片（件）。

（1）瓷系

均为青瓷。其中青绿釉灰白胎7片、淡青泛黄釉灰白胎6片、青灰釉灰白胎2片、青绿釉褐胎2片、黄釉褐胎3片（件）、酱黄釉灰白胎6片（其中2片饰方格纹）、酱釉灰胎1片。

（2）装饰

有装饰的瓷片仅5片，其中拍印小方格纹2片、刻划莲瓣纹（上有弦纹）2片（件）、划纹1件。

（3）器类

大体可以辨识器类的有碗、钵、盘、器盖，以及罐、高领壶等残片。

钵　1件。标本H19：1，灰白胎，青灰釉，外壁挂大半釉。直口，圆唇，弧壁，饼足。内凹内底一周有十六处小支钉痕，外壁口沿下有两道凹弦纹，其下刻划莲瓣纹。口径20.3、足径9.9、高10.3厘米（图5-18-1；彩版11-1）。

碗　1件。标本H19：3，灰白胎，青灰釉，外壁挂半釉。敞口较直，弧壁，矮饼足内凹。下腹近饼足处有刀削加工痕迹，内底一周有十余个不规律分布的小支钉痕。口径15.1、足径9.5、高5.6厘米（图5-18-4）。

盘　1件。标本H19：4，灰白胎，淡青泛黄釉，外壁挂半釉。下腹外壁有两道划纹。口径13、高2.4厘米（图5-18-3）。

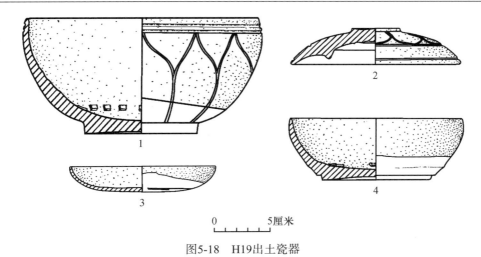

图5-18　H19出土瓷器

1.钵（H19：1）　2.器盖（H19：2）　3.盘（H19：4）　4.碗（H19：3）

器盖　1件。标本H19：2，灰白胎，外表施满青绿釉。圆唇，浅腹，弧壁，饼足纽，内壁中部有一道凸棱。器表下部饰两道凹弦纹，上部刻划一周莲瓣纹。口径15.1、高3.4厘米（图5-18-2；彩版11-2；图版21-1）。

2. 陶器

共3片（件）。均为泥质灰陶，素面。

可辨识的器类仅有折沿盆1片（件）。标本H19：5，泥质灰陶。折沿，口部以下残。

（五）性质与年代

该坑原可能为窖穴，废弃后作为垃圾坑。

根据开口层位和出土遗物判断，该灰坑的年代可能为南朝时期。

十、H21

（一）位置与层位

位于T7中部偏南。开口于第7层下，打破第10层和生土。坑口距地表深2.2米。

（二）形制与结构

坑口平面基本呈圆形。坑内分为两级，第一级坑壁垂直，底部平整。第二级位于坑底东南部，是一平面为椭圆形的小坑，底部为圜底。第一级坑口径1.38、深0.4～0.45米，第二级坑口径1.08、深0.55米。整个坑深约1米（图5-19；图版2-2）。

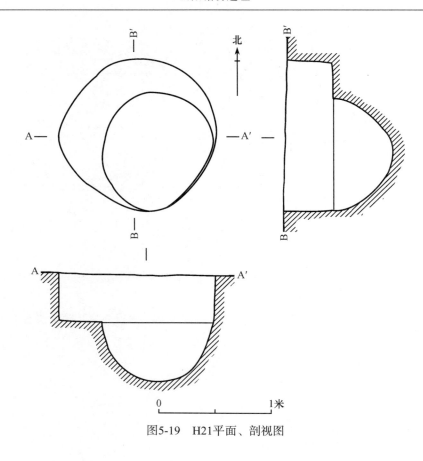

图5-19 H21平面、剖视图

（三）坑内堆积

坑内堆积可分为2层。第一级坑填土为灰褐色，土质疏松。第二级坑填土呈灰绿色，沙性重，有石渣。

（四）出土遗物

出土遗物有少量的瓷器、陶器和石渣、兽骨等。

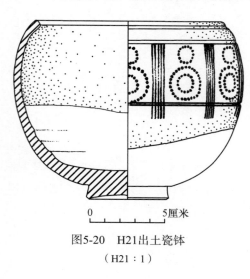

图5-20 H21出土瓷钵
（H21：1）

1. 瓷器

共5片（件）。出土于第二级坑内。均为青瓷，其中青绿釉紫灰胎2片、青黄釉灰白胎1件、黄绿釉红褐胎2片。可以辨识器类的仅有钵和平底各1件。

钵 1件。标本H21：1，灰白胎，青黄釉，内外下端露胎。口微敛，圆唇，深腹微鼓，小饼足微内凹。器表饰三道凹弦纹，在下面两道凹弦纹之间刻划有连珠纹构成的圆圈和平行线纹相间组成的图案。口径12.5、足径5.5、高12.2厘米（图5-20）。

2. 陶器

共4片（件）。均为泥质灰陶，大体可以辨识器类的残片有带系罐1件。

（五）性质与年代

该坑的形制特殊，但也可能还是窖穴，废弃后成为垃圾坑。

根据开口层位和出土遗物判断，该坑的年代为南朝晚期，下限可能至隋代。

十一、H26

（一）位置与层位

位于T1中部偏西。开口于第6层下，打破生土，又被H4打破。坑口距地表深2.48～3米。

（二）形制与结构

坑口呈圆形，坑壁较光滑，向内倾斜，坑底呈锅底状，但凸凹不平。坑口直径4、深0.6～1.28米（图5-21）。

（三）坑内堆积

坑内填土呈青灰色，较纯，黏性较大，填土因土色较纯，无法分辨层次。

（四）出土遗物

填土内包含物较多，有瓷器、陶器和瓦等。

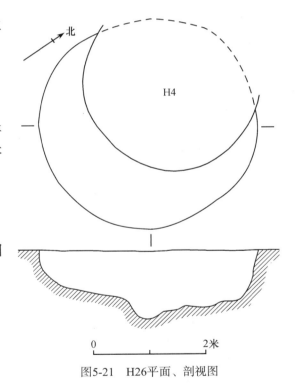

图5-21　H26平面、剖视图

1. 瓷器

共85片（件）。

（1）瓷系

均为青瓷，其中淡青釉灰白胎29片、绿褐釉灰胎1件、青绿釉灰白胎1件、青绿釉灰胎2件、青灰釉灰胎2件、灰绿釉灰胎1件、黄绿釉灰红胎1件、绿釉浅灰胎1件、青黄釉灰白胎1件、酱釉青灰胎1片、酱黄釉红褐胎7片、无釉饰化妆土红褐胎12片、无釉红褐胎26片（件）。

（2）器类

大体可以辨识器类的主要是碗、钵、盘、虎子，此外还有罐类等的残片。

碗　7件。标本H26：2，灰胎，绿褐釉，内外壁均挂大半釉。敞口，弧壁，深腹，玉璧足。口径13.7、足径5.4、高7.8厘米（图5-22-6）。标本H26：5，灰白胎，青绿釉，外壁挂大半釉。敞口，弧壁，深腹，玉璧足。内底有一凹圆圈。口径13.2、足径4.6、高8.1厘米（图5-22-4）。标本H26：7，灰白胎，青黄釉，外壁挂大半釉。敞口，弧壁，饼足内凹。器表绘有深褐色不规则团状图案。口径14.8、足径6.1、高7.8厘米（图5-22-9）。标本H26：3，灰胎，灰绿釉，外壁挂半釉。敞口，弧壁，矮饼足微内凹。内底一周有十四个方形小支钉痕。口径14.9、足径8.8、高6.3厘米（图5-22-5）。标本H26：1，灰胎，青灰釉，外壁挂半釉，下端露胎。口部近直，弧壁，饼足。内底一周有多个支钉痕。口径14.2、足径9.2、高5.9厘米（图5-22-3）。

钵　4件。标本H26：10，灰胎，青灰釉，外壁挂半釉，下端露胎。敞口较直，斜壁，平底。内底一周有几个支钉痕。口径16.8、底径10.7、高6.4厘米（图5-22-7）。标本H26：4，灰

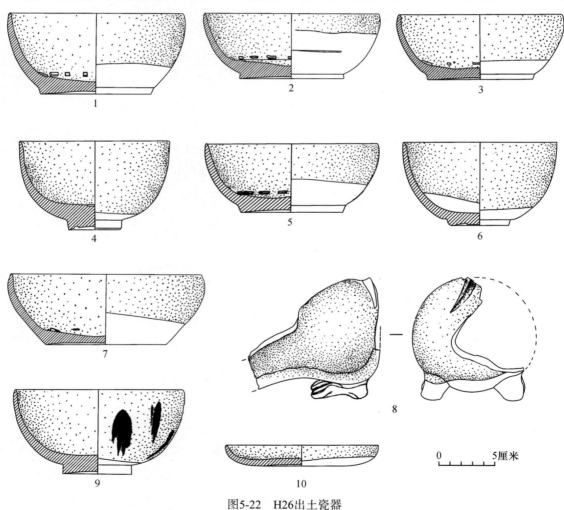

图5-22　H26出土瓷器

1、2、7. 钵（H26：8、H26：4、H26：10）　　3～6、9. 碗（H26：1、H26：5、H26：3、H26：2、H26：7）　　8. 虎子（H26：9）

10. 盘（H26：6）

胎，青绿釉，外壁挂小半釉，下端露胎。敞口，弧壁，饼足。内底一周有十六个支钉痕。口径15.4、足径9.2、高6厘米（图5-22-2）。标本H26：8，灰红胎，黄绿釉，外壁挂半釉，下端露胎。侈口，弧壁，饼足。内底一周有十六个支钉痕，脱釉严重。口径15.3、足径9.7、高7.5厘米（图5-22-1）。

盘　3件。标本H26：6，浅灰胎，绿釉，外壁挂半釉。腹很浅，平底微内凹。器底表面有一道凹弦纹。口径13.4、高1.9厘米（图5-22-10）。

虎子　1件。标本H26：9，仅存后半部。灰胎，青绿釉，底腹部及足局部露胎。残长11.6、残高11.1厘米（图5-22-8）。

此外，其他可以辨识器类的残片有敛口钵类1片、碗钵类饼足3件。

2. 陶器

共18片（件）。

（1）陶质陶色

其中泥质灰陶13片、泥质灰黄陶3片、夹砂黑褐陶2片。

（2）纹饰

其中仅2片（件）表面有装饰，均为粗绳纹。

（3）器类

可辨的器类主要有罐、盆、釜等，其中罐、盆为残片。

釜　2件。标本H26：11，夹砂黑褐陶。折沿，鼓腹，口沿、下腹及底部均残。腹部满饰粗绳纹。残口径27.3、残高16.1厘米（图5-23）。

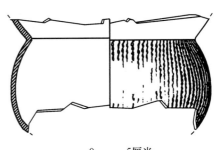

0　　　5厘米

图5-23　H26出土陶釜
（H26：11）

3. 瓦

共20片（件）。可分为板瓦和筒瓦。

板瓦　18片（件）。泥质灰陶，较厚。内外均素面8片、外侧饰绳纹内侧饰布纹6片、外侧素面内侧饰布纹4片（件）。

瓦当　2件。标本H26：12，泥质灰陶。饰八瓣莲花。直径12.6、边轮宽0.8～1.2、厚1.5厘米（图5-24-1、2；彩版12-5）。标本H26：13，泥质灰陶。饰多瓣莲花与连珠纹。直径11.6、厚1.3厘米（图5-24-3、4；图版22-3）。

（五）性质与年代

该坑为人工挖掘，但最初的具体用途不详，废弃后为垃圾坑。

根据地层关系及出土遗物判断，该坑的年代应为南朝时期。

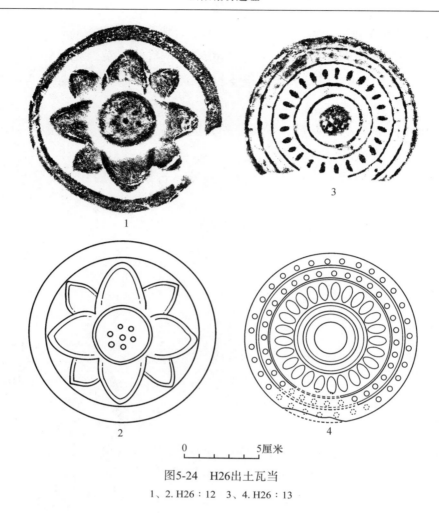

图5-24　H26出土瓦当

1、2. H26：12　3、4. H26：13

十二、H30

（一）位置与层位

位于T9东北部。开口于第6层下，打破第10层和出土。坑口距地表深1米。

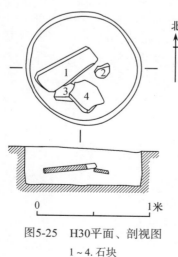

图5-25　H30平面、剖视图

1～4.石块

（二）形制与结构

平面呈圆形，口大底小，坑壁基本竖直向下。口径约1.02、底径0.92、深0.34米（图5-25；图版1-1；图版3-2）。

（三）坑内堆积

坑内填土呈灰褐色，土质较紧。坑底堆放有石头4块，最大的长0.65、宽0.2、厚0.14米，最小的长0.16、宽0.12、厚0.1米。4块石头摆放整齐，似有意堆放的。

（四）出土遗物

出土遗物有少量的瓷器和陶器。

1. 瓷器

共21片。
（1）瓷系
均为青瓷，其中灰绿釉灰白胎11片、青绿釉灰白胎7片、酱黄釉灰白胎3片（件）。均为素面。
（2）器类
大体可以辨识器类的残片有碗1片，碗钵类口沿4片、底部1片（件）。

2. 陶器

共6片。泥质灰陶4片、泥质灰褐陶1片、夹砂黑褐陶1片。

（五）性质与年代

可能原为窖穴。但是该坑中的石块摆放整齐，因此不排除其用途可能与某种建筑有关。废弃后作为垃圾坑。

根据层位关系和出土遗物判断，该坑的年代约为南朝时期。

十三、Y1

（一）位置与层位

位于T14西部、T16东部。开口于第6层下，打破第8层和生土。开口距地表深1.9米。

（二）形制与结构

白横长条形火膛和一个窑膛组成。火膛为长条形，长2、宽0.5、深0.3～0.4米。窑膛为椭圆形，长径1.48、短径1.28米。口大底小，坑壁略为向内倾斜。底部长径1.46、短径1.2、深0.84～0.94米（图5-26）。

在火膛内的北端有两块叠压在一起的筒瓦。筒瓦的外侧饰绳纹，内侧为素面，长32、宽15、厚3厘米。

（三）窑内填土及包含物

窑内填土为黄灰色，土质较松软，夹杂大量红烧土颗粒。

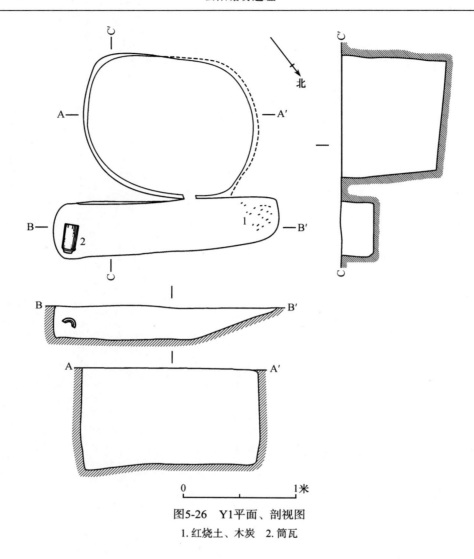

图5-26　Y1平面、剖视图
1.红烧土、木炭　2.筒瓦

（四）出土遗物

有瓷器、陶器和大量的瓦。

1. 瓷器

共30片（件）。
（1）瓷系
均为青瓷，其中青绿釉灰白胎19片、酱黄釉灰白胎7片、黄泛绿釉灰白胎4片（件）。均为素面。
（2）器类
大体可辨器类的残片有盘1片、壶1片、器底2片、折沿罐2片（件）。

2. 陶器

共5片（件）。

（1）陶质陶色

均为泥质陶，其中灰陶2片、红陶2片、褐陶1片（件）。均为素面。

（2）器类

可以辨识器类的有折沿釜罐类1件、网坠1件。

网坠　1件。标本Y1∶3，泥质红褐陶。鼓腰形，中腹略粗，两端较细，管状中空。残长2.3厘米。

3. 瓦

共33片（件）。均为板瓦，皆为外侧饰粗绳纹内侧素面。

（五）性质与年代

此窑的规模很小，可能为烧制陶器的露天馒头窑。

根据层位关系和出土物判断，该窑的年代应为南朝时期。

第二节　第7层出土遗物

第7层分布的范围很小，仅在T7、T9、T11局部有分布，出土的遗物也很少，主要在T7。T7第7层出土遗物主要为瓷器和陶器。

1. 瓷器

共40片。

（1）瓷系

均为青瓷，其中淡青釉灰白胎8片、淡青釉红褐胎3片、酱黄釉红褐胎5片、酱黄釉灰白胎1片、土黄釉红褐胎12片、土黄釉褐胎4片、青蓝釉灰白胎1片、无釉灰白胎6片（件）。均为素面。

（2）器类

大体可辨识器类的残片有钵5片、碗2片、碗钵类饼足2片、折沿罐5片、敛口钵类5片（件）。

2. 陶器

共6片（件）。

（1）陶质陶色

均为泥质陶，其中灰陶4片、褐陶2片（件）。均为素面。

（2）器类

大体可以辨识的器类有钵1片、盆1片（件）。

第六章　唐五代遗存

属于唐五代时期的遗存有第5、6层，以及第6层下的部分遗迹、第5层下的遗迹、第4层下的部分遗迹。第6层分布在T1～T7、T9、T11～T21等探方内，第5层分布在T1～T5、T7、T9等探方内。总体来说，这一时期遗存主要分布在发掘区的东部，在中部也有少量。

第一节　遗　　迹

属于这一时期的遗迹有建筑遗迹4处，分别为F1～F4；灰坑8个，分别为H6、H9、H13、H15、H17、H20、H22、H29；水井1座（J1）；墓葬1座（M1）（图6-1）。其中，第6层下的遗迹有F1、F3、H6、H9、H17、H20、H22、H29（图6-2），第5层下的遗迹有F2、J1、M1（图6-3），第4层下的遗迹有F4、H13、H15。此外，在T2、T6、T8的第6层下，T14的第4层下，也有零星的柱洞（图6-4）。

一、F1

（一）位置与层位

位于T4中部偏西和T6东侧。开口于第6层下，打破生土，西南部打破第10层。距地表深1.51～1.6米。

（二）形制与结构

平面略呈长方形，东西宽8.3、南北长6.5米。现地面保存的活动面已残缺不全，从残存的部分观察，似乎活动面未经任何专门的处理，现残存柱洞18个（表6-1）。根据残存的柱洞分析，整个建筑面阔两间，西间4.5、东间3.8米，进深两间，均约深3米。D1、D2、D3、D7、D8、D9为F1北墙柱洞，D14、D15、D18为南墙柱洞，D11、D12为中间隔墙柱洞。墙体及门向情况不详（图6-5；彩版3-2；图版1-2；图版5-2；图版6-1）。

（三）出土遗物

由于地表被后期扰动严重，未见遗物。

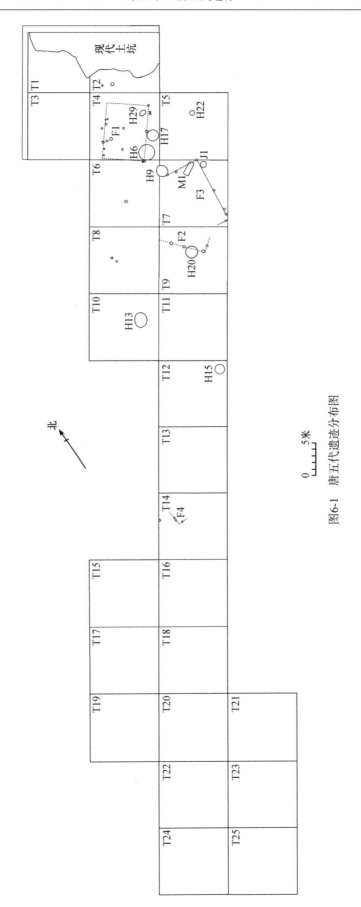

图6-1　唐五代遗迹分布图

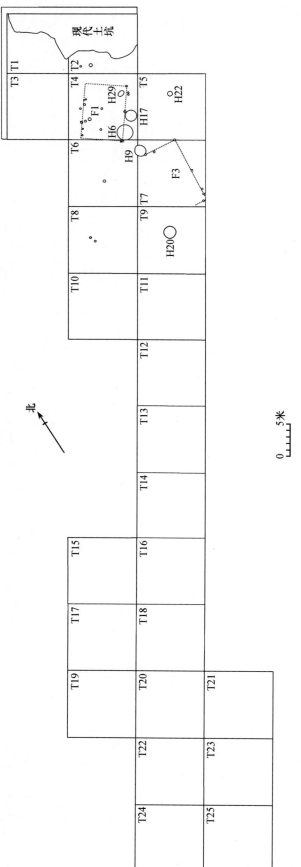

图6-2　第6层下唐代遗迹分布图

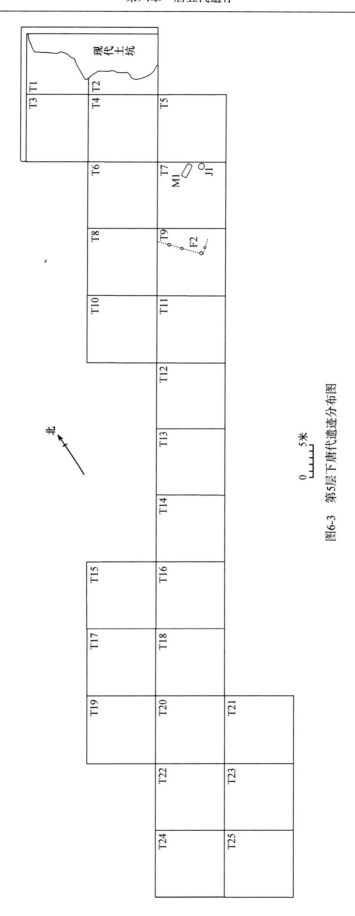

图6-3 第5层下唐代遗迹分布图

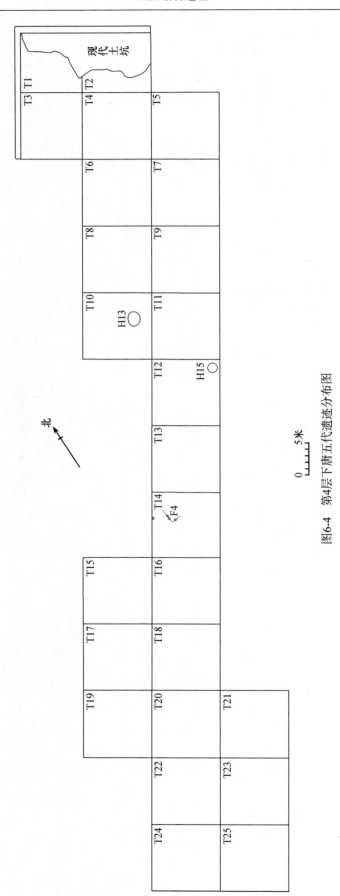

图6-4　第4层下唐五代遗迹分布图

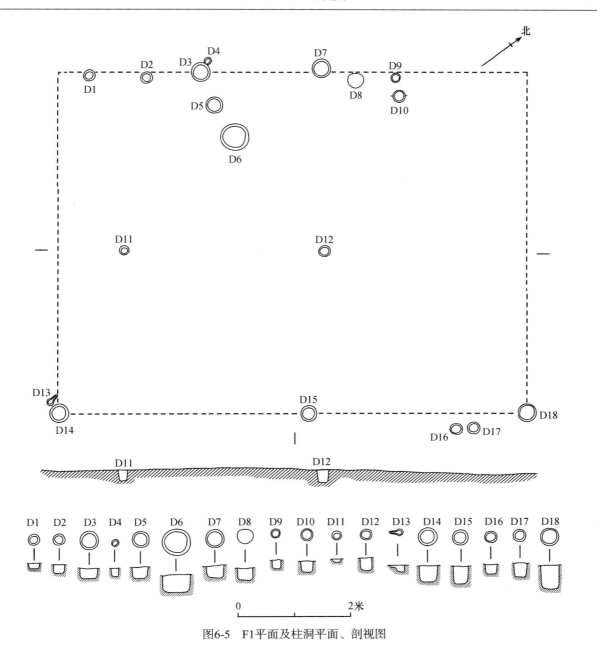

图6-5　F1平面及柱洞平面、剖视图

表6-1　F1柱洞情况统计表

序号	平面形状	尺寸/厘米		
		口径	底径	深度
D1	圆形	21.5	14	10.5
D2	圆形	22	14	16
D3	圆形	34	23	19
D4	椭圆形	13～14	9	15
D5	圆形	30.5	22	21.5
D6	圆形	51	41	32.5
D7	圆形	34	25	13.5

序号	平面形状	尺寸/厘米		
		口径	底径	深度
D8	椭圆形	27～30	23	23
D9	圆形	17	12	17
D10	圆形	22	17	21
D11	圆形	18	12	6
D12	圆形	22	6	23
D13	不规则形	4～25	12	12.5
D14	圆形	34	25	30
D15	圆形	29	21	33
D16	圆形	23	17.5	17
D17	圆形	23	16	27
D18	圆形	33	26	44.5

（四）性质与年代

根据残存的遗迹现象推测，可能为地面式的简易棚式建筑。

根据地层关系推测其年代约为唐代。

二、F2

（一）位置与层位

位于T9东半部。开口于第5层下，打破第6、7、10层。距地表深1米。

（二）形制与结构

整个建筑现仅存4个柱洞，其中D2、D3、D4连成一条直线，为建筑的西墙。D1与西墙的柱洞间的夹角基本呈直角。D1与D2相距0.7米，D2与D3相距2.4米，D3与D4相距1.4米（图6-6；图版1-1；图6-2；图版7）。

D1，平面呈圆形。直径0.3、深0.1米。

D2，平面呈圆形。直径0.45～0.5、深0.22米。坑底有一石块作为柱础。

D3，平面呈圆形。直径0.4、深0.4米。

D4，平面呈圆形。直径0.4、深0.3米。

所有柱洞底部均略小于口部。

（三）柱洞内堆积

D1～D4内填土均为松散的灰黑色土，夹较多红烧土颗粒。

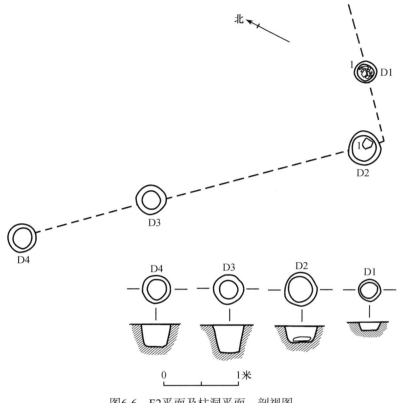

图6-6　F2平面及柱洞平面、剖视图
1. 石块

（四）出土遗物

部分柱洞内出土少量遗物。

1. D1

瓷器有酱黄色釉1片、无釉土红胎2片、青黄釉碗1片（件）。表面均未见装饰。由于瓷片过于破碎，无法辨识其器类。

陶器有褐陶3片（件）。均为素面。由于陶片过于破碎，无法辨识其器类。

板瓦有内侧饰布纹外侧饰绳纹1片（件）。

2. D3

瓷器均为青瓷，其中青釉灰白胎2片、白色化妆土红褐胎粗瓷1片。表面均未见装饰。由于瓷片过于破碎，无法辨识其器类。

陶器有泥质灰陶2片。均为素面。其中可辨识的有碗钵类的浅凹饼足1件。

3. D4

瓷器均为青瓷，其中青绿釉灰白胎3片、淡黄泛青釉红褐胎1片，还有酱釉红褐胎1片。表面均未见装饰。由于瓷片过于破碎，无法辨识其器类。

陶器有泥质灰陶片3片，均为素面。其中可辨识的有敛口钵2片（件）。

板瓦仅有泥质灰陶、外侧饰绳纹内侧饰布纹1片。

（五）性质与年代

由于保存下来的遗迹过于残破，难以判断建筑的种类、性质。

在D1、D3、D4等三个柱洞中出土的瓷片均为青瓷。其中D3出土的青瓷片有的在釉下涂乳白色化妆土，这种工艺特点最早流行于唐代。因此，根据出土遗物的特点，再结合开口层位判断，F2的年代约为唐代。

三、F3

（一）位置与层位

位于T7内东、南部。开口于第6层下，打破第7层。距地表深0.8米。

（二）形制与结构

该建筑现存7个柱洞，其中D1～D3连成一条直线，为建筑的北侧。D3、D4、D6、D7连成一条直线，为建筑的东侧。D5应为南侧的柱洞，与D6之间的夹角基本为直角。

7个柱洞的平面都呈圆形，洞壁基本垂直，基本口底同大，只有D5口大底小。

D1，口径0.26、深0.17米。

D2，口径0.3、深0.24米。

D3，口径0.28、深0.18米。

D4，口径0.2、深0.33米。

D5，口径0.28、深0.38米。

D6，口径0.36、深0.26米。

D7，口径0.3、深0.14米（图6-7）。

（三）柱洞内堆积

D1～D7内填土均为灰黄色，土质较疏松，柱洞内夹杂有少量红烧土颗粒。

（四）出土遗物

仅在D7内出土有青灰色残砖1块。

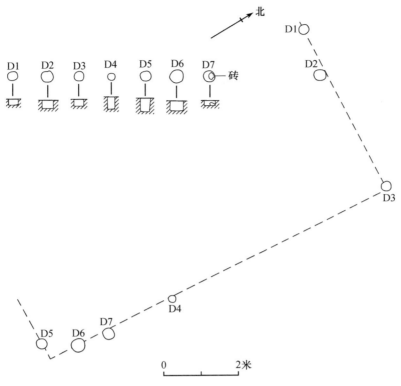

图6-7　F3平面及柱洞平面、剖视图

（五）性质与年代

根据残存的遗迹现象推测，可能为地面式的简易棚式建筑。

根据开口层位和出土物判断，F3的年代可能为唐代。

四、F4

（一）位置与层位

位于T14东北部。开口于第4层下，打破第6层。距地表深0.68米。

（二）形制与结构

仅残存3个柱洞，其中D1和D2连成一条直线，D3与此直线的夹角基本呈直角。D1与D2相距0.34米，D2与D3直线相距0.88米。

柱洞平面均呈圆形，口大底小。

D1，口径0.24、底径0.2、深0.21米。

D2，口径0.22、底径0.2、深0.14米。

D3，口径0.22、底径0.17、深0.18米（图6-8）。

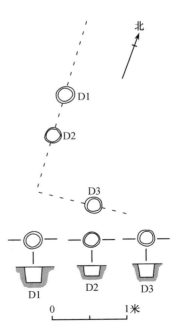

图6-8　F4平面及柱洞平面、剖视图

（三）柱洞内填土

D1～D3内填土为灰黄色，夹杂少量红烧土颗粒，土质较疏松。

（四）出土遗物

无出土遗物。

（五）性质与年代

由于保存下来的遗迹过于残破，难以判断建筑的种类、性质。

根据开口层位判断，F4的年代可能为唐代。

五、H6

（一）位置与层位

位于T4西南角。开口于第6层下，打破生土。坑口距地表深1.6米。

（二）形制与结构

平面呈圆形，坑口西高东低呈斜坡状，坑壁基本垂直且较光滑。坑底平整，未见加工痕迹。口径2.2、底径2.18、深0.46～0.53米（图6-9）。

（三）坑内堆积

坑内填土呈灰色，较为紧密，夹杂少量红烧土颗粒，包含物较多。

（四）出土遗物

主要为板瓦残片，另有少量瓷器、陶器、残砖和石块等。

1. 瓷器

共54片。

（1）瓷系

均为青瓷，其中淡青绿釉灰白胎38片、淡青绿釉紫灰胎4片、酱黄釉灰白胎2片、土黄釉紫灰胎1片、酱色釉紫灰胎1片、无釉灰白胎8片（件）。表面均未见装饰。

（2）器类

大体可以辨识器类的残片有杯1片、碗1片、宽折沿罐1片、双沿罐1片、敛口钵1片（件），另有柄足2个（件）。

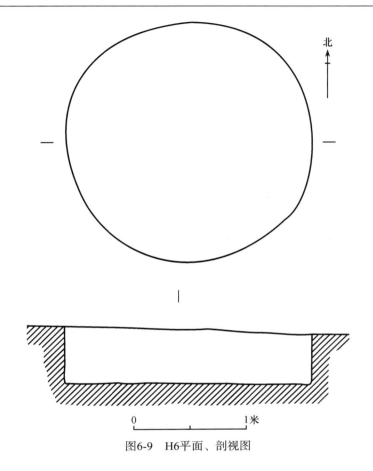

图6-9　H6平面、剖视图

2. 陶器

陶片数量很少，均为泥质灰陶。未见纹饰。大体可以辨识器类的残片有盆、杯等。

3. 板瓦

21片。均为泥质灰陶。以素面为主，其次为外侧素面内侧饰布纹，再次为外侧饰绳纹内侧素面。

（五）性质与年代

推测该灰坑原为窖穴之类，废弃后作为垃圾坑。

根据层位关系及包含物判断，该坑的年代应为唐代。

六、H9

（一）位置与层位

位于T7东北部和T6东南部。开口于第6层下，打破第10层和生土。坑口距地表深0.95米。

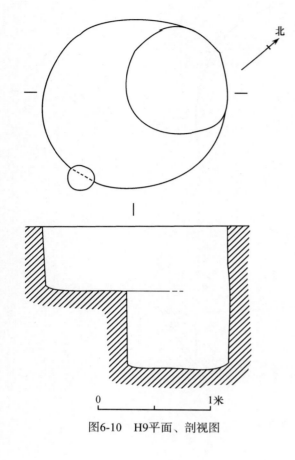

图6-10　H9平面、剖视图

（二）形制与结构

坑口平面呈圆形，在坑底北部向下有一更小的圆形坑，形成二级圆形坑。坑壁垂直，底部平整。第一级坑直径1.6、深0.6米。第二级坑直径0.9～0.95、深0.7米。坑总深1.3米（图6-10）。

（三）坑内堆积

坑内填土不分层，均为灰色。为废弃后淤积而成，黏性较大，土质疏松。

（四）出土遗物

出土有很少量的青瓷器、陶器和瓦的残片。

1. 瓷器

共3片。其中淡青釉灰白胎2片、涂化妆土灰白胎1片（件）。

大体可以辨识器类的残片仅有平底罐类1件。

2. 陶器

共37片（件）。其中泥质灰陶12片、泥质褐陶22片、泥质黑皮红陶3片（件）。未见有纹饰者。器类均不可辨识。

3. 瓦

共9片（件）。其中泥质灰陶3片、泥质褐陶6片。均为外侧素面内侧饰布纹。

（五）性质与年代

该坑形状较为特殊，但与H21有相似之处，原可能为窖穴。

根据层位关系和出土物判断，该坑的年代可能为南朝至初唐时期。

七、H13

（一）位置与层位

位于T10南部。开口于第4层下，打破生土。开口距地表深0.6米。

（二）形制与结构

平面呈椭圆形，坑壁略微倾斜，略呈口大底小，坑底较平坦。在坑底的中部又向下收缩形成一个较小的不规则小坑，形成不规则的两级。第一级坑口径1.8～2.12、底径1.64～1.92、深0.65～0.8米。第二级坑最长1.05、最宽0.72、深0.38米。坑全深1.18米（图6-11）。

在第一级坑的西北部似有2个直径和深度基本相同的柱洞。柱洞内的填土为黄灰色，较疏松，柱洞口径10、深5厘米。

（三）坑内堆积

坑内第一级填土为灰褐色，土质疏松，包含红烧土颗粒。第二级填土为黄灰色，土质疏松，包含物十分少。

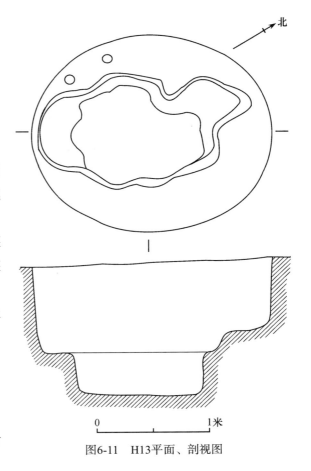

图6-11 H13平面、剖视图

（四）出土遗物

出土物有瓷器、陶器、石器、瓦和兽骨、砾石等，主要出土于第一级坑填土中。第一级坑出土遗物有瓷器、陶器、瓦和早期石器、兽骨（猪牙）、砾石等。

1. 瓷器

13片（件）。均为青釉深灰胎，大体可以辨识器类的残片仅有表面饰化妆土的玉璧底碗1件。

2. 陶器

3片。均为泥质灰陶，未见纹饰。器类不可辨识。

3. 瓦

2片（件）。均为泥质褐陶板瓦，均为外侧素面内侧饰粗布纹。

4. 石器

1件。为早期遗物。

锛　1件。标本H13：1，绿色海成岩。平面近方形，刃部为单面平刃，另一面也稍加磨制，顶端微弧。通体磨制，刃部使用痕迹明显。长8.2、宽7.6、厚1.9厘米（图6-12；图版20-5）。

第二级坑在近底部处发现新石器时代陶片。其中夹细砂黑陶1片、泥质磨光黑陶平折沿口部1片。

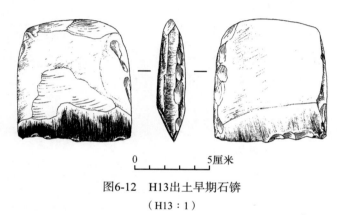

0　　　　　　5厘米

图6-12　H13出土早期石锛

（H13：1）

（五）性质与年代

该坑形制独特，口径较大，在第一级台阶上发现有两个左右对称的好像柱洞的小洞，似乎与建筑有关。但在坑内未发现门道以及其他与建筑有关的迹象，在灰坑附近也没有建筑遗迹。不排除这是一处简易建筑式窖穴的可能。灰坑第二级台阶内发现新石器时代的陶片，可能是在挖坑或使用过程中进入坑内的早期遗物。

根据层位关系和出土陶瓷器判断，该坑的年代为晚唐五代。

八、H15

（一）位置与层位

位于T12东南部。开口于第4层下，打破第6、9、10层。坑口距地表深0.6米。

（二）形制与结构

平面呈圆形，坑壁略微向内倾斜，口略大底略小，坑底平整。坑口直径1.2、底径1.05、深0.45米（图6-13；彩版5-1）。

（三）坑内堆积

坑内填土不分层，均呈灰黑色，土质疏松，包含陶片、红烧土粒及木炭渣。在近坑底的东南角处有1件大卜甲，出土时已散乱，呈五大块相互叠压状（彩版5-2；图版8）。卜甲之下的灰土中散布着零碎鱼骨片。卜甲附近有陶器的残件，可以辨识其器类为盆。

（四）出土遗物

出土有陶器和卜甲等。

1. 陶器

共8片（件）。

（1）陶质陶色

均为泥质陶，其中泥质褐陶3片、泥质褐皮红陶4片、泥质红陶1片（件）。

（2）纹饰

有绳纹1片、弦纹1片，其余均为素面。

（3）器类

可辨识的器类有盆1件、罐口沿1片，东周时期豆盘1片（件）。

盆　1件。标本H15：2，泥质褐陶，中间呈红褐色。口微敛，双唇，颈部微束，上壁微内弧，下腹及底部均残。沿面有两道凹弦纹。口径48.2、残高12.9厘米（图6-14）。

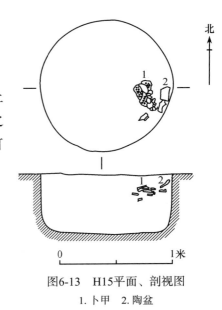

图6-13　H15平面、剖视图

1. 卜甲　2. 陶盆

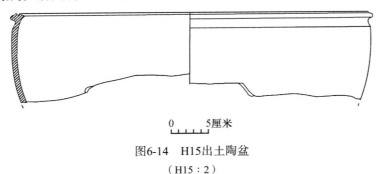

图6-14　H15出土陶盆

（H15：2）

2. 卜甲

1件。标本H15：1，为背甲。甲壳经过简单修治，内侧分布有密集的钻孔，多数有占卜后留下的灼痕。现存钻孔初步统计为366个，呈不完全对称分布。甲最长24.6、最宽16.7厘米（图6-15、图6-16；彩版5-3、4；图版23）。

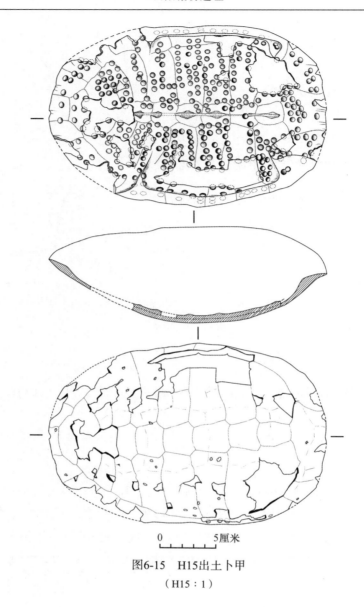

图6-15　H15出土卜甲

（H15:1）

（五）性质与年代

该坑原应该为窖穴，但是废弃后的卜甲等遗物是有意埋藏，抑或是无意丢弃，尚不十分清楚。但根据出土时5块破碎的卜甲相互叠压的情况分析，有意埋藏的可能性较大。

根据层位关系及陶器的形制特征观察，推测该坑的年代为唐代晚期至五代。

九、H17

（一）位置与层位

位于T4西南部，西邻H6仅约0.7米，东距H29约2.5米。开口于第6层下，打破生土。坑口距地表深1.5米。

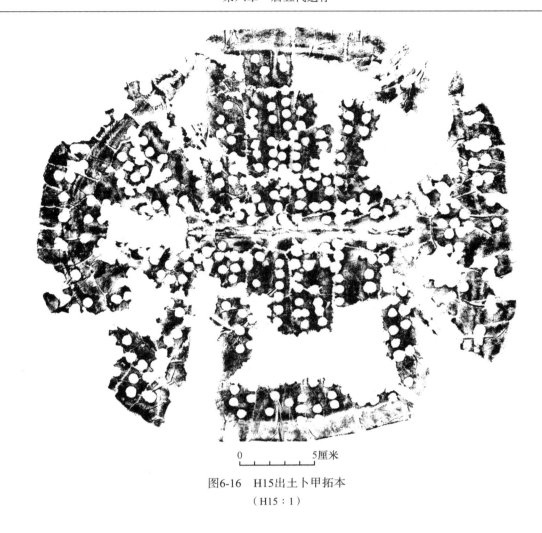

0   5厘米

图6-16　H15出土卜甲拓本

（H15∶1）

（二）形制与结构

平面呈圆形，坑壁基本垂直而光滑，坑底平整。直径2.17、底径2.14、深0.76米（图6-17）。

（三）坑内堆积

坑内填土呈灰色，土质松软，夹杂大量炭屑及少量红烧土颗粒。为一次性堆积，包含物很少。

（四）出土遗物

仅出土有数块青灰色的砖块和大小不等的零星砾石。

（五）性质与年代

推测该坑原为窖穴之类，废弃后被有意填平。

根据层位关系推断，该坑的年代约为南朝至初唐时期。

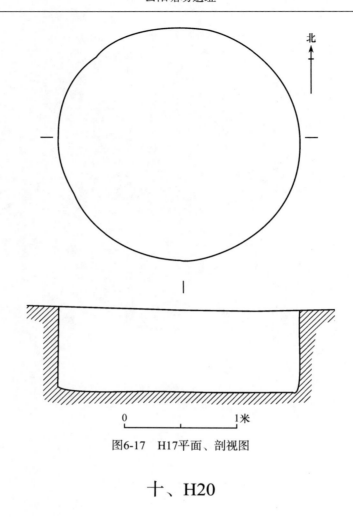

北

0　　　　　　　1米

图6-17　H17平面、剖视图

十、H20

（一）位置与层位

位于T9东部居中。开口于第6层下，打破第7、10层和生土。坑口距地表深1米。

（二）形制与结构

平面呈圆形，坑壁较直，口部略大、底部略小，底部平整。口径1.84、底径1.74、深0.95～1.1米（图6-18；图版1-1；图版4-1）。

（三）坑内堆积

坑内填土呈灰褐色，土质较疏松。

（四）出土遗物

出土遗物有陶器、瓷器、瓦和铜钱，以及砖块、石块等。

1. 瓷器

共15片（件）。均为青釉灰胎瓷器。

大体可以辨识器类的为碗、盘类残片。

2. 陶器

共54片（件）。

（1）陶质陶色

均为泥质陶，其中灰陶21片、灰褐陶15片、黑皮褐陶18片。均为素面。

（2）器类

大体可以辨识器类的有盆、罐、盏等。

盏　1件。标本H20：1，泥质灰陶。敞口，圆唇，弧壁，浅腹，圜底。口径7.1、高2.2厘米（图6-19）。

3. 铜钱

剪轮五铢　1枚。标本H20：2，残。

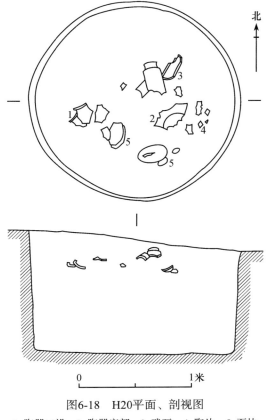

图6-18　H20平面、剖视图

1.陶器口沿　2.陶器底部　3.残瓦　4.陶片　5.石块

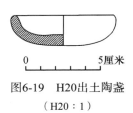

图6-19　H20出土陶盏

（H20：1）

4. 瓦

共66片。分为板瓦和筒瓦两种。

板瓦　43片。泥质灰陶。均有纹饰，其中外侧饰粗绳纹内侧饰粗布纹19片、外侧素面内侧饰粗布纹24片。

筒瓦　23片。泥质灰陶。均为外侧素面内侧饰粗布纹。

（五）性质与年代

该坑可能原为窖穴，废弃后倾倒有较多的瓦片和陶瓷片，可能与附近存在建筑有关。

根据开口层位和出土遗物判断，该坑的年代约为南朝晚期至唐代早期。

十一、H22

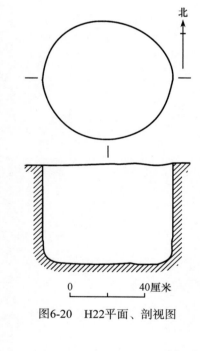

图6-20　H22平面、剖视图

（一）位置与层位

位于T5中部偏东。开口于第6层下，打破生土。坑口距地表深1.5米。

（二）形制与结构

平面呈圆形，坑壁垂直较光滑，未见加工痕迹，底部平整。直径0.7、深0.56米（图6-20）。

（三）坑内堆积

坑内填土呈灰色，土质松软，为一次性堆积。其中夹杂较多红烧土块及颗粒，另外还有较多的炭屑。

（四）出土遗物

出土遗物极少，有瓷器、陶器和瓦。

1. 瓷器

共2片。均为青瓷，施酱黄釉，红褐胎，胎上有化妆土，表面无装饰。大体可以辨识器类的残片有敛口钵1片（件）。

2. 陶器

共6片。其中泥质灰陶2片、泥质褐皮灰陶4片。表面无装饰。器类不可辨识。

另有少量早期陶器：泥质灰陶1片，饰方格纹；泥质黑灰陶1片，饰细绳纹。

3. 瓦

共3片。均为板瓦，泥质灰陶。内外均为素面。

（五）性质与年代

该坑不大，制作规范，可能原是窖穴。

根据开口层位和出土遗物判断，该坑的年代约为初唐。

十二、H29

（一）位置与层位

位于T4东南部，西南与H17相距约2米。开口于第6层下，打破生土。坑口距地表深1.8米。

（二）形制与结构

平面呈椭圆形，坑壁平滑，略向外倾斜，口小底略大，底部平整。口径0.74～1、底径0.7～1.1、深1.1米（图6-21）。

（三）坑内堆积

坑内填土呈灰色，土质较软，夹杂少量炭点及红烧土粗颗粒，为一次性堆积。

（四）出土遗物

瓷器

共14片（件）。

（1）瓷系

以青瓷为主，另有个别白釉、酱黑釉和酱釉等瓷片。

青瓷有淡青釉灰白胎4片、青绿釉灰白胎2片、黄泛青釉灰白胎1片、青泛黄釉灰白胎3片、白色化妆土青灰胎1片（件）。此外，还有白釉灰白胎1片、酱黑釉青灰

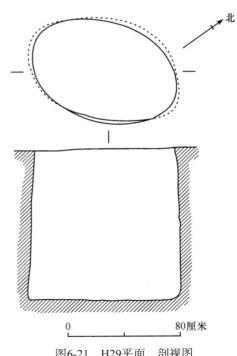

图6-21　H29平面、剖视图

胎1片、酱釉紫灰胎1片（件）。表面未见任何纹饰。

（2）器类

可辨识器类有碗、盘等。

碗 2件。标本H29：1，灰白胎，青泛黄釉。上部残，下腹弧形内收，矮圈足。足径4.5、残高2.7厘米。

盘 1件。标本H29：2，青绿釉，灰白胎。浅盘，圆唇，矮圈足。残高2厘米。

（五）性质与年代

推测该坑原为窖穴之类，废弃后一次性填平。

根据层位关系判断，该坑的年代约为唐代。

十三、J1

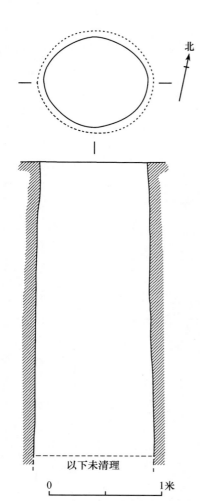

图6-22　J1平面、剖视图

（一）位置与层位

位于T7东南部。开口于第5层下，打破第6、7、10层和生土。开口距地表深0.85米。

（二）形制与结构

平面呈圆形，坑壁略微向外倾斜，口小下部略大，由于下部大量渗水未能清理到底。口径0.76～0.92、下部直径0.86～1.02、深2.7米以上（图6-22）。

（三）井内堆积

井内上部填土呈灰褐色，土质较疏松。下部填土呈灰绿色，夹杂小石渣和沙粒。

（四）出土遗物

仅为瓷器。

（1）瓷系

淡青釉灰白胎青瓷4片、白釉灰白胎2片、化妆土红褐胎1片（件）。表面未见任何装饰。

（2）器类

大体可以辨识器类的残片有碗1片（件），另有碗钵类玉璧足1件、圈足1件。

（五）性质与年代

该井可能为一个临时性的水井，但由于未能清理到底，因此底部情况不详。

根据层位关系和出土遗物判断，该井的年代为中晚唐。

十四、M1

（一）位置与层位

位于T7东部。开口于第5层下，打破第6、7层。开口距地表深0.86米。

（二）形制与结构

长方形竖穴土坑墓，坑壁垂直，口底同大，底部西高东低。墓坑长2.1、宽0.7～0.8、深0.2～0.3米。墓坑内填土为黄土色五花土，土质较坚硬。墓向209°（图6-23；彩版6-1）。

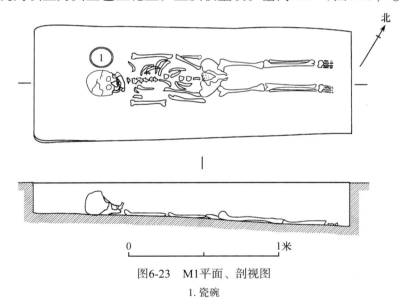

图6-23　M1平面、剖视图
1. 瓷碗

（三）葬式

人骨保存较好，葬式为仰身直肢葬。在头骨的北侧放置有1件青瓷碗。

（四）随葬品

仅有青瓷碗1件。

碗　标本M1：1，灰褐胎，先施乳白色化妆土，再施青绿釉，外壁挂半釉。口部微敛，弧壁，饼足。唇部和足底均各有一道折棱。口径14.7、足径4.6、高6.4厘米（图6-24；彩版11-4）。

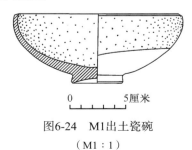

图6-24　M1出土瓷碗
（M1：1）

（五）其他出土遗物

在墓坑填土内还出土有少量残瓷器、陶器、瓦和早期石器。

1. 瓷器

共9片（件）。

（1）瓷系

酱釉青灰胎2片、酱黄釉青灰胎1片、化妆土灰白胎3片、无釉灰白胎2片、青绿釉灰白胎1片（件）。表面未见任何纹饰。

（2）器类

大体可以辨识的器类残片有碗1片、碗钵类饼足1片（件）。

2. 陶器

共16片（件）。

（1）陶质陶色

泥质灰陶11片、泥质黑皮褐陶4片、泥质褐皮红陶1片（件）。表面未见任何装饰。

（2）器类

大体可以辨识的器类残片有盆、钵等。

3. 瓦

共5片（件）。均为板瓦，其中泥质灰陶4片、泥质红陶1片（件）。均为外侧饰绳纹内侧饰布纹。

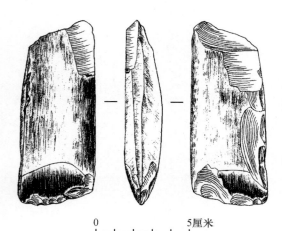

图6-25　M1填土出土早期石凿
（M1填土：2）

4. 石器

共2件。出土于填土中，均为早期的石器。器类有凿、切割器等。

凿　1件。标本M1填土：2，顶端残。海成岩，白条带灰花石。条形，平刃微弧。通体磨制。刃部双面磨制，有使用痕迹。长9.9、宽4、厚2厘米（图6-25）。

另有残切割器1件。

（六）年代

M1出土青瓷碗的造型特征接近于初唐时期，但是从层位关系判断，该墓年代为中晚唐。

第二节　第6层出土遗物

一、T1第6层出土遗物

出土遗物主要为瓷器、陶器和瓦。

1. 瓷器

共71片（件）。

（1）瓷系

均为青瓷，其中青绿釉灰胎28片、青绿釉灰白胎18片、青绿釉青灰胎9片、青绿釉紫灰胎1片、土黄釉红褐胎6片、土黄釉灰白胎3片、化妆土青灰胎1片、酱黄釉紫灰胎1片、无釉红褐胎4片（件）。表面均无纹饰。

（2）器类

可辨识的器类有碗、钵、罐、壶等。

碗　2件。标本T1⑥：3，灰白胎，青绿釉，外壁挂半釉。敞口，弧壁，平底。内壁下部有一道凹弦纹，内底一周有四个支钉痕。口径15.8、底径8、高6.1厘米（图6-26-1）。

罐　1件。标本T1⑥：4，灰胎，青绿釉。仅存口肩部，折沿，圆唇，圆肩。残高11.9厘米。

此外，大体可以辨识器类的残片还有碗钵类11片、壶10片（件），另有饼足10件、圈足1件、平底器4片（件）。

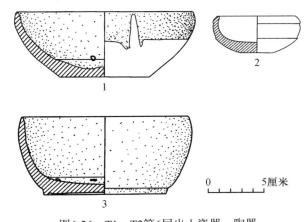

图6-26　T1、T2第6层出土瓷器、陶器
1. 瓷碗（T1⑥：3）　2. 小陶盂（T1⑥：2）　3. 瓷钵（T2⑥：1）

2. 陶器

共5片（件）。

（1）陶质陶色

泥质灰陶3片、泥质黑皮红陶2片（件）。均为素面。

（2）器类

小盂　1件。标本T1⑥：2，泥质灰陶。口微敛，弧壁，平底。腹中部略微内凹。口径6.7、底径2.8、高3.4厘米（图6-26-2；图版22-1）。

此外，大体可辨器类的残片还有折沿罐和盏。

3. 瓦

瓦当　2件。图案相同，均为莲花纹。标本T1⑥：1，泥质灰陶。残片。可见莲花纹，莲花纹周围饰连珠纹。残长约4.5厘米。标本T1⑥：5，残片。图案相同。残长约3.9厘米。

二、T2第6层出土遗物

出土遗物主要为瓷器、陶器。

1. 瓷器

共106片（件）。

（1）瓷系

均为青瓷，其中青绿釉灰白胎23片、青绿釉红褐胎15片、白色化妆土红褐胎13片、白色化妆土青灰胎6片、土黄釉红褐胎19片、土黄釉青灰胎8片、酱釉褐胎3片、酱青釉褐胎4片、酱黄釉红褐胎3片、无釉红褐胎12片（件）。表面均无纹饰。

（2）器类

大体可以辨识器类的有碗、钵、罐、支钉、平底器等。其中碗、罐等仅为残片。

钵　1件。标本T2⑥：1，灰胎，通体施青绿釉。直口，唇略尖，弧壁，饼足略内凹。器外足底有一道凹弦纹，器内底一周有七个支钉痕。口径14.8、足径10.9、高7厘米（图6-26-3；图版21-4）。

支钉　1件。标本T2⑥：4，无釉，红褐胎。残片。残长2.2厘米。

平底器　1件。标本T2⑥：2，褐胎，酱青釉。口部和上腹部均残，下腹弧形内收，平底。底径15.4、残高4.3厘米。

2. 陶器

共29片（件）。

（1）陶质陶色

其中泥质褐陶11片、泥质灰陶9片、泥质黑皮红陶7片、泥质黄红陶2片（件）。

（2）纹饰

仅有绳纹2片、戳印纹1片。

（3）器类

可以辨识器类的残片有碗12片、折沿深腹罐2片、折沿溜肩罐4片、中领罐1片（件）。

3. 瓦

有板瓦和瓦当等。

板瓦　　2片。泥质灰陶。均为外侧饰绳纹内侧饰布纹。

瓦当　　1件。标本T2⑥：3，泥质灰陶。宽沿。莲花纹，周围无连珠纹。残长2.5厘米。

三、T3第6层出土遗物

出土遗物主要为瓷器、陶器和瓦。

1. 瓷器

共1170片（件）。

（1）瓷系

除1件三彩外，其余均为青瓷。其中青绿釉灰白胎283片、浅青釉灰白胎123片、青釉灰白胎26片、青绿釉青灰胎9片、青泛黄釉褐胎20片、青泛白釉红褐胎123片、青泛白釉深褐胎43片、青泛白釉灰褐胎13片、酱黄釉青灰胎33片（其中深红网格纹1片）、酱釉青灰粗泥夹砂胎26片、酱黄釉红褐胎22片、酱褐釉灰白胎2片、酱黄釉灰白胎2片（其中1片饰凹弦纹、1片饰莲花纹）、酱紫釉灰白胎1片、青泛白釉灰白胎7片、淡青泛黄釉青灰胎111片（其中18片无釉）、浅酱泛黄釉红褐胎90片、浅黄釉红褐胎69片、浅黄泛青釉紫灰胎80片（其中21片无釉）、无釉灰白胎50片（件）、无釉红褐胎36片（件）。

（2）装饰

表面有装饰的极少，仅有深红网格纹1片、弦纹3片、莲花纹1片（件）。莲花图样饰于器表近底部处。

（3）器类

大体可以辨识器类的有钵、碗、盏、盘、杯、研磨器、四系壶、器盖、人面埙、纺轮、罐壶类等。其中钵和罐类均为残片。

碗　12件。标本T3⑥：1，灰白胎，青绿釉，外壁挂半釉。敞口较直，弧壁，矮饼足。器内近底一周有十二个支钉痕，腹下端近足处有刀削加工痕迹。口径17.3、足径10.5、高6.6厘米（图6-27-3；彩版11-5）。标本T3⑥：2，青灰胎，酱釉，内、外壁均挂半釉，下端露胎，露胎处呈红褐色。直口，斜腹，平底。内底有三个支钉痕。口径17.2、底径8.6、高5.8厘米（图6-27-12）。标本T3⑥：4，灰白胎，青绿釉，外壁挂半釉。敞口，沿微外撇，唇略尖，弧壁，饼足。内底一周有六个支钉痕。口径16.3、足径8.5、高6.4厘米（图6-27-2）。标本T3⑥：9，青灰胎，酱黄釉，内、外壁均挂半釉，下端露胎。撇口，弧腹，饼足微内凹。上腹有一道折棱，腹下端靠近足处有刀削加工痕迹。口径16.7、足径5.7、高6.1厘米（图6-27-5）。标本T3⑥：18，灰白胎，酱釉，外壁仅上部挂少量釉，其余均露胎。直口，弧壁，平底微内凹。口径16.6、底径8.3、高5.9厘米（图6-27-1）。标本T3⑥：33，青灰胎，酱黄釉，内、外壁均挂半釉。直口，斜壁，平底微内凹。内壁近底部有两道凹棱。口径16.8、底径8.9、高6.1厘米（图6-27-6；图版21-3）。标本T3⑥：7，灰褐胎，青泛白釉，除个别器外下端使用红褐色化妆土着色之外，其余器表均使用乳白色化妆土着色。敞口较直，沿外撇，弧壁，玉璧足。口径15、足径7.1、高6.5厘米（图6-27-4）。标本T3⑥：12，灰白胎，青绿釉，内、外壁均挂半釉，下部露胎。敞口，深腹，弧壁近底部内折，饼足。近口部有一道凸棱，下腹近足处有数道刀削痕迹。口径13.8、足径6、高6.9厘米（图6-27-7；彩版11-6）。标本T3⑥：13，青灰胎，青绿

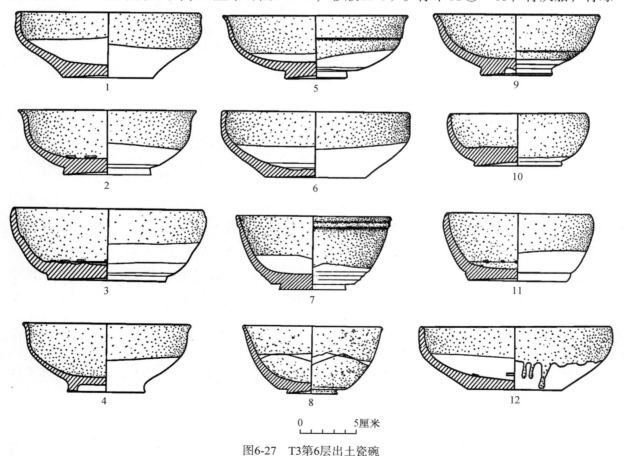

图6-27　T3第6层出土瓷碗

1. T3⑥：18　2. T3⑥：4　3. T3⑥：1　4. T3⑥：7　5. T3⑥：9　6. T3⑥：33　7. T3⑥：12　8. T3⑥：13　9. T3⑥：28
10. T3⑥：17　11. T3⑥：20　12. T3⑥：2

釉，内、外壁均挂半釉，下部可见红褐色化妆土。敞口，口沿外撇，深腹，弧壁近底部内折，饼足。口径12.4、足径4.4、高6.4厘米（图6-27-8）。标本T3⑥：28，青灰胎（火候不均），酱黄釉，外壁近足部将釉整齐刮掉。敞口略外撇，浅腹，弧壁，玉璧足。外壁下部有一道折棱。口径14.8、足径6.5、高5.8厘米（图6-27-9）。标本T3⑥：17，灰白胎，青绿釉，外壁挂大半釉，近底部略露胎色。敞口，浅腹，弧壁，饼足。内底一周有三个圆形支钉痕。口径12.2、足径7.9、高4.9厘米（图6-27-10；图版21-5）。标本T3⑥：20，青灰胎，青绿釉，外壁挂半釉。敞口较直，斜壁，饼足。内壁近底部一周有十六个支钉痕。口径13.2、足径9、高6.4厘米（图6-27-11）。

盏 7件。标本T3⑥：8，灰白胎，青绿釉，外壁挂半釉。敞口，弧壁，平底略内凹。外壁下腹饰一道凹弦纹。口径9.1、底径4.7、高3.5厘米（图6-28-8）。标本T3⑥：23，灰白胎，青绿釉，外壁挂大半釉，腹下端局部露胎。敞口，浅腹，弧壁，饼足。口径9.8、足径5、高3.7厘米（图6-28-7）。标本T3⑥：29，青灰胎，通体施酱黄釉。敞口，弧壁，饼足。口径8.3、足径5、高4.5厘米（图6-28-9）。标本T3⑥：25，灰白胎，青绿釉，外壁挂半釉。敞口略外撇，弧壁，饼足。内底有三个支钉痕。口径9、足径3.3、高3.9厘米（图6-28-3）。标本T3⑥：24，青灰胎，除外表下端露胎，其余通体施酱黄釉，大部分脱落。敞口较直，弧壁，饼足很矮。外壁口沿下有一道折棱。口径7.8、足径4.2、高3.9厘米（图6-28-6）。标本T3⑥：14，青灰胎，口沿内侧施酱釉，其余通体施红褐色化妆土。敞口外撇，弧壁，玉璧足。口径8.4、足径3.4、高

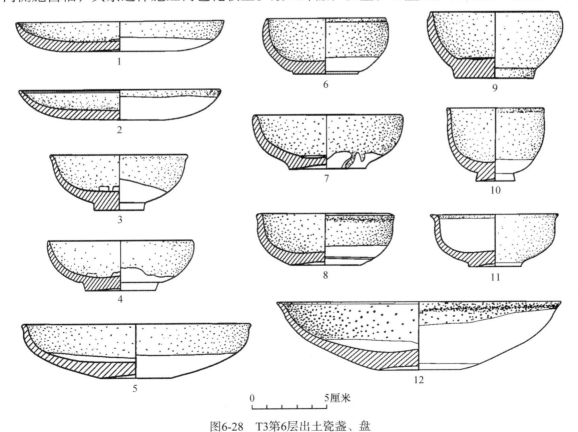

图6-28 T3第6层出土瓷盏、盘

1、2、5、12. 盘（T3⑥：30、T3⑥：11、T3⑥：5、T3⑥：10） 3、4、6~9、11. 盏（T3⑥：25、T3⑥：21、T3⑥：24、T3⑥：23、T3⑥：8、T3⑥：29、T3⑥：14） 10. 杯（T3⑥：3）

3.5厘米（图6-28-11）。标本T3⑥：21，灰白胎，青绿釉，外壁挂大半釉。口沿较直，深腹，弧壁，饼足。内底有三个圆形支钉痕。口径9.6、足径4.6、高3.4厘米（图6-28-4）。

盘　4件。标本T3⑥：5，红褐胎，浅黄釉，内、外壁均挂半釉，器内上部为青黄釉，下部可见乳白色化妆土。敞口微外撇，弧壁，平底内凹。口径15.2、底径4.9、高3.9厘米（图6-28-5）。标本T3⑥：11，灰白胎，青绿釉，内、外壁均挂半釉。圆唇，下腹斜壁内弧，平底微内凹。口上端内侧饰一道抹弦纹。口径13.4、底径6.9、高1.9厘米（图6-28-2）。标本T3⑥：30，灰白胎，青绿釉，外壁挂半釉。敞口，浅腹，弧壁，平底。内底有一道凹弦纹。口径13.6、底径8、高2厘米（图6-28-1）。标本T3⑥：10，青灰胎，内、外壁上端施淡青泛黄釉，下部露胎。敞口，弧壁，内凹底。器内近底部有一道凹弦纹。口径18.9、底径5.2、高4.7厘米（图6-28-12）。

杯　1件。标本T3⑥：3，灰白胎，青绿釉，外壁挂大半釉，下端少许露胎。直口，弧壁，深腹，饼足。近内底一周有八个支钉痕。口径6.4、足径2.5、高5厘米（图6-28-10；彩版12-1）。

四系壶　1件。T3⑥：19，灰白胎，青绿釉，外壁挂半釉。口残，长颈，溜肩，肩部以下均残。肩部有四系。内壁颈部有多道泥条盘筑痕迹。颈径7.6、最大残径15.4、残高11.9厘米（图6-29-1）。

器盖　1件。标本T3⑥：31，灰白胎，上端施青绿釉，下端露胎。盖顶中部的桥钮已残，盖面较平，近尖唇，内为圈足形子口。直径15.6、残高3.4厘米（图6-29-2）。

研磨器　3件。标本T3⑥：32，红褐胎，浅黄釉。敛口，宽平沿。标本T3⑥：20，敛口，圆唇。标本T3⑥：35，红褐胎，酱黄釉。敛口，平沿，折腹。

人面埙　1件。标本T3⑥：6，粗白胎，表面施三彩釉，釉色主要为绿釉，局部为黄釉。用阴刻线条刻画形象，人物长发，方脸。高3.1、残宽3.2、厚2.4、壁厚0.3～0.5厘米（图6-30；彩版12-2）。

纺轮　1件。标本T3⑥：34，灰白胎。算珠形。直径3.5、厚1.2厘米（图6-31-1；图版22-2）。

此外，还有一些可以辨识器物大类的残片。

罐壶类　49片（件）。其中直口4片、敛口15片、折沿附耳14片、双沿附耳16片（件）。

碗类　36片（件）。其中敞口折腹7片、直口鼓腹29片（件）。

钵类　16片（件）。其中敛口折肩11片、敛口平沿鼓腹5片（件）。

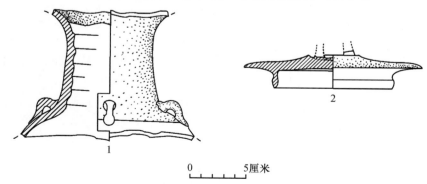

0 　　　 5厘米

图6-29　T3第6层出土瓷器

1. 四系壶（T3⑥：19）　2. 器盖（T3⑥：31）

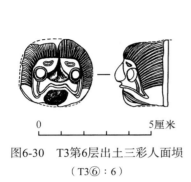

图6-30　T3第6层出土三彩人面埙
（T3⑥：6）

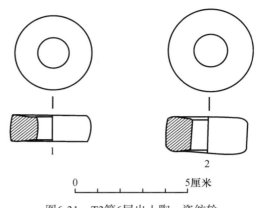

图6-31　T3第6层出土陶、瓷纺轮
1. 瓷纺轮（T3⑥：34）　2. 陶纺轮（T3⑥：22）

盏类　2片（件）。其中敞口浅腹1片、盘口折沿1片（件）。

碗钵盏类底部　共115片（件）。其中平底40片、内凹底4片（其中碗内壁饰莲花纹1片）、饼足37片、玉璧足8片、圈足26片（件）（其中底沿内收4片、底沿外斜1片）。

罐壶盆类底部　48片（件）。均为平底。

2. 陶器

共57片（件）。

（1）陶质陶色

泥质黑皮红陶14片（敛口钵）、泥质红陶8片、泥质灰陶35片（件）。

（2）纹饰

有纹饰的仅有1件，为附加堆纹的箍带纹。

（3）器类

可辨器类的有罐、盆和纺轮等。

罐　2件。标本T3⑥：15，泥质灰陶。敛口，耸肩，平底。口径14.8、底径13.1、高9.8厘米（图6-32-4）。标本T3⑥：36，泥质灰陶。敛口，双唇，圆肩，鼓腹，平底。口径23.2、最大腹径27.6、底径18.4、高20.8厘米（图6-32-5）。

盆　2件。标本T3⑥：16，泥质灰陶。直口微敛，厚唇，斜腹内收，平底微内凹。口径40、底径20.4、高17.2厘米（图6-32-2；彩版12-4）。标本T3⑥：26，泥质灰陶。直口，厚唇，深腹微斜内收，下腹及底部均残。腹部贴塑一周箍带纹，带面压印连续折棱。口径63.2、残高22厘米（图6-32-1）。

纺轮　1件。标本T3⑥：22，泥质黑皮灰陶，皮大部分已脱落。算珠形。直径3.8、厚1.6厘米（图6-31-2）。

此外，大体可以辨识器类的残片还有敛口圆唇盆4片、敛口平沿盆5片、卷沿圆唇罐5片、平折沿罐6片、宽平折沿4片（件）。

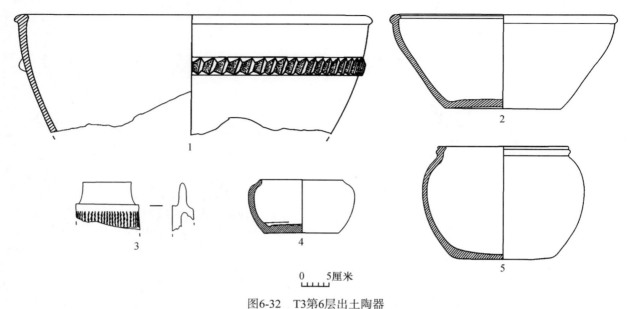

图6-32　T3第6层出土陶器

1、2. 盆（T3⑥：26、T3⑥：16）　3. 筒瓦（T3⑥：27）　4、5. 罐（T3⑥：15、T3⑥：36）

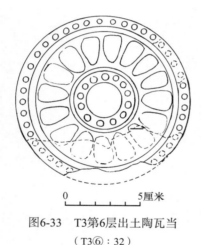

图6-33　T3第6层出土陶瓦当
（T3⑥：32）

3. 瓦

板瓦　31片（件）。其中泥质灰陶29片、泥质灰褐陶2片
（件）。

筒瓦　1件。T3⑥：27，泥质灰陶。大部已残。残长8.8、宽
11.2、高3.8厘米（图6-32-3）。

瓦当　3件。图案相同，均为莲瓣纹。标本T3⑥：32，泥质
灰陶。有外沿，外有凹槽。内有乳钉，乳钉外饰连珠纹一周，
靠外饰莲瓣纹，其外又饰一周连珠纹。直径11.7、厚1.3厘米
（图6-33；图版22-4）。

4. 早期遗物

（1）陶器

可以确定为早期的陶器有5片（件）。

陶质陶色：泥质灰陶2片、泥质黑皮灰陶2片、夹砂红陶1片（件）。

纹饰：新石器时代的戳印纹1片，东周时期的方格纹1片、绳纹加抹划弦纹1片（件）。

器类：夏商时期的残片有高柄器柄部1片、东周时期的鬲足1件。

（2）石器

斧　1件。仅存残片，通体磨光。

四、T4第6层出土遗物

出土遗物主要为瓷器、陶器。

1. 瓷器

共101片（件）。

（1）瓷系

主要为青瓷，另有少量白瓷。其中青绿釉灰白胎37片、无釉红褐胎8片、土黄釉红褐胎23片、土黄釉青灰胎13片、白釉（略泛青）白胎7片、乳白色化妆土灰白胎13片（件）。器表均未见纹饰。

（2）器类

大致可以辨识器类的残片有敛口钵2片、敞口碗2片、盏1片、罐5片、盆8片（件），另有高柄圈足5件、玉璧足2件、平底7件。

2. 陶器

仅有泥质灰陶4片（件）。

可辨识器类的残片仅有盆2片（件）。

五、T5第6层出土遗物

出土遗物主要为瓷器、陶器。

1. 瓷器

（1）瓷系

主要为青瓷，另有少量白瓷。其中白釉化妆土红褐胎2片、白釉灰白胎6片、青釉红褐胎3片、青釉白胎2片、青绿泛黄釉红褐胎8片、土黄釉红褐胎9片（件）。器表均未见纹饰。

（2）器类

大体可以辨识器类的残片有碗6片、折沿罐2片、敛口罐钵类1片、平底器3件、饼足1件。

2. 陶器

仅有泥黑灰陶2片、泥质灰陶4片。未见纹饰和可以辨识的器类。

3. 早期遗物

（1）新石器时代

仅有泥质黑灰陶1片。器表饰瓦棱纹。

（2）汉代至六朝

仅有泥质灰陶2片。器表均饰绳纹。

六、T6第6层出土遗物

均为瓷器，共27片（件）。

（1）瓷系

均为青瓷，其中青绿釉灰胎13片、黄褐釉灰胎8片、黄釉灰胎6片（件）。器表除弦纹外均未见其他纹饰。

（2）器类

大体可以辨识器类的有钵、碗、盏等。

钵　1件。标本T6⑥：2，灰胎，青绿釉。敛口，斜直壁，矮圈足。口沿外侧饰一道细线划弦纹，内底一周有十二个方形支钉痕。口径18.4、足径12.4、高7.5厘米（图6-34-1）。

碗　1件。标本T6⑥：3，灰胎，黄褐釉，外壁下端露胎。敞口，斜弧壁，底部内凹。内底一周有多个支钉痕。口径15.7、底径11、高5.4厘米（图6-34-3）。

盏　2件。标本T6⑥：4，灰胎，青绿釉，外壁下端为红褐色。敞口，斜弧壁，底部内凹。内底表面推测有三个圆形支钉痕，底中部有一凹窝。口径9.4、足径4、高3.1厘米（图6-34-4）。标本T6⑥：1，灰胎，黄釉，外壁下端露胎。敛口，斜弧壁，饼足微内凹。下腹近饼足处有刀削加工痕迹。口径7.9、足径4.4、高4.8厘米（图6-34-2）。

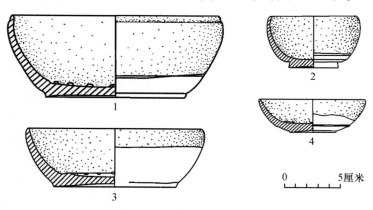

图6-34　T6第6层出土瓷器
1.钵（T6⑥：2）　2、4.盏（T6⑥：1、T6⑥：4）　3.碗（T6⑥：3）

七、T7第6层出土遗物

出土遗物主要为瓷器和陶器。

1. 瓷器

共19片（件）。

（1）瓷系

均为青瓷，其中青绿釉灰白胎14片、酱色泛黄釉红褐胎5片（件）。器表均未见纹饰。

（2）器类

大体可以辨识器类的残片有碗2片、敛口盆2片、折沿罐2片、平口罐1片、碗钵类饼足1件。

2. 陶器

仅有泥质灰褐陶2片（件）。

八、T9第6层出土遗物

出土遗物主要为瓷器、铜器。

1. 瓷器

共11片（件）。

（1）瓷系

多数为青瓷，有少量黑瓷，其中青釉灰白胎6片、青釉红褐胎2片、青釉青灰胎1片（件）。此外，还有属黑瓷的酱黑釉褐色胎2片（件）。器表均未见纹饰。

（2）器类

大体可以辨识器类的残片有碗3片、折沿罐1片、敛口罐2片（件），另有玉璧足2件、圈足1件。

2. 铜器

铜片4片。

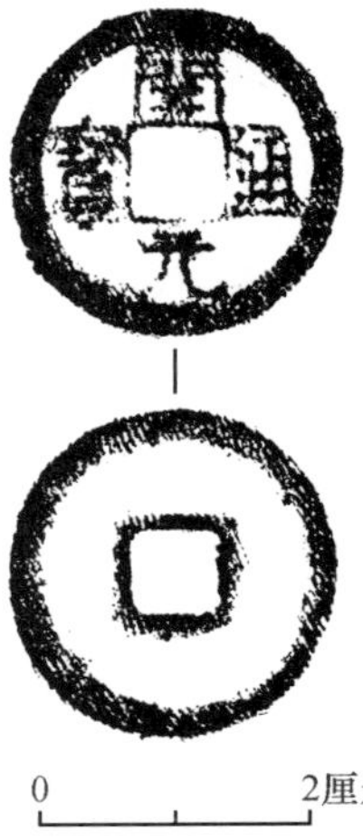

3. 铜钱

开元通宝　1枚。标本T9⑥：1，直径2.4、厚0.1厘米（图6-35）。

图6-35　T9第6层出土开元通宝拓本（T9⑥：1）

第三节　第5层出土遗物

一、T1第5层出土遗物

出土遗物主要为瓷器和陶器。

1. 瓷器

共41片（件）。

（1）瓷系

均为青瓷，其中青釉灰白胎28片、青釉红褐胎1片、绿釉灰胎1件、青绿釉灰白胎1件、青釉紫灰胎1片、化妆土无釉红褐胎7片、化妆土无釉灰胎1件、酱黄釉紫灰胎1片（件）。除划纹、弦纹外，器表未见其他纹饰。

（2）器类

大体可以辨识器类的有敛口钵7片、敞口碗3片、直口碗2片、钵1件、折沿罐1件、盏1件、执壶流柄1件、饼足5片、高柄圈足2片（件）。可复原器物有碗3件、盏1件、盘1件。

碗　3件。标本T1⑤：3，红褐胎，仅在口沿内、外壁附近施青釉，其余均露胎。口沿略微外撇，弧壁，饼足。口径17.4、足径8.2、高6.1厘米（图6-36-2）。标本T1⑤：4，灰白胎，青釉，外壁挂半釉，下端露胎。敞口，斜壁微弧，玉璧足。玉璧底上有两道不同心的划纹。口径14、足径5.2、高5.3厘米（图6-36-4）。标本T1⑤：5，灰胎，胎上施灰白色化妆土，外壁挂半釉，腹下部露灰胎，再向下表面呈红褐色。口沿外撇，弧壁，饼足微内凹。足下端处有刀削痕迹形成折棱。口径17.6、足径9.4、高5.5厘米（图6-36-1）。

盏　1件。标本T1⑤：2，灰胎，绿釉，外壁挂半釉，下端露胎，内底一周有三个圆形支钉

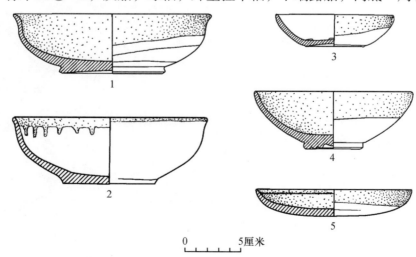

图6-36　T1第5层出土瓷器

1、2、4.碗（T1⑤：5、T1⑤：3、T1⑤：4）　3.盏（T1⑤：2）　5.盘（T1⑤：6）

痕。敞口，斜弧壁，极矮的饼足略内凹。口径10.4、足径5.1、高3.1厘米（图6-36-3）。

盘　　1件。标本T1⑤：6，灰白胎，青绿釉，外壁挂半釉，下端露胎。浅腹，弧壁，平底。下腹饰三道刻划横线。口径13.8、高2.5厘米（图6-36-5）。

2. 早期陶器

共5片（件）。

（1）陶质陶色

泥质灰陶3片、泥质灰褐陶2片（件）。

（2）器类

可以辨识器类的残片仅有夏商时期的灯形器1件。

二、T2第5层出土遗物

出土遗物主要为瓷器和陶器。

1. 瓷器

共24片（件）。

（1）瓷系

淡青釉灰白胎4片、淡青釉紫灰胎4片、土黄釉红褐胎3片、土黄釉紫灰胎2片、化妆土红褐胎5片、化妆土灰白胎4片、化妆土紫灰胎2片（件）。器表均未见纹饰。

（2）器类

大致可以辨识器类的残片有敛口钵5片、碗1片、直口罐1片、鼓腹罐1片（件），另有器柄1个、碗钵类饼足2个（件）。

2. 陶器

共18片（件）。

（1）陶质陶色

以泥质灰陶为主，其中泥质灰陶13片、泥质黑皮红陶1片、泥质褐皮灰陶4片（件）。器表均未见纹饰。

（2）器类

大体可以辨识器类的残片有折沿溜肩罐3片、敛口盆1片、镂孔器1片（件）。

三、T3第5层出土遗物

1. 瓷器

共112片（件）。

（1）瓷系

以青瓷为主，另有少量白瓷等。其中黄白色化妆土红褐胎28片、白色化妆土灰褐胎5片、白釉灰白胎15片（其中1片带彩）、淡青釉（影青）灰白胎2片、酱黑釉褐胎1片、酱黄釉褐胎3片、酱青釉褐胎4片、青绿釉灰白胎22片、青绿釉红褐胎5片、土黄釉灰白胎15片、无釉灰白胎12片（件）。

（2）纹饰

仅1件壶的肩腹部饰有淡红色彩绘。

（3）器类

大体可以辨识的器类有碗、钵、盏、壶、盆、罐等。

壶　1件。标本T3⑤：1，红褐胎，施黄白色化妆土，肩部饰淡红色彩绘图案。敞口，平折沿，高领，圆肩，肩部以下均残。口径12.2、残高4.1厘米（图6-37-1）。

碗　1件。标本T3⑤：2，红褐胎，施黄白色化妆土，内、外壁均挂半青釉，下端均露胎。直口微敛，曲腹，下腹斜收，平底微内凹。口径16.7、底径8.8、高5.5厘米（图6-37-2）。

此外，可辨识器类的残片还有敞口碗6片、直口碗5片、敛口钵10片、敛口盆2片、折沿罐1片、直口罐1片、盏1片（件），另有饼足6件、玉璧足4件、圈足5件、平底4片（件）。还有支钉1个。

2. 陶器

共18片（件）。

（1）陶质陶色

均为泥质陶。其中黑皮红陶4片、灰陶6片、灰褐陶1片、褐皮7片（件）。器表均未见纹饰。

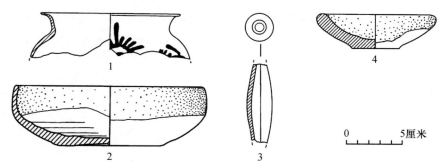

图6-37　T3、T9第5层出土瓷器、陶器

1. 瓷壶（T3⑤：1）　2. 瓷碗（T3⑤：2）　3. 陶网坠（T3⑤：3）　4. 瓷盏（T9⑤：1）

（2）器类

网坠　1件。标本T3⑤：3，泥质灰褐陶。圆柱形，中部鼓腹。长7.2、最大径2.3厘米（图6-37-3）。

此外，大体可以辨识的器类残片有敛口盆2片、敞口盆2片、折沿罐2片（件）。

四、T9第5层出土遗物

瓷盏　1件。标本T9⑤：1，红褐胎，黄褐釉，外壁挂半釉，下端露胎。厚壁，敞口，圆唇，斜壁，平底。口径10.4、底径4.2、高3.1厘米（图6-37-4；图版21-6）。

五、T14第5层出土遗物

1. 瓷器

共25片（件）。

（1）瓷系

以青瓷为主，另有少量白瓷和黑釉瓷等。其中影青瓷浅青釉白胎1片、白釉灰白胎2片、酱黑釉红褐胎1片、酱黄釉红褐胎12片、淡青釉红褐胎9片（件）。器表均未见纹饰。

（2）器类

大体可以辨识器类的残片有敛口罐2片、深腹罐1片、敞口碗2片（件），另有高柄圈足1件。

2. 陶器

仅有泥质红陶1片、泥质灰陶1片（件）。

第七章 宋代遗存

宋代遗存主要为第4层，以及第4层下的部分遗迹。第4层分布在T1~T18、T20、T21等探方内。总体而言，这一时期遗存主要分布在发掘区的东中部。

第一节 遗　　迹

这一时期的遗迹有柱洞2个，以及G1~G3、G9、H27、H28（图7-1）。

一、柱　　洞

柱洞遗迹仅有2个。位于T7中部。开口于第4层下。形制大体相同，均为口略大于底。直径约35、深29厘米。填土为灰色，土质疏松，无包含物。

二、G1

（一）位置与层位

位于T8南部。开口于第4层下，打破生土。沟口距地表深1米。

（二）形制与结构

平面呈长条形。沟口长6.5、宽0.71~0.88米。沟壁略微向内倾斜，口大底小，底部长6.16、宽0.5~0.7米，深0.7~0.74米。沟底部放有两块较大的石头，均为不规则形，其一长0.45、宽0.2~0.24、高0.18米，其二长0.54、宽0.2~0.24、高0.22米（图7-2）。

（三）沟内堆积

沟内填土不分层，均为黄灰色，较紧密。

（四）出土遗物

出土少量残碎的瓷器和板瓦。

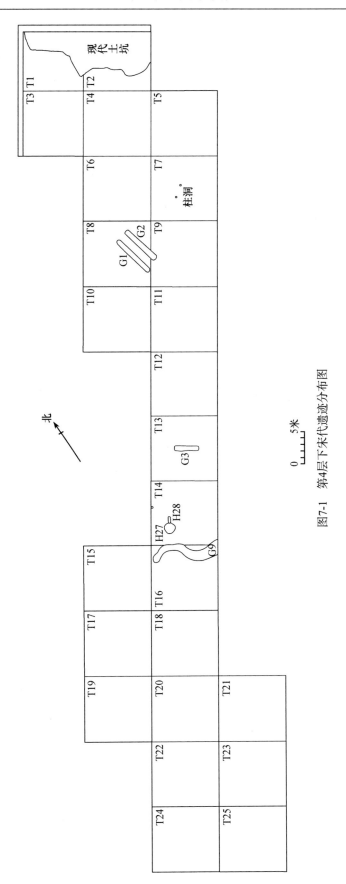

图7-1　第4层下宋代遗迹分布图

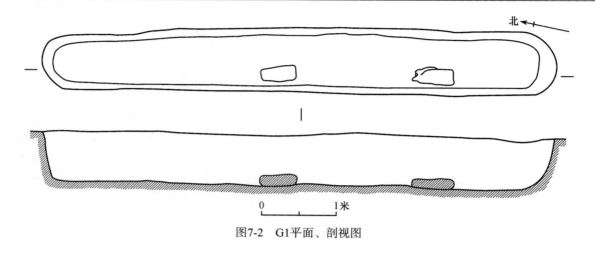

图7-2　G1平面、剖视图

1. 瓷器

共31片（件）。

（1）瓷系

有青瓷、无釉粗瓷和黑瓷等。其中青釉灰白胎13片、酱黄釉青灰胎5片、酱青釉灰白胎4片、乳白色化妆土粗瓷8片、黑釉深褐胎1片（件）。器表均未见纹饰。

（2）器类

大体可以辨识器类的残片有罐1件、擂钵1件、黑釉瓷碗1片（件），另有圈足碗底部5片、敞口碗口部5片（件）。

2. 板瓦

共40片（件），其中外侧素面内侧饰细布纹38片、内外均为素面2片（件）。

（五）性质与年代

G1为人工挖掘。应该与G2组成一组遗迹，并可能与某种形式的简易建筑有关。

根据层位关系和出土瓷器判断，G1的年代可能为宋代。

三、G2

（一）位置与层位

位于T8南部和T9北部，在G1的东侧并与G1基本平行。开口于第4层下，打破第5、6层。沟口距地表深1米。

（二）形制与结构

平面基本呈长条形。长6.02、宽0.8～0.95米。口大底小，沟壁略倾斜，底部长5.6、宽0.5～0.68米，深0.3～0.58米。底部有两块石头，均为不规则形，其一长0.18、宽0.22、高0.14米，其二长0.19、宽0.24、高0.12米（图7-3）。

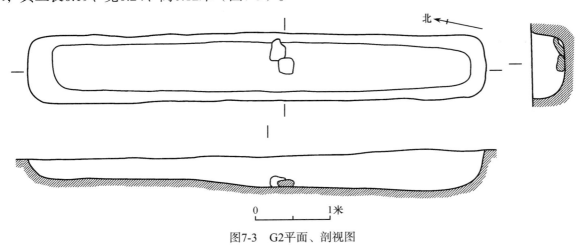

0　　　　　1米

图7-3　G2平面、剖视图

（三）沟内堆积

沟内填土为黄灰色，土质较紧密。

（四）出土遗物

出土有少量瓦片和瓷片。

1. 瓷器

共16片（件）。

（1）瓷系

无釉土红胎瓷8片、施白色化妆土粗瓷7片、耀州窑瓷1片。

（2）器类

可以辨识器类的有擂钵1片（件）。内壁布满放射状刻划痕。

2. 瓦

共41片。可分为筒瓦和板瓦。

筒瓦　3片。均为泥质灰陶。其中外侧素面内侧饰粗布纹2片，内外均为素面1片。

板瓦　38片。其中泥质灰陶35片、泥质红陶3片。均有纹饰，其中外侧素面内侧饰粗布纹27片、外侧饰粗绳纹内侧饰粗布纹11片。

（五）性质与年代

G2为人工挖掘。应该与G1组成一组遗迹，并可能与某种形式的简易建筑有关。根据层位关系和出土瓷器判断，G2的年代可能为宋代。

四、G3

（一）位置与层位

位于T13中部。开口于第4层下，打破第6、9、10层。沟口距地表深0.95米。

（二）形制与结构

平面基本呈狭长方形，口大底小，沟壁略倾斜。沟口长4.02、宽0.9米，底部长3.28、宽0.59米，深0.36米。在沟底有两个柱洞，北壁还有一石板（图7-4）。

D1　位于沟北部，距沟底北壁0.58、距沟底西壁0.24米。平面基本呈椭圆形，口大底小，洞壁略倾斜。口部长径0.35、短径0.23米，底部长径0.24、短径0.19米，深0.15米。

D2　位于沟中部，距沟底北壁1.58、距沟底西壁0.13米。平面基本呈圆形，口大底小，洞壁略倾斜。口径0.31、底径0.14、深0.13米。

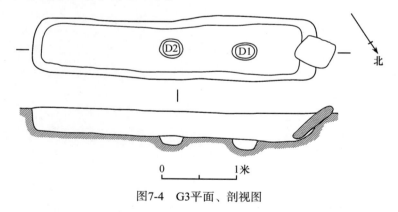

图7-4　G3平面、剖视图

（三）沟内堆积

沟内填土不分层，均为灰黑色，土质较疏松。

（四）出土遗物

有瓷器、陶器、铁片和瓦等遗物。

1. 瓷器

（1）瓷系

主要为青瓷，其中白胎青瓷22片、褐釉土红胎5片、酱釉灰白胎14片、化妆土红褐胎3片（件）。器表均未见纹饰。

（2）器类

大体可以辨识器类的残片有碗、罐、杯等。

2. 陶器

有泥质灰陶片、泥质红陶片等。可以辨识的器类仅有盏1件。

盏　1件。标本G3：1，泥质灰陶。浅盘，圜底。口径5.3、高2.8厘米。

3. 瓦

均为泥质灰陶，多为板瓦残片，也有少量筒瓦残片。

（五）性质与年代

G3为人工挖掘。从形制结构观察，该灰沟与本遗址东周时期的灰沟基本相同，其性质可能也与某种建筑有关。

根据层位关系和出土遗物判断，该灰沟的最后使用年代应该晚到宋代。

五、G9

（一）位置与层位

位于T16东部和T14西南角，其南部延伸至T16南壁内。开口于第4层下，打破第6、8层和生土。沟口距地表深0.7米。

（二）形制与结构

沟的平面呈弯曲带状，已发掘部分的坑口长9.5、宽1～2.4米。坑壁略倾斜，口大底小，坑南部深北部较浅，坑底长9.32、宽0.7～1.96、深0.46～1.1米（图7-5）。

（三）沟内填土

沟内填土不分层，均为灰褐色，土质较疏松。

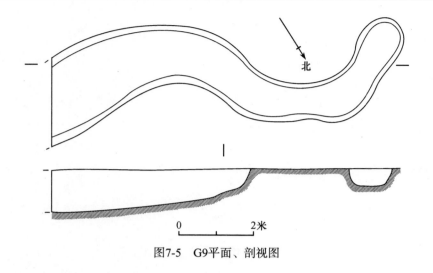

图7-5　G9平面、剖视图

（四）出土遗物

出土遗物有瓷器、陶器和瓦。

1. 瓷器

共70片（件）。

（1）瓷系

可分为青瓷、影青瓷、白瓷和黑瓷。

青瓷类19片（件），其中青绿釉灰白胎8片、酱黄釉红褐胎8片、酱釉灰胎3片、灰白胎影青瓷5片、红褐胎无釉瓷22片、白色化妆土红褐胎粗瓷18片、灰白胎白瓷5片、黑釉瓷1片（件）。器表均未见纹饰。

（2）器类

大体可以辨识器类的残片有碗3片、折沿罐1片、敛口盆2片、杯1片、黑瓷盏1片（件）。

2. 陶器

共34片（件）。

（1）陶质陶色

均为泥质陶，其中灰陶28片、红陶3片、褐皮灰陶3片（件）。

（2）装饰

陶器纹饰仅有绳纹1片（件）。

（3）器类

大体可以辨识器类的残片有折沿罐2片、中领罐1片、敛口盆1片、网坠1片（件）。

3.瓦

共13片（件）。均为板瓦。其中外侧素面内侧饰布纹7片、外侧素面内侧饰粗绳纹3片、内外均饰粗绳纹1片、内外均为素面2片（件）。

（五）性质与年代

该灰沟可能是自然冲积而成，后被利用倾倒垃圾。

根据出土物和层位关系判断，G9的年代可能为宋代。

六、H27

（一）位置与层位

位于T14西北部。开口于第4层下，打破第6、8层，东北部被H28打破。坑口距地表深0.75米。

（二）形制与结构

平面近圆形，坑壁基本垂直，口底同大，坑底平整但略微倾斜，东部略深。直径1.66～1.72、最浅处0.38、最深处0.44米（图7-6）。

（三）坑内堆积

坑内填土呈灰黑色，土质较松软。

〔四〕出土遗物

出土遗物有瓷器、陶器和瓦。

1.瓷器

共40片（件）。

（1）瓷系

有青瓷、影青瓷、白瓷等。其中灰白胎影青瓷13片、淡青釉紫灰胎1片、酱黄釉红褐胎5片、酱黄釉紫灰胎3片、白釉灰白胎15片、化妆土褐胎3片（件）。器表均未见纹饰。

（2）器类

大体可以辨识器类的残片仅有碗2片（件）。

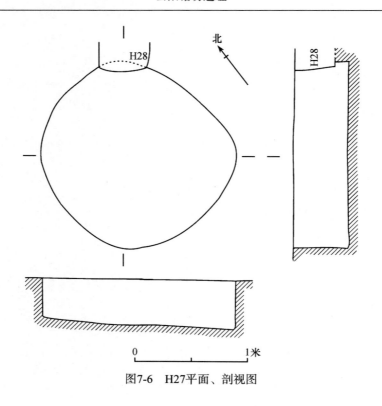

图7-6　H27平面、剖视图

2. 陶器

共9片（件）。

（1）陶质陶色

均为泥质陶，其中灰陶4片、褐皮灰陶1片、褐皮红陶2片、红陶1片、红黄陶1片。均为素面。

（2）器类

大体可以辨识器类的残片有盆2片（其中宽折沿盆1件）、碗钵类饼足2片、平底器底2片（件）。

（3）新石器时代陶器

仅有泥质灰陶1片。表面饰瓦棱纹。

3. 瓦

共16片（件）。有板瓦和筒瓦。

板瓦　15片（件）。泥质灰陶。其中外侧饰绳纹内侧素面7片、外侧饰绳纹内侧饰布纹5片、内外均为素面3片（件）。

筒瓦　仅1片（件）。为外侧饰绳纹内侧素面。

（五）性质与年代

推测该坑可能原为窖穴，废弃后为垃圾坑。

根据层位关系和出土遗物判断，该坑的年代约为宋代。

七、H28

（一）位置与层位

位于T14西北部。开口于第4层下，打破第6、8层，打破H27。坑口距地表深0.72米。

（二）形制与结构

平面呈狭长方形，坑壁基本垂直，口底同大，底部平整。坑长1.12、宽0.42、深0.39米（图7-7）。

（三）坑内堆积

坑内填土不分层，均为灰黑色，土质较疏松。

（四）出土遗物

出土有大量的瓦片和瓷片、陶片等。

1. 瓷器

共76片（件）。

（1）瓷系

有青瓷、影青瓷，少量白瓷和黑瓷。其中，影青瓷灰白胎15片、土黄釉红褐胎2片、酱釉红褐胎2片、施乳白色化妆土红褐胎2片、红褐胎未上釉26片、白釉灰白胎20片、黑釉红褐胎9片（件）。器表均未见纹饰。

（2）器类

大体可以辨识器类的残片有碗3片（件），另有碗类玉璧足2件、平底1件。

2. 陶器

共45片（件）。

（1）陶质陶色

均为泥质陶，其中灰陶30片、灰褐陶15片（件）。器表均未见纹饰。

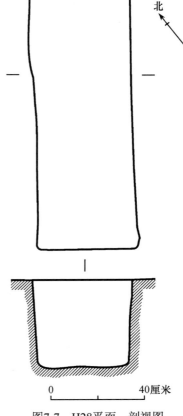

图7-7 H28平面、剖视图

（2）器类

大体可以辨识器类的残片有盆、罐等。

3. 瓦

共58片（件）。有板瓦、筒瓦、滴水、瓦当。

板瓦　48片（件）。泥质灰陶46片、泥质红陶2片。其中，外侧饰绳纹内侧素面14片、内外均饰绳纹10片、外侧饰绳纹内侧饰布纹22片、外侧素面内侧饰布纹1片、内外均为素面1片（件）。

筒瓦　8片（件）。均为泥质灰陶。其中，内外均饰绳纹5片、外侧饰绳纹内侧饰布纹3片（件）。

滴水　1件。标本H28∶2，泥质灰陶。缠枝花纹。宽18.5、高5.3、厚1厘米（图7-8-3、4；彩版12-6）。

瓦当　1件。标本H28∶1，泥质灰陶。团花纹。直径11.6、边轮宽1.2～1.5、厚1.2厘米（图7-8-1、2；图版22-5）。

（五）性质与年代

该坑为人工挖掘的坑，具体的用途不详，但坑内废弃物多与建筑有关。

根据层位关系和出土遗物判断，该坑的年代为宋代。

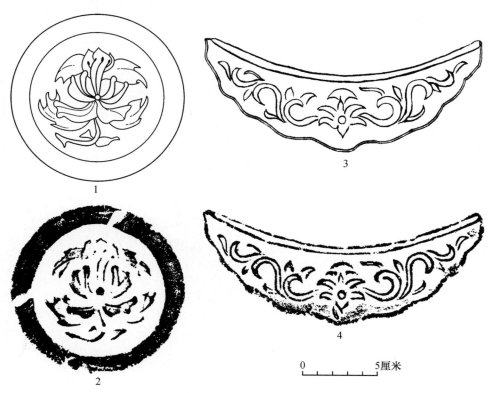

图7-8　H28出土瓦当、滴水

1、2. 瓦当（H28∶1）　3、4. 滴水（H28∶2）

第二节 第4层出土遗物

一、T1第4层出土遗物

出土遗物仅有瓷器。

（1）瓷系

有青瓷和白瓷。其中，酱黄釉红褐胎3片、白瓷（泛青）白胎3片（件）。器表均未见纹饰。

（2）器类

大体可以辨识器类的有碗3片（件），其中敞口口沿2片、圈足1片（件）。

二、T2第4层出土遗物

仅在D1中出土土黄釉瓷1片，器表饰有网纹。

三、T3第4层出土遗物

仅有瓷碗1件。标本T3④：1，红褐胎，青釉，外壁上部挂釉，下压深褐色化妆土，局部外露，外壁下端用乳白色化妆土。口沿微外撇，弧壁，圈足。器内近底处一周有五个支钉痕。口径14.3、足径5.1、高5.6厘米（图7-9-5）。

四、T5第4层出土遗物

1. 瓷器

共27片（件）。

（1）瓷系

以青瓷为主，还有个别白瓷。其中，青绿釉灰白胎10片、化妆土紫灰胎2片、土黄釉红褐胎5片、土黄釉青灰胎2片、酱青釉褐胎4片、白釉（泛青）灰白胎1片、未上釉3片（件）。器表均未见纹饰。

（2）器类

大体可以辨识器类的有碗3片、折沿盆2片、侈口罐1片（件）。此外，还有圈足1件、玉璧足1件、饼足1件、平底1件。

2. 陶器

共6片（件）。

（1）陶质陶色

其中黑皮红陶1片、褐皮灰陶5片（件）。均未见纹饰。

（2）器类

大体可以辨识器类的有盆2片（件），另有碗钵类圈足1件、平底器1件。

五、T7第4层出土遗物

均为瓷器，共15片（件）。

（1）瓷系

均为青瓷，其中黄白色化妆土褐胎2片、黄白色化妆土灰白胎8片、浅青釉紫灰胎1片、浅青釉红褐胎1片、浅青釉灰白胎1片、酱黄釉红褐胎2片（件）。器表均未见纹饰。

（2）器类

大体可以辨识器类的残片有碗3片、钵1片、敛口盆1片（件）。此外，还有碗钵类饼足4件。

六、T13第4层出土遗物

1. 瓷器

共5片（件）。

（1）瓷系

有白瓷和青瓷。其中，白釉（略泛青）灰白胎3片、土黄釉红褐胎2片（件）。器表均未见纹饰等装饰。

（2）器类

大体可以辨识器类的有敛口罐3片、高柄豆2片（件），另有碗类圈足1件。

2. 陶器

仅有泥质黑皮红陶1片，器类为敛口罐。

七、T14第4层出土遗物

均为瓷器，共22片（件）。

（1）瓷系

有白瓷和青瓷。其中，黄白色化妆土褐胎5片、黄白色化妆土灰白胎7片、浅青釉紫灰胎

5片、浅青釉灰白胎4片、酱黄釉红褐胎1片（件）。器表均未见纹饰。

（2）器类

大体可以辨识器类的有碗、盏、盘、钵、盆等，另外还有碗类圈足2件。

碗　3件。标本T14④：2，紫灰胎，浅青釉，外壁挂大半釉，下端为青灰褐釉。口较尖，斜壁，圈足。腹中部有四道折棱，近圈足处有制作刮痕。口径17.5、足径6.1、高4.8厘米（图7-9-4）。标本T14④：4，黄白色化妆土褐胎。仅存圈足和下腹。圈足略高。足径5.2、残高2.1厘米。标本T14④：5，黄白色化妆土灰白胎。矮圈足，下腹弧壁。足径5.8、残高2.4厘米。

盘　1件。标本T14④：1，紫灰胎，浅青釉，足底内凹均未施釉。唇略尖，弧壁，圈足。口径15.8、足径6.1、高3.8厘米（图7-9-1）。

盏　1件。标本T14④：3，红褐胎，酱黄釉，外壁挂半釉，下端露胎。厚壁，圆唇，斜壁，饼足。口径9.8、足径3.5、高3.1厘米（图7-9-3）。

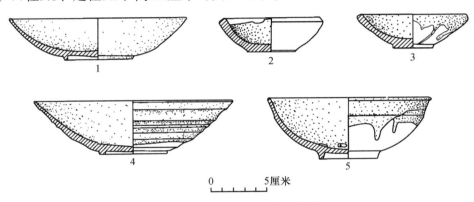

图7-9　T3、T14、T16出土瓷器
1.盘（T14④：1）　2、3.盏（T16④：1、T14④：3）　4、5.碗（T14④：2、T3④：1）

八、T16第4层出土遗物

出土遗物仅有瓷器和陶器。

1. 瓷器

共5片（件）。

（1）瓷系

均为青瓷，其中青黄釉灰褐胎3片、黄褐釉紫灰胎2片（件）。器表均未见纹饰。

（2）器类

大体可以辨识器类的有碗、盏等，其中碗仅为残片。

盏　1件。标本T16④：1，灰褐胎，器内施青黄釉，口部露胎。口径9.1、底径4.2、高3.1厘米（图7-9-2）。

2. 陶器

纺轮　1件。标本T16④：2，泥质红褐陶。算珠形，仅存残片。残长1.2厘米。

九、T18第4层出土遗物

均为瓷器，共3片（件）。

（1）瓷系

有青瓷和黑瓷。其中，黄釉（略泛青）灰白胎1片、青绿釉灰白胎1片、酱黑釉红褐胎1片（件）。器表均未见纹饰。

（2）器类

大体可以辨识器类的残片仅有四系罐1片，另有碗钵类饼足1片（件）。

第八章 明清遗存

属于这一时期的遗存有第2、3层，以及第1B、2、3层下的遗迹。第3层分布在T1～T4、T17～T20等探方内，第2层分布在T1～T16等探方内，第1B层分布在T1～T5、T10～T25等探方内。总体而言，这一时期的遗存几乎分布在整个发掘区内。

第一节 遗 迹

属于这一时期的遗迹有F5、H4、H5、H14、H16、H18、H24、H31、H32、G4、G6～G8、冶炼遗迹（图8-1）。其中，属于第3层下的有F5、H4、G6、冶炼遗迹（图8-2），属于第2B层下的有H5、H14、H16、H18、H24、G4（图8-3），属于第1B层下的有H31、H32、G7、G8（图8-4）。

一、F5

（一）位置与层位

位于T1中部偏东。开口于第3C层下，打破第4层，东部被现代坑打破，西部又被H4打破。距地表深1.85米。

（二）形制与结构

该建筑晚期破坏严重，仅残存西边小部分地面和地基，外缘全是大砖块，里面是较平整的石块。从残存部分看，平面略呈圆弧形，残长4.65、残最宽1米，门的方向不明。建筑方法：从现状推测，为地面建筑，从地面遗留石块分析，为石砌墙。房的形状、深度、大小均不明（图8-5）。

（三）房内堆积

房内仅残存少量堆积，土色呈浅灰褐，包含物很少。

（四）出土遗物

主要是铺地的旧砖和残瓦片，另有少量青花瓷片。

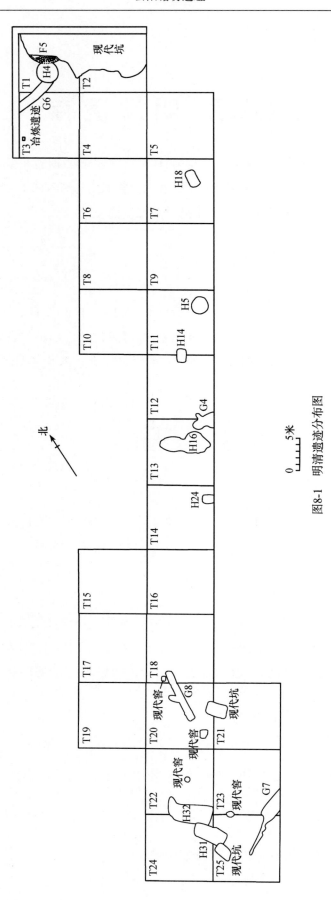

图8-1　明清遗迹分布图

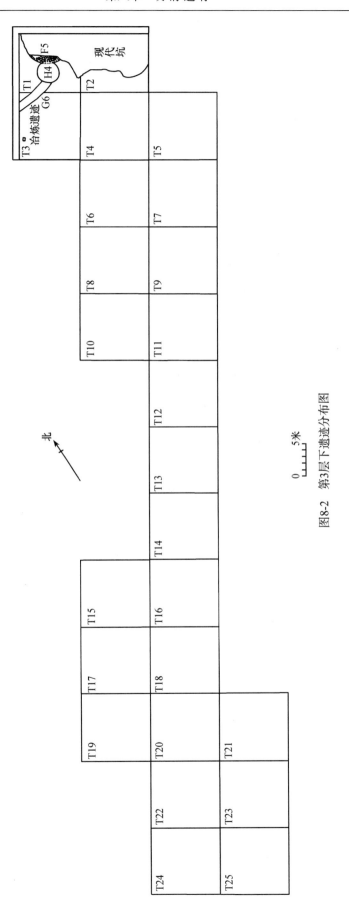

图8-2　第3层下遗迹分布图

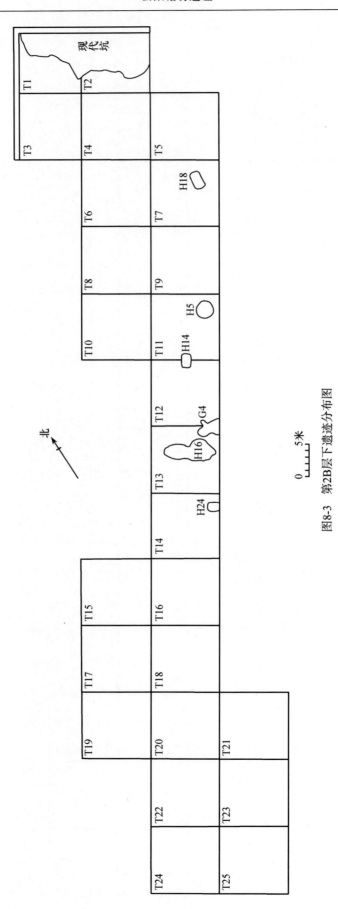

图8-3　第2B层下遗迹分布图

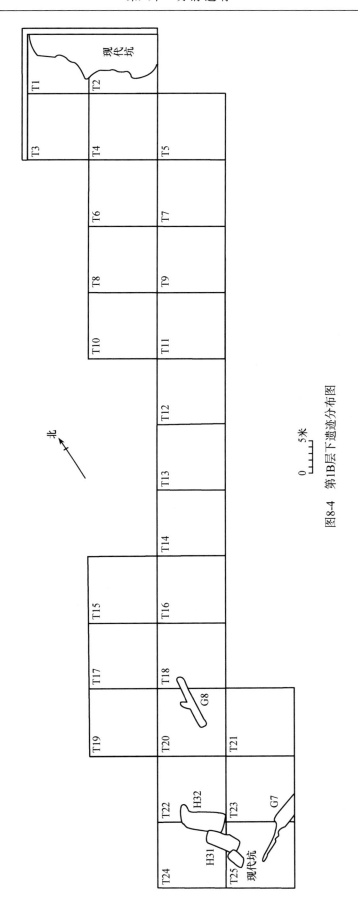

图8-4　第1B层下遗迹分布图

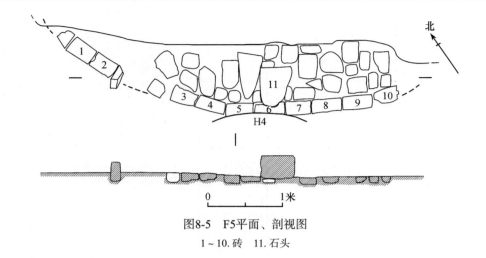

图8-5　F5平面、剖视图

1~10. 砖　11. 石头

1. 瓷器

共17片（件）。

（1）瓷系

以青花瓷为主，其中青花色较深白胎青花瓷14片、酱釉红褐胎粗瓷（附耳）3片（件）。

（2）装饰

青花瓷的器表多绘有各种图案装饰。

（3）器类

大体可以辨识器类的残片有敞口碗2片（件）。另有碗钵类的圈足7件，其造型特点均是足底上大下小向内倾斜。

2. 砖瓦

残瓦数量很多，均为板瓦。这一时期的瓦较前一时期小而轻薄，为泥质蓝灰陶，外侧素面内侧饰布纹。另外有少量早期板瓦，为泥质灰陶，其中外侧饰绳纹内侧饰布纹的较多，其次是外侧饰绳纹内侧素面。

砖多为汉六朝时期的旧砖。

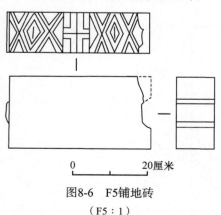

图8-6　F5铺地砖

（F5：1）

标本F5：1，长方形，两端有子母榫。一侧有模印凸线组成的纹饰，图案中部为一"亚"字形，两侧为菱形纹。长38、宽19.8、厚11.2厘米（图8-6）。

（五）性质与年代

该建筑被破坏严重，仅残存部分地面，因此建筑性质不明。

从层位关系及出土遗物看，该建筑的年代为明代。

二、G4

（一）位置与层位

位于T12西南部、T13东南部，并从南壁延伸至探方外。开口于第2B层下，打破第4、6、9、10层和生土。沟口距地表深1.07米。

（二）形制与结构

平面呈不规则状，口大底小，沟壁略倾斜。已发掘部分沟口长3.35、最宽2.6、最窄1.5米，深1.4米（图8-7）。

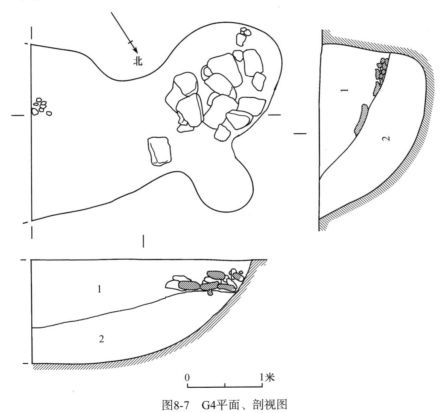

图8-7　G4平面、剖视图

（三）沟内堆积

沟内堆积分为2层。第1层为灰褐色土，土质较松软，底部有大量的石块堆积，分布无规律。第2层为黄褐色土，土质疏松。

（四）出土遗物

第1层出土物有粗瓷片、青花瓷片、瓦、泥质灰陶片、铁片、兽牙等。瓷器可辨的器类有盆、碗、罐、杯、虎子等。

第2层出土物有化妆土土瓷片、板瓦片、泥质红陶片、泥质灰陶片等。瓷器可辨的器类有罐、盆、壶等，还出土1件较完整的滴水。

1. 瓷器

共15片（件）。

（1）瓷系

以青花瓷为主，也有部分是年代早于明清时期的瓷器残片。其中，白胎青花（色较深）瓷7片、青瓷1片、青釉白胎1片、酱釉红褐胎2片、淡青釉红褐胎3片、淡青釉灰白胎1片（件）。

（2）装饰

青花瓷的器表多绘有各种图案装饰。

（3）器类

可以辨识器类的有碗2件（G4:2、G4:3）、杯1件（G4:1）。此外，大体可以辨识器类的残片有敛口盆3片、折沿罐1片、虎子1片（件），另有碗类的圈足2件。

2. 瓦

均为泥质灰陶。大部分为板瓦残片，仅有很少量的筒瓦残片。滴水1件。标本G4:4，泥质灰陶。较为完整。

（五）性质与年代

性质不详。上层的堆积可能与建筑垃圾有关，下层可能为垃圾坑。

第1层为清代。第2层主要为唐宋时期遗物。

三、G6

（一）位置与层位

位于T3东北部和T1西北部，其西部已延伸进入T3北壁内。开口于第3C层下，打破第4、5层，东部被H4打破。沟口距地表深1.3~1.8米。

（二）形制与结构

虽然未发掘完毕，但基本可以看出应为东西向的长条形冲沟，沟底较平，西深东浅，沟壁较平滑。沟已发掘的部分长6.8、宽1.4~1.55、深0.2~0.65米（图8-8）。

（三）沟内堆积

沟内填土不分层，均呈浅褐色，略泛红，淤沙较多，质松软，夹杂零星炭点。

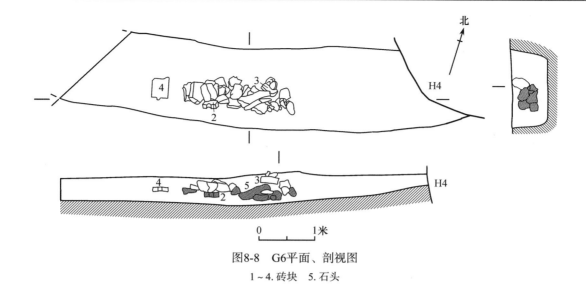

图8-8　G6平面、剖视图

1~4.砖块　5.石头

（四）出土遗物

包含物较少，有青花瓷器、瓦等。另有唐代的瓷器、汉晋时期的花纹砖、个别更早期的石器。此外，还有较多的石块。

1. 瓷器

（1）瓷系

白胎青花瓷19片、青黄釉灰胎青瓷7片、紫灰胎粗瓷6片（件）。

（2）装饰

青花瓷的器表多绘有图案装饰。

（3）器类

大体可以辨识的器类有碗、罐、缸等。其中罐仅为残片。

碗　1件。标本G6：3，青花瓷，白胎。敞口，腹壁微弧，圈足。

缸　1件。标本G6：6，透明釉，紫灰胎粗瓷。平底。

2. 瓦

共7片。均为板瓦残片。泥质灰陶。内外均为素面。

3. 唐代遗物

其中有1件可以复原的瓷器。

双沿罐　1件。标本G6：2，灰胎，青黄釉，外壁挂半釉，其余部位均露胎。双沿，尖唇，鼓腹，平底略内凹。肩部有四系，两两对称。口径25.2、底径20.5、高35.7厘米（图8-9）。

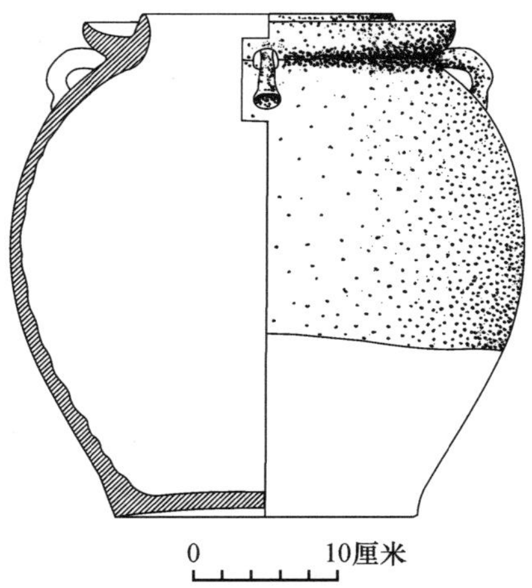

图8-9　G6出土唐代瓷双沿罐

（G6：2）

4. 汉晋遗物

主要为残砖、泥质灰陶片等。

砖　2件。标本G6：4，泥质灰陶。异形扇形，两端有子母榫，在砖身中部还有一道折腰。短侧有图案装饰，图案中部为车轮纹，两侧为变形菱形几何纹。长36～39.5、宽20、厚12厘米（图8-10-1）。标本G6：5，泥质灰陶。扇形，两端有子母榫。短侧有图案装饰，图案中部为"亚"字纹，两侧为菱形几何纹。长37.5～40.5、宽20.3、厚11厘米（图8-10-2）。

5. 早期石器

锛　1件。标本G6：1，绿色海成岩。器表大部分磨制，留有少量砾石片和使用痕迹。长6.7、宽5、厚2厘米（图8-11；彩版10-2）。

（五）性质与年代

沟内土质松软，包含有大量淤沙，应是一条自然冲沟。

根据层位关系及包含物判断，该沟的年代应为明代。

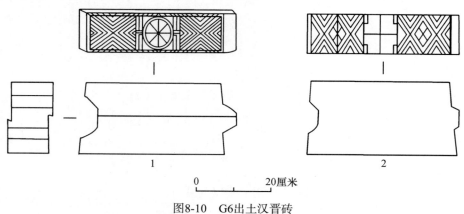

图8-10　G6出土汉晋砖

1. 异形扇形砖（G6：4）　2. 扇形砖（G6：5）

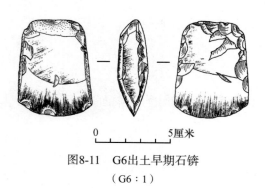

图8-11　G6出土早期石锛

（G6：1）

四、G7

（一）位置与层位

位于T23西南部和T25东南部，南部延伸进入T23南壁内。开口于第1B层下，打破生土。坑口距地表深约0.6米。

（二）形制与结构

平面呈不规则的长条形，口部略大于底部。长9、宽0.5～2.1、深0.3～0.45米（图8-12）。

（三）沟内堆积

沟内填土不分层，均呈灰褐色，土质疏松，包含木炭粒和炭渣。

（四）出土遗物

出土遗物多为瓷器，另有少量早期遗物。

1. 明清时期瓷器

出土瓷器共136片（件）。

（1）瓷系

以青花瓷为多，其中灰白胎青花瓷9片、土青花瓷75片、土红色粗瓷52片（件）。

（2）装饰

青花瓷的器表多绘有图案装饰。

（3）器类

大体可以辨识的器类有碗、钵、杯、罐、缸、盆、灯台等。

碗　5件。标本G7：1，青花瓷，灰白胎，通体施青釉。敞口外撇，斜壁，下腹微曲，圈

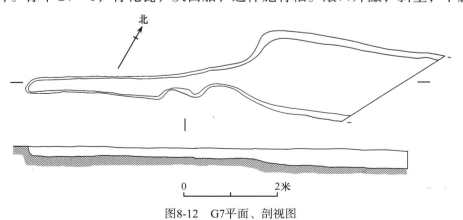

图8-12　G7平面、剖视图

足。外壁满饰图案，为两只乳虎和植物构成的二方连续图案；内壁底部为植物图案。口径14.1、足径5.7、高7厘米（图8-13-1）。标本G7：2，青花瓷，灰白胎，青黄釉。敞口外撇，斜壁，下腹微曲，圈足。器内、外壁均绘有蓝色图案。口径14.4、足径7.3、高7厘米（图8-13-2）。

此外，仅为残片的还有碗底18片、杯底3片、罐口沿3片、盆口沿4片、缸口沿9片、灯台1片、钵口沿1片（件）。

2. 唐宋时期瓷器

唐宋时期的瓷器以青瓷为主，也有黑瓷，其中酱黄釉红褐胎28片、乳白色化妆土红褐胎6片、黑釉青灰胎13片（件）。

3. 汉晋时期陶器

仅有泥质灰陶8片（件），均为素面。其中可以辨识器类的有陶杯1件。

（五）性质与年代

推测该沟为自然形成的冲沟，用于倾倒垃圾。

根据地层关系和出土遗物青花瓷判断，该灰坑的年代为清代早期。

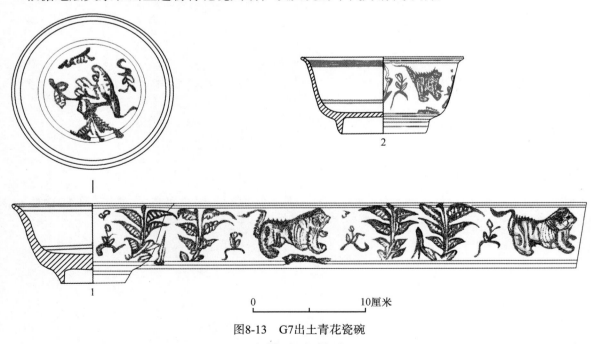

图8-13　G7出土青花瓷碗
1. G7：1　2. G7：2

五、G8

（一）位置与层位

位于T20东北部和T18西北部。开口于第1B层下，打破第3B、4、6层。沟口距地表深0.35米。

（二）形制与结构

平面形制较为规则，呈长条形，中部有一短叉沟。口大底小，坑壁略倾斜。口部长7.65、宽1.09～1.13米，底部长7.4、宽0.78～0.87米，深0.52～0.65米。在中部的西侧有一条分叉小沟，长约1.83、口部最宽约1、底部最宽约0.74米（图8-14）。

（三）沟内堆积

坑内填土不分层，均为灰褐色，夹杂石灰渣和木炭粒，较疏松。

（四）出土遗物

出土有瓷器和瓦的残片。

1. 瓷器

共138片。

（1）瓷系

以青花瓷为主，其中青釉白胎青花瓷33片、土青花瓷62片、土红胎粗瓷43片（件）。

（2）装饰

青花瓷的器表多绘有图案装饰。

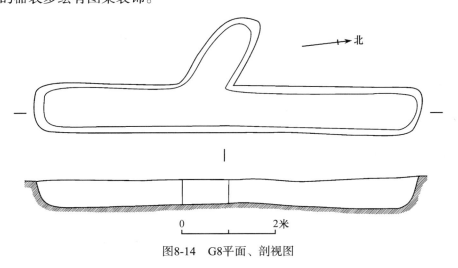

图8-14　G8平面、剖视图

（3）器类

大体可以辨识器类的残片有碗口沿18片、碗底20片、杯底3片、盆口沿3片、折沿罐2片、大口缸口沿（敛口宽沿）1片、缸罐类口沿3片（件），另有平底3件。其中，可复原的有青花瓷杯1件（G8：1）、可复原粗瓷罐1件（G8：2）。

2. 瓦

共60片。均为板瓦，其中泥质红陶25片、泥质灰陶35片。皆外侧素面内侧饰细布纹。

3. 早期遗物

均为青瓷，其中酱釉青灰胎2片（其中凹弦纹1片）、青釉灰胎5片（件）。可能为唐代遗物。

可以辨识器类的残片有碗1件，敞口，外壁饰莲瓣纹。另有玉璧足2片、把柄1片（件）。

（五）性质与年代

该沟为人工挖掘，但具体用途不详。不排除与某种建筑有关。废弃后为垃圾坑。

根据层位关系和出土物判断，该沟的年代可能为清代早期。

六、H4

（一）位置与层位

位于T1中部略偏西。开口于第3B层下，打破第3C、4～6层。坑口距地表深1.32～1.38米。

（二）形制与结构

坑口呈圆形，口小底大，呈袋状，坑壁较光滑，平底。口径3.5、底径4.5、深1.7米（图8-15）。

（三）坑内堆积

坑内填土不分层，均呈青灰色，较纯，黏性较大，臭味较浓。堆积层次因土色较纯，难以区别，但从包含物看，上层瓷片均为清代青花瓷片，且瓦片较多，陶片较少。下层瓦片较少，瓷片均为明代青花瓷片，且陶片相应较多。

（四）出土遗物

主要有瓷器，另外有少量早期遗物和残兽骨以及大小不等的石块。

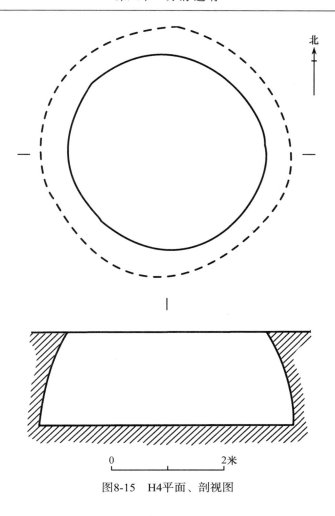

图8-15　H4平面、剖视图

1. 瓷器

共120片（件）。

（1）瓷系

主要有青花瓷、粗瓷，另有少量白瓷。

青花瓷：青釉白胎38片（饰青花色图样）、青黑釉灰白胎11片（饰青黑色图样）、浅灰略泛红釉浅灰胎（饰浅黑色图样）6片（件）。

白瓷：略泛青白釉灰白胎5片、白釉灰白胎（饰浅黑色图样）2片（件）、乳白釉红灰胎1件。

淡青黄釉灰胎26片、淡黄色泛青釉红褐胎18片、无釉红褐胎（饰瓦棱纹）2片、淡青泛黄釉青灰胎4片、浅酱釉红褐胎6片、酱釉青灰胎1片（件）。其中有部分瓷片为唐宋时期的。

（2）装饰

青花瓷的器表多绘有图案装饰，其中一种质量较好的青花为青蓝色，质量较差的青花为青黑色、浅灰略泛红色或浅黑色。土瓷有的装饰瓦棱纹。

（3）器类

可辨识器类的有碗、杯、盏、钵、罐等。

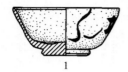

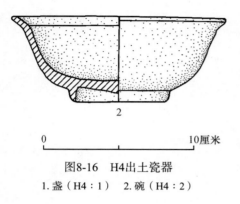

图8-16 H4出土瓷器

1.盏（H4:1） 2.碗（H4:2）

碗　1件。标本H4:2，红灰胎，通体施乳白釉。敞口外撇，曲腹，圈足。口径14.2、足径6.1、高5.9厘米（图8-16-2）。

盏　1件。标本H4:1，粗白胎，青釉，圈足底露胎，内底有一宽状凹弦槽，且呈红褐色。敞口，斜壁，下腹微曲，饼足。外壁饰兰花图案。口径7.1、足径3.3、高3.2厘米（图8-16-1）。

此外，大体可以辨识器类的残片还有：折沿碗15片（均饰图案）、敞口碗杯类3片、直口碗杯类4片、敛口钵4片、折沿罐2片（件）。此外，还有圈足13件，其中3件足圈较宽、10件圈足内收（斜）。

2. 瓦

共41片。均为泥质灰蓝陶，内外均为素面。

3. 早期遗物

（1）陶器

数量不多。均为泥质灰陶。素面。大体可以辨识的器类主要是盆，其次是缸等。

（2）瓦

数量很少。均为泥质灰陶，可分为外侧饰绳纹内侧饰布纹和外侧素面内侧饰布纹两类。

（五）性质与年代

推测原为大型窖穴，废弃后形成垃圾坑。

根据包含物青花瓷器判断，该坑的年代应为明代晚期至清代早期。

七、H5

（一）位置与层位

位于T11东南角。开口于第2B层下，打破第4、7、10层和生土。坑口距地表深0.6米。

（二）形制与结构

平面近圆形，口大底小，坑壁倾斜，在灰坑南部有一梯子形的斜坡土块伸入坑底，梯子宽0.65~0.85米，坑口径3~3.1、底径2.65、深1.7米（图8-17；图版4-2）。

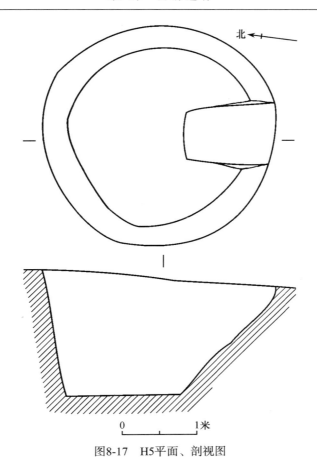

图8-17 H5平面、剖视图

（三）坑内堆积

坑内填土不分层，均呈灰黑色，土质疏松，沙性较重。

（四）出土遗物

有瓷器、砖、瓦、残铁器和少量早期遗物等。

1. 瓷器

共243片（件）。

（1）瓷系

以青花瓷和各种釉色红褐胎粗瓷为主，也有少量唐宋时期瓷器，其中白胎青花瓷123片、酱黄釉红褐胎12片、深绿釉瓷片23片（深绿釉粗砂灰白胎11片、深绿釉粗砂红褐胎6片、深绿釉粗砂褐胎3片）、内外均深草绿釉夹砂褐胎13片、浅绿釉褐胎10片、外施深草绿釉夹砂红褐胎9片、内施浅黄化妆土外施米黄釉绿彩夹砂褐胎1片、浅黄色化妆土红褐胎6片、乳白釉白胎2片、浅绿釉白胎1片、黑釉粗白胎1件、绿釉白胎1片、酱釉白胎6片、无釉夹砂褐胎6片、无釉夹砂灰胎3片、无釉红胎12片、外施乳白釉内露褐胎9片、外施乳白釉内露灰胎6片（件）。

（2）装饰

青花瓷的器表多绘有图案装饰。

（3）器类

大体可辨的器类有青花瓷碗、青花瓷杯、酱釉瓷碗、深绿釉盘、粗瓷罐、粗瓷钵、粗瓷壶、粗瓷盆等。

钵　2件。标本H5：3，红褐色粗瓷。敞口，斜壁，平底。内壁有较明显的泥条盘筑痕迹。口径26.8、底径14.8、高10.6厘米（图8-18-2）。另1件为褐胎无釉瓷。

带流壶　1件。标本H5：1，粗白胎，黑釉，圈足处及口沿处局部无釉露胎。直口，矮领，广肩，腹部上大下小，矮圈足，流部和提梁已残。口径9.4、最大腹径19.3、足径12.1、高20.1厘米（图8-18-1）。

碗　9件以上。其中青花瓷碗7件。另有青花碗的圈足底20片（均内斜）、口沿38片，均为白胎。碗的造型特点是斜弧壁，绝大多数为敞口，仅有折沿和卷沿各1件。酱釉白胎碗1件。青釉碗1件，敞口，尖圆唇，另有腹片11片。

杯　3件。均为青花瓷。此外，还有青花瓷杯底2件。

盘　1件。内外施深青釉，灰白胎。

钵　1件。褐胎，无釉瓷。

罐　2件。其中敛口溜肩鼓腹罐1件、敛口双沿罐1件。

盆　1件。为残片。

2. 陶器

以泥质陶为主。大体可以辨识器类的有黑陶砂罐1件。

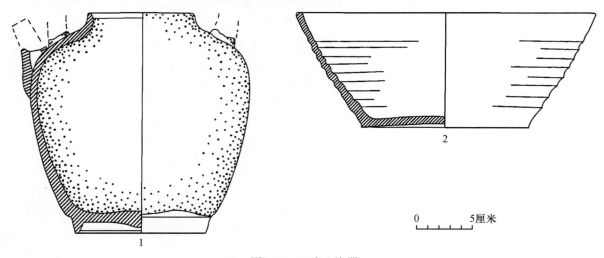

图8-18　H5出土瓷器

1.带流壶（H5：1）　2.钵（H5：3）

3. 板瓦

共16片。均为板瓦。泥质灰陶9片，其中内外均为素面6片、外侧素面内侧饰布纹3片。泥质黄红陶7片（件），其中内外均为素面2片、外侧饰绳纹内侧饰布纹5片（件）。

4. 铁器

残片8块，器类难辨。

5. 早期遗物

玉凿　1件。标本H5：2，原料为白色海成岩，可归入玉器的范畴。通体磨制。长条形，双面刃，头端为子榫，推测原可能有木质母卯套入形成复合工具。长7.4、宽2、厚0.9厘米（图8-19；彩版10-6）。

（五）性质与年代

根据灰坑内的淤土和带有斜坡状梯子，以及出土物判断，此坑可能是窖穴，废弃后曾作为洗东西的蓄水池。

出土青花瓷的年代为明末清初，即明天启崇祯至清康熙时期。因此，根据开口层位和青花瓷的年代判断，该坑的年代为清代早期。

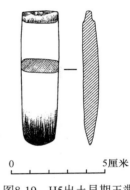

0　　　　　　　5厘米

图8-19　H5出土早期玉凿
（H5：2）

八、H14

（一）位置与层位

位于T11与T12之间，横跨T12东隔梁。开口于第2B层下，打破第4、9层。坑口距地表深0.7米。

（二）形制与结构

平面基本呈长方形，口大底小，北、东、南三面壁略为向内倾斜，西壁倾斜较大；底部近方形。坑口长2.1、宽1.35米，坑底长1.35、宽1.3米，深1.17米（图8-20）。

（三）坑内堆积

坑内填土为淤土性质，呈灰黑色，土质较疏松，无包含物。

（四）出土遗物

无任何遗物。

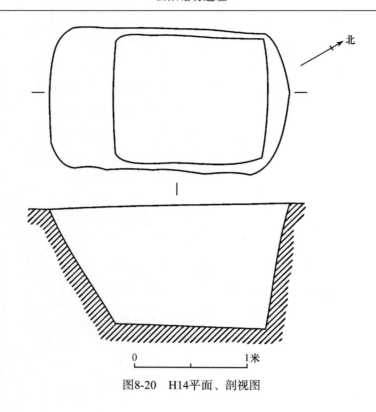

图8-20 H14平面、剖视图

（五）性质与年代

该坑的形制规整，可能是用于窖藏。

根据层位关系判断，推测该坑的年代为清代。

九、H16

（一）位置与层位

位于T13偏东部。开口于第2B层下，打破第4、6层。坑口距地表深0.4米。

（二）形制与结构

平面呈不规则状，口大底小，坑壁略倾斜。坑口长7.55、最宽处3.5、最窄处1.68米。灰坑从坑口往下深0.2米处，中部被截断为两个坑，中间的隔断位于距灰坑南壁3.2米处，隔断长2.14、宽1.26米。靠南壁一侧的坑呈不规则椭圆形，也是口大底小，坑壁略倾斜。坑口长径3.62、短径3.22米，底部长径3.34、短径2.8米，最深0.78米。靠北壁一侧的坑也呈不规则椭圆形，同样是口大底小，坑壁略倾斜。坑口长径3.1、短径2.06米，底部长径2.8、短径1.9米，最深0.56米（图8-21）。

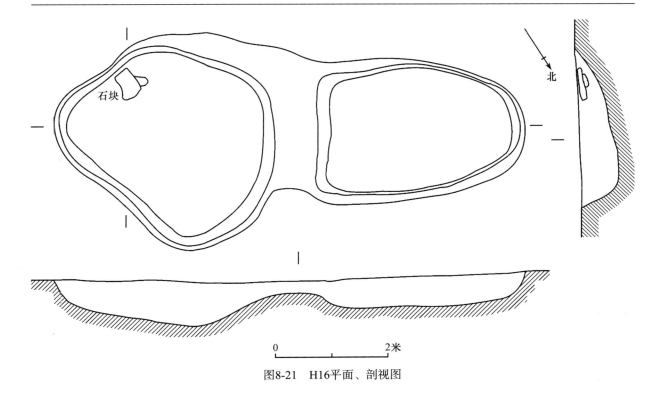

图8-21 H16平面、剖视图

（三）坑内堆积

坑内填土不分层，均呈灰黑色，土质较疏松，夹杂有木炭粒。

（四）出土遗物

出土遗物有瓷器、陶器，以及瓦、铁器和骨器的残片。

1. 瓷器

共114片。

（1）瓷系

以青花瓷为主，另有粗瓷、白瓷等。其中淡青釉白胎青花瓷56片、土青花瓷30片，另外有白釉灰白胎2片、酱釉灰白胎2片、红褐胎粗瓷24片（件）。

（2）装饰

青花瓷的器表多绘有图案装饰。

（3）器类

青花瓷大体可以辨识器类的残片有碗、杯、碟、罐等，其中杯2片、碟2片、罐2片（件），另有圈足碗底部10件。

红褐色胎粗瓷大体可以辨识器类的残片有罐、钵等。

2. 铁器

共38片。其中37片均为残铁片，此外还有残铁铃1件。

3. 早期遗物

陶器　泥质灰陶18片（件）。

骨器　仅有刀1件。

板瓦　56片（件）。多数为泥质灰陶，个别为泥质红陶。其中外侧为素面内侧饰绳纹27片、外侧饰绳纹内侧为素面17片、外侧饰绳纹内侧饰布纹6片、内外均为素面6片（件）。应为唐宋时期遗物。

（五）性质与年代

该坑现状不规整，又很浅，不排除自然形成的可能。

根据层位关系和出土物推断，该坑的年代约为清代早期。

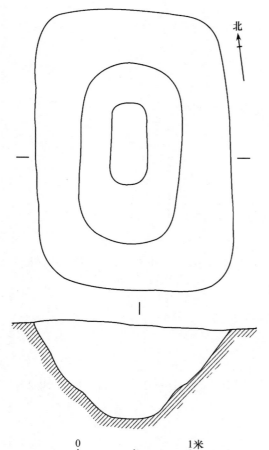

图8-22　H18平面、剖视图

十、H18

（一）位置与层位

位于T7东南部。开口于第2B层下，打破第4、5、6、7、10层。坑口距地表深0.4米。

（二）形制与结构

平面基本呈圆角长方形，坑壁向内倾斜收缩，呈船底状。坑口长2.6、宽1.7米，坑底长0.75、宽0.32米，深0.9米（图8-22；图版3-1）。

（三）坑内堆积

坑内填土不分层，均为灰色淤泥土，土质疏松，夹杂植物根茎腐烂后形成的铁褐色斑点。在坑底部填土中包含较多的石灰渣颗粒和炭渣。

（四）出土遗物

出土遗物较少，仅有瓷片、板瓦片和铁渣块等。

1. 瓷器

共48片（件）。

（1）瓷系

其中粗瓷片26片、青花瓷片22片（件）。

（2）装饰

青花瓷的器表多绘有图案装饰。

（3）器类

大体可以辨识器类的有碗、杯、盘和罐等。

盘　1件。标本H18：1，白胎，白釉。敞口，浅腹，弧壁，矮圈足。绘有蓝彩青花图案，其中内壁为三条平行线一组的连续图案（梵文），共三排，外壁有三组六条平行线和植物纹图案。口径26.8、足径16.4、高4.8厘米（图8-23）。

另外，大体可辨器类的残片还有青花瓷碗6片、杯3片（件），以及粗瓷碗1片、罐2片（件）。

2. 板瓦

共11片。均为泥质灰陶，外侧素面内侧饰布纹。

（五）性质与年代

推测该坑最初可能为窖藏，后临时作为蓄水池。

根据地层关系和出土青花瓷判断，该灰坑的年代为清代早期的雍正时期。

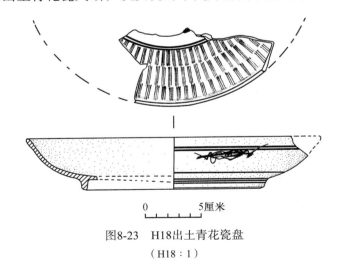

0　　　　　5厘米

图8-23　H18出土青花瓷盘

（H18：1）

十一、H24

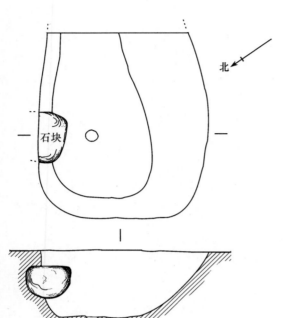

图8-24　H24平面、剖视图

（一）位置与层位

位于T14东南部，并延伸到探方南壁外。由于南壁外为数米高的陡峭崖壁，因此该坑未能清理完毕。开口于第2B层下，打破第4、6、9层。坑口距地表深0.58米。

（二）形制与结构

平面略呈不规则形，口大底小，坑壁略倾斜，底部呈不规则状。已清理部分坑口长1.7、宽1.25～1.54米，坑底长1.54、宽0.52～0.89米，深0.61米（不计柱洞）。在灰坑东壁有一块长0.44、宽0.1～0.22米的不规则石头嵌入坑壁。在坑底距北壁0.35米处有1个柱洞，口大底小，口径0.11、底径0.08、深0.09米（图8-24）。

（三）坑内堆积

坑内填土不分层，均呈灰黑色，土质较疏松。

（四）出土遗物

出土遗物有大量瓦、青花瓷和土瓷残片。

1. 瓷器

共48片。

（1）瓷系

主要为青花瓷，其中青花瓷33片、粗瓷15片（件）。

（2）装饰

青花瓷的器表多绘有图案装饰。

（3）器类

残片中大体可以辨识器类的有碗、杯类和罐盆类的口沿，其中青花瓷碗杯类口沿3片、粗瓷罐盆类口沿4片（件），另有碗杯类圈足底部10件。

2. 板瓦

共10片。内外皆为素面。

3. 早期遗物

（1）陶器

仅有泥质灰陶20片。

（2）板瓦

共12片。其中外侧饰粗绳纹内侧素面9片、外侧饰细绳纹内侧素面3片（件）。

（五）性质与年代

推测该坑可能原为窖藏。

根据层位关系和出土遗物判断，该坑的年代为清代。

十二、H31

（一）位置与层位

位于T24东南部和T25东北部。开口于第1B层下，打破H32和生土，被一座现代坑打破。坑口距地表深0.42米。

（二）形制与结构

平面基本呈长方形，口大底小，坑壁略微向内倾斜，底部也基本呈长方形。坑口长4.45～5.05、宽1.8～2.5米，坑底长4.2～4.66、宽1.55～2.2米，深0.34～0.42米（图8-25）。

（三）坑内堆积

坑内填土呈红褐色，夹杂少量石灰渣和木炭粒。

（四）出土遗物

出土遗物有瓷器和瓦的残片。

1. 瓷器

共91片（件）。

（1）瓷系

以青花瓷和土瓷为主，其中青花瓷9片、土青花瓷27片、白瓷1片、粗瓷54片（件）。

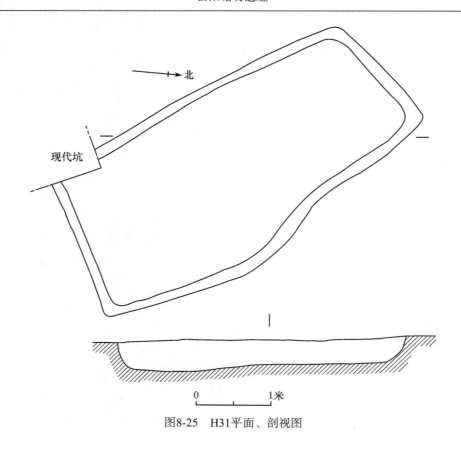

图8-25　H31平面、剖视图

（2）装饰

青花瓷的器表多绘有图案装饰。

（3）器类

大致可以辨识器类的仅有碗、灯、缸等。

碗　4件。均为土青花瓷。标本H31：1，黄褐胎，淡青灰釉，内、外壁均挂半釉。敞口，斜壁，圈足。外表饰灰黑彩花卉图案，圈足内底饰三道凹弦纹。口径14.5、足径7.6、高5.2厘米（图8-26-2；彩版12-3）。标本H31：2，灰白胎，淡青绿釉。口部略残，敞口微外撇，弧腹，圈足。外壁饰蓝色花卉图案，内壁上下各饰一周横线图案，圈足内底饰三道凹弦纹。口径13.3、足径6.8、高5.3厘米（图8-26-3）。标本H31：3，粗白胎，内、外壁上部均施青绿釉，外壁下部露胎，内壁下部施灰白色青釉。敞口略外撇，弧壁，圈足。外壁饰青蓝色花卉图案，圈足内底饰三道凹弦纹。口径14.2、足径7.2、高5.1厘米（图8-26-1）。

青花瓷中可辨器类的残片还有碗底6片、土青花瓷碗底17片（件），另外还有白瓷碗底1片（件）。

粗瓷中可辨器类的残片有缸口沿4片、碗口沿1片、器纽1个、灯台2片（件）、底部4件。

2.瓦

共3片（件）。均为板瓦，外侧为素面内侧饰细布纹。

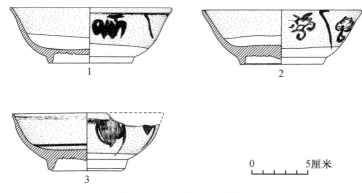

图8-26　H31出土青花瓷碗

1. H31：3　2. H31：1　3. H31：2

（五）性质与年代

最初的用途不详，废弃后作为垃圾坑。

根据层位关系和出土遗物判断，该坑的年代为清代中期。

十三、H32

（一）位置与层位

位于T22西南部和T24东南部。开口于第1B层下，打破生土，被H31打破。开口距地表深0.52米。

（二）形制与结构

平面呈靴状，坑壁略微向内倾斜，口大底小，南深北浅。坑口长6.7、宽2.34～2.8米，坑底长6.28、宽1.26～2.54米，深0.46～0.6米（图8-27）。

（三）坑内堆积

坑内填土为灰黄色，土质较紧密。

（四）出土遗物

出土遗物除了极少数早期遗物之外，均为瓷器。

1. 瓷器

共30片（件）。

（1）瓷系

仅为青花瓷和粗瓷，其中青花瓷7片、土青花瓷17片、粗瓷6片（件）。

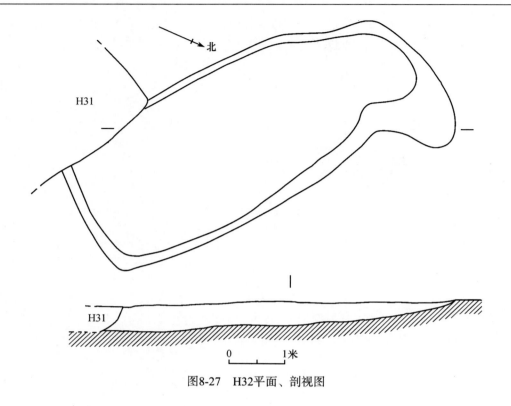

图8-27　H32平面、剖视图

（2）装饰

青花瓷的器表多绘有图案装饰。

（3）器类

可以辨识的器类有碗、罐、缸、灯台、勺等。

碗　18件。其中青花瓷碗7片、土青花瓷碗底10片、粗瓷碗1片（件）。

此外，大体可以辨识器类的残片还有粗瓷缸口沿1片、罐口沿1片、灯台1片（件），青花瓷勺1片（件）。

2. 早期遗物

陶器　仅有泥质褐陶盏1件。约为唐宋时期。

石器　磨制石器残片1片。

（五）性质与年代

可能为自然凹地形成的垃圾坑。

根据出土物和层位关系判断，该坑的年代可能为清代早中期。

十四、冶炼遗迹

（一）位置与层位

位于T3西北部。开口于第3C层下，打破第4层。开口距地表深0.78米。

（二）形制与结构

该遗迹破坏严重，残存的火膛部分平面略呈方形，火膛壁由于高温而呈青灰色，北高南低，略微向下倾斜。膛壁由于高温而呈青灰色。火膛部分残长0.12、宽0.08～0.1、壁厚0.04～0.07米。火膛周围的红烧土分布约宽0.4米（图8-28；彩版6-2）。

（三）出土遗物

出土遗物有1件残青花瓷碗。火膛周围还分布有铁渣。

（四）年代

根据出土物和层位关系判断，冶炼遗迹的年代可能为明代后期至清代早期。

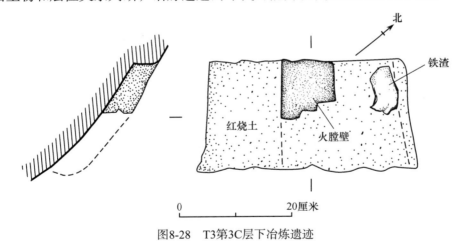

图8-28　T3第3C层下冶炼遗迹

第二节　第3层出土遗物

各个探方第2、3层中包含有少量新石器时代到唐宋时期的遗物。为了叙述得简洁清晰，以下仅叙述各个探方中出土的明清时期瓷器和个别较为特殊的陶器。

一、T1第3层出土遗物

出土瓷器共9片（件）。

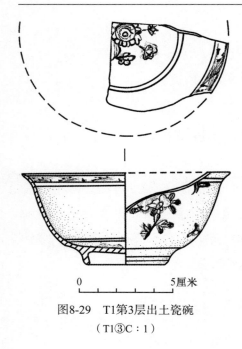

图8-29　T1第3层出土瓷碗
（T1③C：1）

（1）瓷系

灰白胎土青花瓷6片、白胎青花瓷2片、紫褐胎粗瓷1片（件）。

（2）装饰

青花瓷的器表多绘有图案装饰。

（3）器类

大体可以辨识的器类主要为碗、罐。

碗　1件。标本T1③C：1，青花瓷，白胎，通体施浅青釉，蓝花图案。敞口外撇，弧壁，圈足底部略内撇。外壁绘花卉图案和横线，内底中部绘花卉图案，内壁口部绘横线和几何图案。口径11、足径4.2、高5.1厘米（图8-29）。

带流罐　1件。标本T1③C：2，粗瓷，紫褐胎，釉已脱落。厚沿，流已残，溜肩，鼓腹，单桥形耳，下腹及底部均残。口径10.9、最大腹径18.5、残高14.3厘米（图8-30-1）。

图8-30　T1、T14第3层出土瓷器
1.带流罐（T1③C：2）　2.虎子（T14③：1）

二、T2第3层出土遗物

出土瓷器共9片（件）。

（1）瓷系

灰白胎土青花瓷8片、白胎青花瓷1片（件）。

（2）装饰

青花瓷的器表多绘有图案装饰。

（3）器类

大体可以辨识器类的残片有直口碗1件，另有圈足碗底5片（件）。

三、T3第3层出土遗物

1. 瓷器

出土瓷器共18片（件）。

（1）瓷系

浅青釉白胎青花瓷6片、化妆土红褐胎4片、浅青黄釉红褐胎8片（件）。

（2）装饰

青花瓷的器表多绘有图案装饰。

（3）器类

大体可以辨识器类的残片有敞口碗口沿3片、折沿盆口沿1片、器盖2片（件）。

2. 陶器

网坠　1件。标本T3③C：1，泥质红褐陶。中部粗、两端较细的圆柱形，中间为细长的圆形穿孔。残长3.9、最大直径1.6厘米。

四、T14第3层出土遗物

出土瓷器共34片（件）。

（1）瓷系

白胎青花瓷6片、土青花瓷25片、青瓷的青绿釉红褐胎2片、黑瓷的黑釉灰胎1片（件）。

（2）装饰

青花瓷的器表多绘有图案装饰。

（3）器类

大体可以辨识器类的有碗、虎子等。

碗　3件。标本T14③：2，灰褐胎，除足部和内底局部露胎外余均施青灰釉。敞口，圆唇，腹略鼓，圈足。腹下有两道折棱。外壁绘黑色图案。口径14.2、足径6.8、高5.1厘米。

虎子　1件。标本T14③：1，灰胎，黑釉，外壁挂大半釉，下端涂红褐色化妆土。器身侧视略呈椭圆形，平底，把已残。腹部饰五道瓦棱纹。底径14.8、器身高13、残通高15.8厘米（图8-30-2）。

五、T19第3层出土遗物

出土瓷器共7片（件）。

（1）瓷系

淡青釉白胎青花瓷4片、酱黄釉紫灰胎2片、淡青黄釉红褐胎1片（件）。

（2）器类

大体可以辨识器类的残片有碗2件、敛口盆3片（件）。

第三节　第2层出土遗物

一、T1第2层出土遗物

出土瓷器共49片（件）。

（1）瓷系

灰白胎青花瓷12片、淡青釉青灰胎7片（件）、土黄釉红褐胎15片、黑瓷的酱黑釉灰白胎3片、淡青黄釉红褐胎12片（件）。

（2）装饰

青花瓷的器表多绘有图案装饰。

（3）器类

大体可以辨识器类的残片有折沿罐口沿1件、敛口罐口沿2件、碗圈足8件。

二、T2第2层出土遗物

出土瓷器共17片（件）。

（1）瓷系

白釉灰白胎6片、酱釉紫灰胎8片、黑釉青灰胎2片（件）、青釉灰白胎1片。

（2）装饰

仅见阴线刻莲瓣纹青瓷1片，可能为早期遗物。

（3）器类

大体可以辨识器类的残片有敛口罐1片、敛口浅腹碟1片（件），另外还有碗类圈足5件。

三、T4第2层出土遗物

可以分为两个亚层。

（一）第2A层

出土瓷器共7片（件）。

（1）瓷系

灰白胎青花瓷1片、白瓷（略泛青）4片（外饰莲纹1片）、酱釉红褐胎2片（件）。

（2）装饰

青花瓷的器表多绘有图案装饰。

（3）器类

大体可以辨识器类的残片有碗1件、碗类圈足2件。

（二）第2B层

出土瓷器共14片（件）。

（1）瓷系

浅青釉白胎青花瓷9片、白釉灰白胎2片、青釉红褐胎3片（件）。

（2）装饰

青花瓷的器表多绘有图案装饰。

（3）器类

大体可以辨识器类的残片有碗口沿2片（件），另有碗圈足4件。

四、T13第2层出土遗物

可以分为两个亚层。

（一）第2A层

出土瓷器共36片（件）。

（1）瓷系

白胎青花瓷32片、白釉灰白胎1片、浅青绿釉红褐胎3片（件）。

（2）装饰

青花瓷的器表多绘有图案装饰。

（3）器类

大体可以辨识器类的残片有碗5片、杯1片（件），另有碗杯类圈足6件。

（二）第2B层

出土瓷器共15片（件）。

（1）瓷系

青釉白胎青花瓷13片、淡青釉灰白胎土青花瓷2片（件）。

（2）装饰

青花瓷的器表多绘有图案装饰。

（3）器类

大体可以辨识器类的残片仅有碗3片（件）。

第九章　初步研究

第一节　新石器时代遗存

属于这一时期的地层有第10层，遗迹有灰坑2个。

一、遗　迹

灰坑根据坑口形制可分二型。

A型　1个。圆形。H34，位于T17西北部。坑口、底均为圆形，坑壁基本垂直，平底。口径0.9、底径0.9、深0.4米（图9-1-1）。

B型　1个。椭圆形。H33，位于T11东南角，部分延伸至探方南壁外。已清理部分坑口、底均呈半椭圆形，平底，清理部分坑口最长1.47、口宽1.05、底长1.4、底宽1、深0.2米（图9-1-2）。

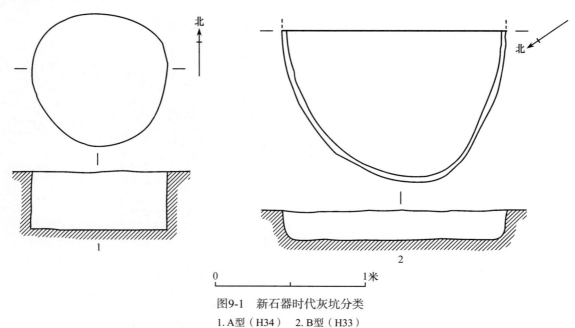

图9-1　新石器时代灰坑分类
1. A型（H34）　　2. B型（H33）

二、陶器特点与分类

（一）陶器主要特征

1. 陶系

从陶质方面观察，有夹砂陶和泥质陶两类，其中以夹砂陶数量居多。夹砂陶的羼和料主要是砂粒，其夹杂的砂粒大小和含量不一，因此又可分为夹粗砂和夹细砂两类。数量以夹细砂陶最多，泥质陶居次，磨光陶和夹粗砂陶的数量不多。陶色主要有褐陶、红褐陶、灰褐陶、灰陶、黑皮陶、红陶等，其中以各种褐陶数量最多。因为烧造时火候不均，有部分陶器的表面略呈杂色，尤其是各种褐陶出现这种情况较多。

夹粗砂陶多为缸类，器壁一般厚0.6~2厘米，最厚可达3厘米。但是陶器表里通常磨得较为平整。陶色有褐陶、灰褐陶、红褐陶、红陶等，还有个别为外表黄色内表橘红色，另有少量夹粗砂及蚌粉的红褐陶。

夹细砂陶可分为两种，一种是人为羼和的细砂，还有一种是陶土未经淘洗而自然夹杂的细砂。后者往往与粗泥陶难以截然区分。还有极少量的夹蚌粉细砂陶。夹细砂陶中以罐类较多，器壁厚0.3~0.6厘米，局部可达1厘米左右。陶色有红褐陶、灰褐陶、灰黑陶、黑褐陶、灰陶、黑皮陶、黄褐陶。有少量为外表红褐色内表黑色或灰褐色，也有外表黑色内表红色。

无论是夹粗砂陶还是夹细砂陶，由于烧制时火候不均而在器表呈现出不同的颜色，也有相当一部分陶器的器表颜色与内层颜色不一。有外表呈红色内呈黑色、外表呈黑褐色内呈黑色、外表呈褐色内呈黑色等。

泥质陶也可分为细泥陶和粗泥陶两种。粗泥陶一般都是自然陶土而未经淘洗，火候较低。细泥陶的陶土经过淘洗，陶质细腻，火候高。陶色多为深褐陶、黑陶、灰陶（有灰白陶或浅灰陶）、红褐陶、黄褐陶，还有外表黑色内表红色。另外还有极少量的外灰内黑陶、橙黄陶，以及略带湖蓝色的浅灰陶。

在细泥陶中有相当比例的磨光陶，陶色主要有深褐陶和黑陶，有部分出土后光泽仍然好，但也有部分表面基本无光泽（可能是由于地下保存条件不同）。主要器类为壶、折腹钵、曲腹钵等。在夹细砂陶和夹粗砂陶中也有部分磨光陶，尤其是夹粗砂所占比例较高，陶色主要有褐陶和红褐陶，但表面基本无光泽。

2. 制作方法

陶器普遍用泥条盘筑法制作成形，再用慢轮修整，部分器物的内壁还经刮制修整，外表磨光。也有少量器物可能为轮制。在泥质和夹砂的陶器中都使用了在器物接合部加贴泥片固定的方法。壶的口沿部分也有加贴泥片制作的。

3. 纹饰

陶器表面装饰纹饰较为盛行，所占比例较高。

陶器装饰纹样较多，从纹饰制作方法方面观察，主要有戳印、压印、刻划、抹划、拍印、捏塑、贴塑、镂孔和彩绘等，种类有瓦棱纹、点状戳印纹、条状戳印纹、新月戳印纹、条形压印纹、细绳纹、粗绳纹、凹弦纹、交错划纹、抹划线纹、划弦纹、圆形镂孔、平行折线篦划纹、篮纹、附加堆纹（箍带纹）、镂孔等。如果按照图案构成观察，在各类制作方法中都有多种图案。这些图案有的是单一纹饰，也有的是数种纹饰组合，构成复合纹饰，即一件器物上常有两三种纹饰组合。不同种类的纹饰所装饰的器类和部位也有一定的规律。纹饰装饰的部位主要是肩部、上腹部和唇部，也有少量是通体装饰，甚至一直到器底下面。口沿一般饰竖条形压印纹和绳纹压印纹，各种戳印纹一般饰在罐、钵、尊形器等器物肩部，各种绳纹和划纹多饰在器物腹部或口沿以下至底部。瓦棱纹通常饰在钵、壶类器物的肩部或颈部。箍带纹多饰在缸等器物的器身（图9-2、图9-3）。

（二）陶器分类

陶器可以辨识的器类主要有卷沿罐、盘口罐、折沿罐、敛口罐、尊形器、壶、瓶、折沿盆、折腹钵、曲腹钵、缸、盘、杯、器盖、圈足器、灯形器、纺轮等。

1. 卷沿罐

共11件，另有残片14片（件）。其中9件根据卷沿宽窄不同可分为二型。

A型　5件。宽卷沿。标本H33∶1，可复原。夹砂红褐陶。溜肩，深腹，上腹微鼓，下腹内收，平底。唇部以下通饰菱形交错绳纹。口径28.8、底径14.6、高34.8厘米（图9-4-6）。标本T7⑩∶1，仅存口、肩、上腹部。泥质灰陶，表面磨光。尖唇，圆肩。口径20.3、残高7.8厘米（图9-4-9）。

B型　4件。窄卷沿。标本T11⑩∶1，可复原。夹细砂红（黄）褐陶。圆唇，鼓腹，平底。唇部饰竖条压印纹，器表大部先饰斜向绳纹，局部再饰交错绳纹，肩部再饰两道抹划弦纹。口径18.8、底径9.1、高19.8厘米（图9-4-1）。标本T9⑩A∶33，仅存口肩部。泥质红陶（略黄）。圆唇，溜肩。口径30.2、残高5.1厘米（图9-4-8）。

2. 盘口罐

共3件，另有残片1片（件）。其中3件根据口部差异可分为二型。

A型　2件。宽沿斜直，圆唇。均仅存盘口部。标本T11⑩∶9，夹细砂黑褐陶。表面饰横向和斜向绳纹。口径25.3、残高4.7厘米（图9-4-3）。标本T14⑩∶4，夹细砂红褐陶。表面饰中粗斜绳纹。口径25.4、残高4.2厘米（图9-4-16）。

B型　1件。窄沿直立。标本T9⑩B∶13，仅存口部。泥质灰陶，表面磨光。圆唇。口径12.4、残高2.9厘米（图9-4-15）。

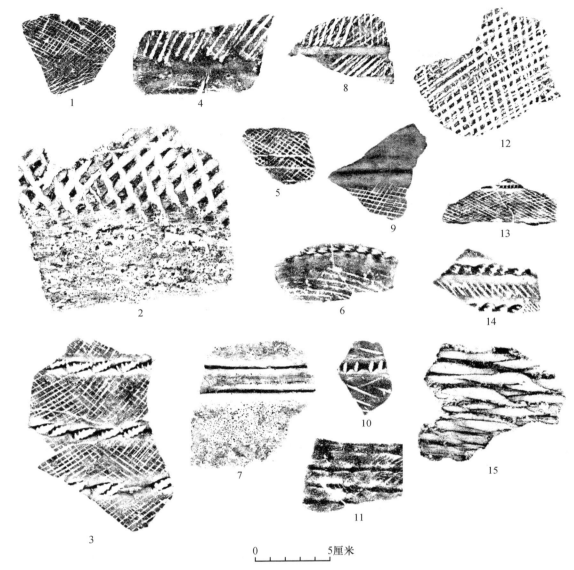

图9-2 新石器时代陶器纹饰拓本（一）

1、5、9.划纹（H34：10、T9⑩B：41、T9⑩B：38） 2、12.菱形拍印绳纹（T11⑩：15、H33：4） 3、10、13.线划纹+窄箍带纹（H34：33、T9⑩B：44、T9⑩B：39） 4.绳纹（T7⑩：8） 6.细绳纹+压印绳纹花边口（T9⑩A：49） 7.宽箍带纹（T9⑩A：32） 8.绳纹+抹划弦纹（H34：24） 11、14.细绳纹+窄箍带纹（T9⑩B：37、T9⑩B：35） 15.篮纹（T7⑩：7）

3. 折沿罐

共9件，另有残片22片（件）。其中8件根据沿部形制差异可分为二型。

A型 5件。斜折沿。根据沿内折形制差异可分二亚型。

Aa型 3件。折沿处微弧无折棱。标本T14⑩：8，仅存口肩部。粗泥红陶。圆唇，溜肩。唇上饰纵向压印纹，唇部以下饰较稀疏多向绳纹，局部交错。口径31.8、残高7.2厘米（图9-4-4）。标本T9⑩B：5，仅存口肩部。粗泥红褐陶。圆唇，溜肩。唇部以下饰斜线细绳纹，再饰两排三个一组的点状戳印纹。口径34.5、残高6.7厘米（图9-4-7）。标本T11⑩：5，仅存口肩部。粗泥红褐陶。侈口，圆唇，溜肩。唇部为捏塑花边口，唇部以下通饰斜向绳纹，

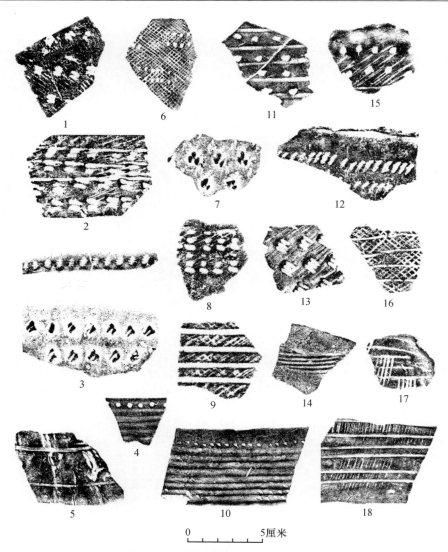

图9-3　新石器时代陶器纹饰拓本（二）

1. 条状戳印纹+细绳纹（T9⑩B：36）　2. 戳印纹+线划纹（T7⑩：4）　3. 凸点状附加堆纹+花边口（H34：34）

4、10. 点状戳印纹+瓦棱纹（T7⑩：9、H34：3）　5. 凹弦纹（H34：27）　6、8. 点状戳印纹+线划纹（H34：29、T11⑩：14）

7. 凸点附加堆纹（T9⑩A：48）　9. 细绳纹+弦纹（T11⑩：12）　11. 戳印纹+弦纹（T9⑩A：46）　12. 条状戳印纹

（T9⑩B：45）　13. 条状戳印纹+刻划纹（H34：26）　14. 平行凸弦纹（T9⑩B：43）　15. 圆点戳印纹+细绳纹（T9⑩B：40）

16. 线划纹+凹弦纹（T9⑩A：47）　17. 戳印纹+细绳纹（H34：31）　18. 细绳纹+凹弦纹（T11⑩：13）

局部交错。口径18.3、残高3.8厘米（图9-4-12）。

Ab型　2件。折沿处折棱尖锐。标本T9⑩B：15，仅存口肩部。粗泥黑褐陶。圆唇，腹微鼓，下腹残。器身饰折线篦划纹。口径14.6、残高3.9厘米（图9-4-14）。标本T9⑩B：11，仅存口肩部。粗泥红褐陶。圆唇，下腹残。上腹饰两个一组的条状戳印纹，现残留三排。口径14.8、残高3.2厘米（图9-4-13）。

B型　3件。平折沿。标本T9⑩B：6，仅存口颈部。泥质红陶。束颈。口径24.5、残高3.7厘米（图9-4-10）。标本T9⑩B：17，仅存口肩部。泥质灰陶。沿极窄，溜肩。口径23.7、残高3.9厘米（图9-4-11）。标本T9⑩B：14，仅存口肩部。泥质灰陶。沿极窄，尖唇，溜肩。口径30.8、残高3.5厘米（图9-4-5）。

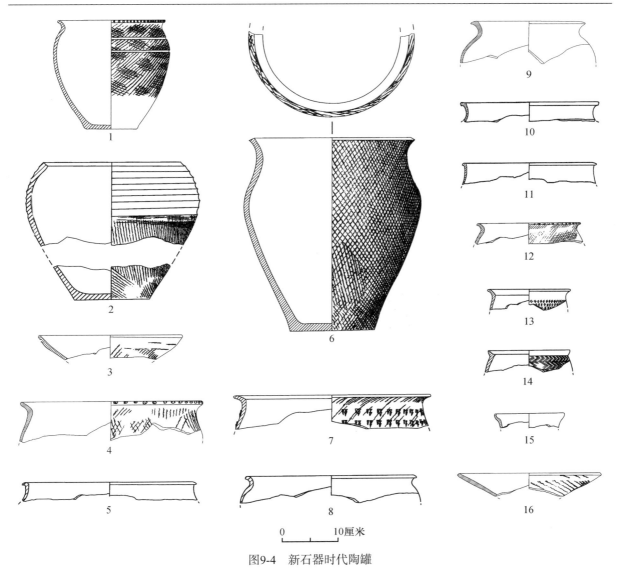

图9-4 新石器时代陶罐

1、8. B型卷沿罐（T11⑩：1、T9⑩A：33） 2. 敛口罐（T9⑩B：23） 3、16. A型盘口罐（T11⑩：9、T14⑩：4）
4、7、12. Aa型折沿罐（T14⑩：8、T9⑩B：5、T11⑩：5） 5、10、11. B型折沿罐（T9⑩B：14、T9⑩B：6、T9⑩B：17）
6、9. A型卷沿罐（H33：1、T7⑩：1） 13、14. Ab型折沿罐（T9⑩B：11、T9⑩B：15） 15. B型盘口罐（T9⑩B：13）

4. 敛口罐

1件。标本T9⑩B：23，下腹略残。泥质灰褐陶。方唇，圆肩，下腹内收，平底。肩部饰九道瓦棱纹，下腹饰竖斜向绳纹，局部有交错绳纹。口径24、底径13.3厘米（图9-4-2）。

5. 尊形器

共10件，另有残片4片（件）。均为折沿。其中8件根据沿部宽窄可分二型。

A型 3件。宽沿。根据沿部倾斜度差异可分为二亚型。

Aa型 2件。斜折沿。标本T9⑩B：18，仅存口和上腹部。泥质褐皮黑陶。圆唇，上腹向下斜收。唇上有斜条压印纹，上腹饰稀疏的指压状横向戳印纹。口径21.6、残高6.2厘米（图

9-5-3）。标本T9⑩B：4，底部残。夹粗砂红褐陶。圆唇，上腹较直，下腹略内收。腹部饰交错细绳纹。口径15.6、残高7.5厘米（图9-5-6）。

Ab型　1件。平折沿。标本T12⑩：3，仅存口颈部。粗泥灰褐陶。敞口，颈部以下残。唇上饰压印纹，颈部饰一排两个一组的点状戳印纹。口径25.4、残高2.9厘米（图9-5-2）。

B型　5件。窄沿。根据沿部倾斜度差异可分二亚型。

Ba型　3件。斜折沿。标本T9⑩B：2，仅存口和上腹部。夹细砂黑褐陶。敞口，上腹直。上腹先饰斜向粗绳纹，再饰两道抹划弦纹。口径23.8、残高6.8厘米（图9-5-4）。标本T9⑩B：3，仅存口和上腹部。粗泥红褐陶。圆唇，上腹较直。口沿下饰十二个一组的两排点状戳印纹，其下先拍印斜向细绳纹，再饰横排的连续点状戳印纹，现存有九排。口径23.2、残高8.1厘米（图9-5-7）。标本T12⑩：5，底部和下腹略残。粗泥黑褐陶。圆唇，上腹较直，下腹微内收。颈部饰三排点状戳印纹，腹部先拍印稀疏斜绳纹，再施十一道刻划凹弦纹。口径25.6、残高9.9厘米（图9-5-1）。

Bb型　2件。平折沿。标本H34：18，仅存口部和上腹部。粗泥黑褐陶。圆唇，上腹较直。饰两排点状凸点状的附加堆纹。口径12.3、残高3.4厘米（图9-5-5）。标本H34：7，仅存口肩部。夹粗砂灰褐陶。圆唇。唇上有纵向压印绳纹，颈部有两排两个一组的戳印绳纹。口径37.6、残高6.5厘米（图9-5-8）。

6. 壶

共15件，残片32片（件）。其中7件根据口部差异可分四型。

A型　3件。大口，卷沿。根据沿部差异可分二亚型。

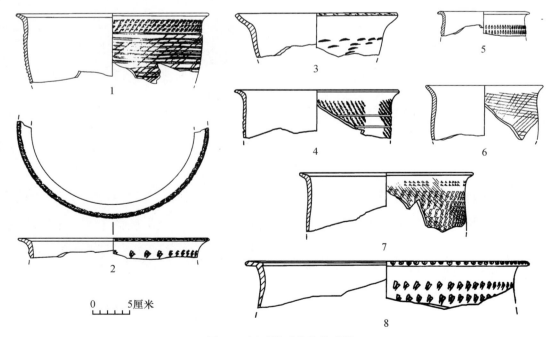

图9-5　新石器时代陶尊形器

1、4、7. Ba型（T12⑩：5、T9⑩B：2、T9⑩B：3）　2. Ab型（T12⑩：3）　3、6. Aa型（T9⑩B：18、T9⑩B：4）

5、8. Bb型（H34：18、H34：7）

Aa型　2件。宽沿反卷。标本H34：6，仅存口颈部。泥质灰陶。圆唇。口径35.7、残高6.8厘米（图9-6-2）。标本H34：1，仅存口颈部。泥质灰陶。圆唇。口径32.5、残高6.7厘米（图9-6-1）。

Ab型　1件。窄沿反卷。标本H34：5，泥质灰陶。圆唇。口径32.2、残高6.6厘米（图9-6-3）。

B型　2件。小口，卷沿。标本T9⑩B：1，仅存口颈部。泥质灰陶。喇叭形敞口，圆唇，长颈。口径17.2、残高6.7厘米（图9-6-5）。标本T9⑩B：20，仅存口颈部。泥质灰陶。反卷沿，圆唇。口径28.9、残高4.1厘米（图9-6-4）。

C型（瓶？）　1件。平折沿，双唇。标本T12⑩：4，仅存口部。泥质红褐陶。也不排除是尖底瓶，只是过于残破无法准确判断。口径14.8、残高3.5厘米（图9-6-6）。

D型　1件。直口。标本H34：17，仅存口颈部。细泥橘黄陶，通体磨光，施红彩。高领。口径5.2、残高2.8厘米（图9-6-7）。

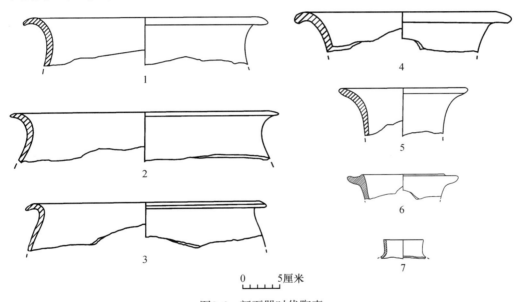

图9-6　新石器时代陶壶

1、2.Aa型（H34：1、H34：6）　3.Ab型（H34：5）　4、5.B型（T9⑩B：20、T9⑩B：1）　6.C型（T12⑩：4）
7.D型（H34：17）

7. 折沿盆

共5件，残片1片（件）。其中3件根据折沿形制变化可分二式。

Ⅰ式：2件。折沿较平。标本H34：2，仅存口和上腹部。夹细砂黑皮红陶。口径37.2、残高3.4厘米（图9-7-6）。标本H34：19，仅存口和上腹部。泥质黑皮红陶，器内表磨光。口径37.7、残高5.2厘米（图9-7-8）。

Ⅱ式：1件。折沿较斜。标本T17⑩：1，泥质灰陶。圆唇。口径33.8、残高3.6厘米（图9-7-7）。

8. 折腹钵

共7件，残片25片（件）。其中3件根据口部变化可分二式。

Ⅰ式：1件。口微敞。标本T11⑩：6，底部残。泥质磨光黑皮褐陶。圆唇，下腹向内急收。上腹饰八道瓦棱纹。口径28.6、残高5.2厘米（图9-7-2）。

Ⅱ式：2件。敛口。标本H34：14，底部残。泥质黑皮灰陶。唇部较尖，腹部较深，下腹内收。上腹饰四道瓦棱纹。口径17.5、残高4.3厘米（图9-7-5）。标本T9⑩B：7，底部残。泥质灰陶。口微敛，圆唇，下腹内收。上腹饰两道瓦棱纹。口径24.7、残高3.1厘米（图9-7-3）。

9. 曲腹钵

共4件。均为敛口，圆唇。标本T7⑩：6，底部残。泥质褐皮红褐陶。口径19.6、残高3.9厘米（图9-7-4）。标本T11⑩：7，仅存口和上腹部。泥质灰陶，表面均磨光。肩部饰三道瓦棱纹。口径22.6、残高3.4厘米（图9-7-1）。

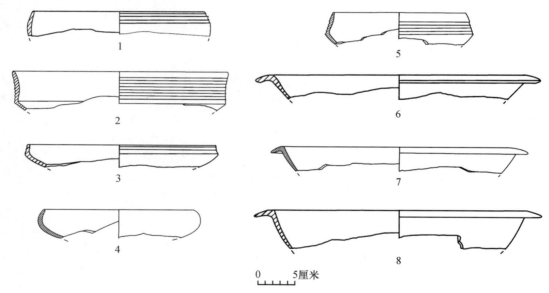

图9-7　新石器时代陶盆、钵

1、4. 曲腹钵（T11⑩：7、T7⑩：6）　2. Ⅰ式折腹钵（T11⑩：6）　3. Ⅱ式折腹钵（T9⑩B：7、H34：14）

6、8. Ⅰ式折沿盆（H34：2、H34：19）　7. Ⅱ式折沿盆（T17⑩：1）

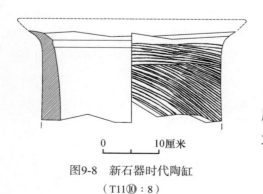

图9-8　新石器时代陶缸

（T11⑩：8）

10. 缸

1件，可辨器类的残片20片（件）。标本T11⑩：8，口沿和下腹部残。夹砂红陶。敞口，折沿，上腹较直，厚壁。器表饰篮纹。最大残口径36.4、残高16.3、壁最厚3.5厘米（图9-8）。

11. 盘

1件，另有残片2片（件）。标本T12⑩：1，可复原。泥质黑皮褐陶。敞口，圆唇，浅腹，平底。口径13.9、底径6.9、高3厘米（图9-9-4）。

12. 杯

1件，另有残片1片（件）。标本H34：16，仅存肩腹部。泥质红褐陶。折肩，深腹较直。最大腹径7.8、残高4.7厘米（图9-9-5）。标本T7⑩：10，泥质灰褐陶。仅存腹部残片。

13. 器盖

1件，另有残片5片（件）。标本T9⑩B：16，顶部残。粗泥红褐陶。方唇，盖身微拱向上急收。口径19.4、残高2.7厘米（图9-9-6）。

14. 圈足器（器座）

7件，另有残片5片（件）。标本H34：4，仅存底部。夹粗砂红皮灰陶。底大向上略内收，厚沿。足径31.6、残高3.2厘米（图9-9-2）。标本T7⑩：2，仅存圈足。泥质灰陶。圈足外撇略呈喇叭形。足径5.2、残高2.4厘米（图9-9-10）。标本H34：21，仅存圈足上部。泥质灰陶。饰一道抹划弦纹。最大残径11.3、残高4.3厘米（图9-9-8）。标本H34：22，仅存残圈足。泥质灰陶。高圈足。圈足上残存两个镂孔。最大残径11、残高7.5厘米（图9-9-3）。

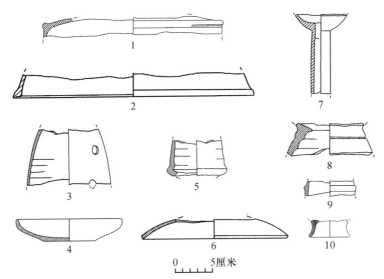

图9-9　新石器时代陶器

1、9. 不明器（T7⑩：5、H34：37）　2、3、8、10. 圈足器（器座）（H34：4、H34：22、H34：21、T7⑩：2）
4. 盘（T12⑩：1）　5. 杯（H34：16）　6. 器盖（T9⑩B：16）　7. 灯形器（T14⑩：1）

15. 灯形器

1件。标本T14⑩：1，泥质橘黄陶，涂红彩。灯盘口部残，圆弧壁，粗柄中空，柄下部以下均残。盘残径6.8、残高10.9厘米（图9-9-7）。

另有一种有柄器的柄部残片3片，可能与灯形器为同类器。

16. 纺轮

1件。标本T11⑩：4，上部微残。泥质黑皮褐陶。算珠形。直径4.5、残厚1.7厘米（图9-10）。

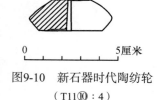

0　　　　　　5厘米

图9-10　新石器时代陶纺轮
（T11⑩：4）

17. 不明器

2件。标本H34：37，仅存残柄部。泥质黑皮灰陶。可能为高柄器，饰一道箍带纹。最大直径6.8、残高2.1厘米（图9-9-9）。标本T7⑩：5，仅存肩腹部。泥质灰陶。折肩，上腹直壁。肩部饰一道箍带纹。直径23.8、残高2.4厘米（图9-9-1）。

三、石器特点与分类

（一）石器特点

石器共114件。根据制作方式可分为打制和磨制两类，其中以打制石器占绝对多数。石材多选用海成岩、火山岩、砂岩等，但基本都是以砾石为原料。

打制石器的制作多利用砾石的自然平面作为台面打击制取石片，但也有利用修整后的台面打击制取石片。石片都是一面为劈裂面，另一面仍保留石皮自然面。一般器身边缘部分多单面修整。

（二）打制石器分类

打制石器共98件。器类有斧、锄形器、刮削器、切割器、砍砸器、斧形器、钻等。

1. 斧

共5件。另有5片（件）以上的斧残片。这些石斧的斧身厚重，刃部多有明显的使用痕迹。其中4件根据斧身平面形制差异可将分为二型。

A型　3件。平面呈窄长方形。根据平面形制差异可分二亚型。

Aa型　2件。器身较厚，形制较规范。标本H34：8，海成岩，黄褐皮绿石。平面为长方形，纵剖面呈梭形。刃缘采用单向加工，器身两侧为双向加工，其中刃缘和两侧加工细致。

器身单面局部磨制，刃部有使用痕迹。长10.1、宽5.7、厚3厘米（图9-11-3）。标本T9⑩：9，海成岩，绿色。头端较平，平刃。石片石器，利用修整后的台面打击制取石片，再进行修整，器身一侧为双面修整，其余周缘部分仅劈裂面经过修整，刃部有使用痕迹。长10.8、宽5.5、厚2.9厘米（图9-11-4）。

Ab型　1件。器身较薄。标本T12⑩：2，海成岩，灰白色。可能并未完成。基本呈长方形，头端为三角形，刃部平。石片石器，两侧为双面修整，刃部略残，有使用痕迹。长10.9、宽5、厚1.9厘米（图9-11-2）。

B型　1件。平面呈较宽长方形。标本T9⑩：24，海成岩，灰色。平面呈较宽长方形，平头，平刃。石片石器，器身两侧为双面修整，两端为单面修整，刃部有使用痕迹。长10.1、宽7、厚3.3厘米（图9-11-1）。

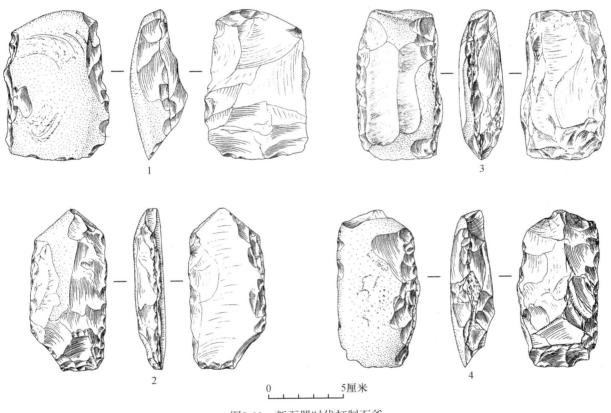

0　　　　　5厘米

图9-11　新石器时代打制石斧

1. B型（T9⑩：24）　2. Ab型（T12⑩：2）　3、4. Aa型（H34：8、T9⑩：9）

2. 锄形器

共3件，另有残片2片（件）。根据平面形制差异可分二型。

A型　2件。平面呈长条形。均为砾石石器。标本T9⑩：8，海成岩，绿色。形制规范，平面呈长条形，刃部一端略宽，刃部为圆弧形。器身两面周缘都加以修整，刃部有使用痕迹。长15.1、宽5.8、厚3.5厘米（图9-12-3）。标本T9⑩：10，砂岩，灰色。砾石石器。平面整体略呈长椭圆形，头端和刃部均略呈圆弧形。除头端外其余周缘均为双面修整。顶部有敲砸痕。长14.7、宽5.7、厚2.4厘米（图9-12-1）。

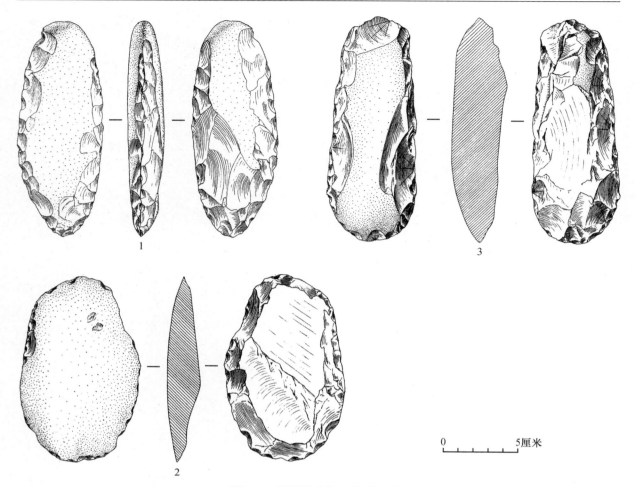

图9-12　新石器时代打制石锄形器

1、3.A型（T9⑩：10、T9⑩：8）　2.B型（T9⑩：12）

　　B型　1件。平面略呈椭圆形。标本T9⑩：12，海成岩，红褐色。石片石器。在整个器身的劈裂面周缘都加以修整。长12.8、宽7.9、厚2.3厘米（图9-12-2）。

3. 刮削器

　　12件，另有残片8片（件）。均利用砾石的自然平面作为台面打击制取石片。石片都是一面为劈裂面，另一面仍保留石皮的自然面。一般刃缘部分稍加修整即可使用，有的则利用石片劈裂时形成的锋利刃缘直接使用。这些石片刮削器的刃部大多有明显的使用痕迹。其中5件根据器身平面形制差异可分二型。

　　A型　2件。平面呈圆形，即"盘状刮削器"。标本H34：9，火山岩，灰褐色。以整个器身为周缘向中心单向加工，另一面保留砾石面，整个周缘都可作为刃部，有使用痕迹。长9.7、宽11.5、厚3.7厘米（图9-13-2）。

　　B型　3件。平面略呈椭圆形。标本T9⑩：29，火山岩，绿色。双面加工，刃部锋利，有使用痕迹。长7.6、宽9.7、厚1.8厘米（图9-13-4）。标本T9⑩：30，火山岩，红褐色。以器身为周缘向中心单向加工，另一面保留砾石面。刃部留有多次使用痕迹。长8.8、宽11.8、厚2.3厘米（图9-13-3）。

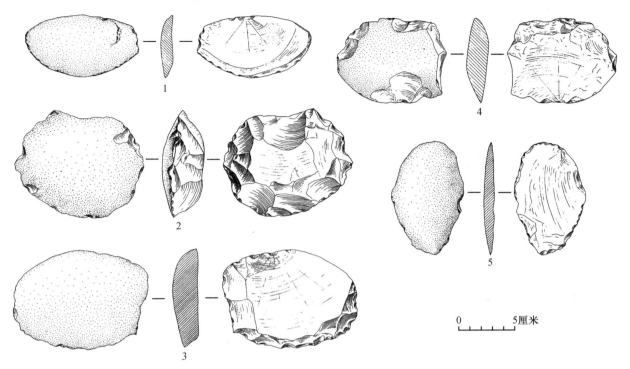

图9-13　新石器时代打制石器（一）

1、5. 切割器（T9⑩：19、H34：12）　2.A型刮削器（H34：9）　3、4.B型刮削器（T9⑩：30、T9⑩：29）

4. 切割器

19件，另有残片9片（件）。石片石器。器身薄。标本H34：12，砂岩，红褐色。平面呈椭圆形。单向加工，局部二次修整细致。刃部有使用痕迹。长10.1、宽6.4、厚0.9厘米（图9-13-5）。标本T9⑩：19，海成岩，灰色。平面呈椭圆形。单面加工，留有使用痕迹。长5.5、宽10.3、厚1厘米（图9-13-1）。

5. 砍砸器

12件，另有残片3片（件）。标本H34：11，海成岩，灰褐色。平面略呈长方梯形，整体略呈斧形。三侧边缘都有刃部，其中上下两端为双向加工，一侧为单向加工，局部二次修整。长11.1、宽7.5、厚3厘米（图9-14-2）。

6. 斧形器

5件，另有残片13片（件）。可能就是斧的半成品或毛坯。多为砾石石器，器身边缘局部经简单修整加工。平面形制不定或呈斧形，使用敲砸的一端较平，没有明显的刃部。标本T9⑩：28，海成岩，灰绿色。砾石石器。平面呈长方形，头端为圆弧形，砸击端较平。两侧为单面修整，砸击端为双面修整，并有使用痕迹。长11、宽6.9、厚2.5厘米（图9-14-1）。标本T13⑩：1，海成岩，黄绿色。砾石石器。平面基本呈长方形，周缘局部经双面打制修整。可能为制作石斧的半成品。长9.8、宽5.6、厚1.9厘米（图9-14-3）。

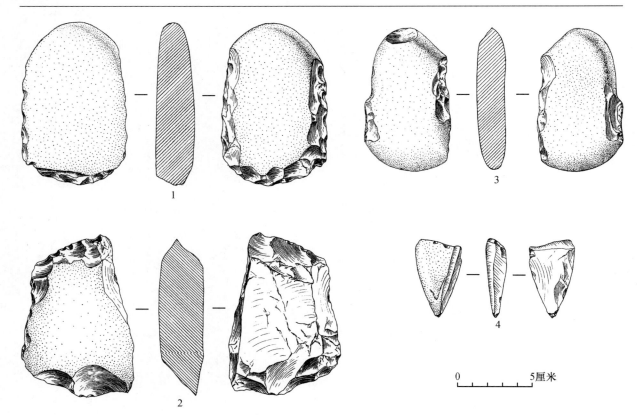

图9-14　新石器时代打制石器（二）

1、3. 斧形器（T9⑩：28、T13⑩：1）　2. 砍砸器（H34：11）　4. 钻（T9⑩：21）

7. 钻

1件。标本T9⑩：21，海成岩，灰绿色。平面略呈三角形。砾石自然面有压剥痕迹，钻尖有明显使用痕迹。长5.3、宽2.9、厚1.3厘米（图9-14-4）。

（三）磨制玉石器分类

共16件。器类有斧、锛、凿形器、小刀等。

1. 斧

1件。均为磨制，双面刃。标本T9⑩：25，海成岩，绿色。砾石石器。平面为长方形，形制规范，头部略平，平刃。器身大部磨制，顶端和刃部有明显多次使用痕迹。长10、宽5.1、厚2.9厘米（图9-15-1）。

2. 锛

12件。其中7件根据器身厚度差异可分二型。

A型　5件。器身较厚，均为双面刃。根据平面形制差异可分二亚型。

Aa型　3件。器身较宽，平面略呈梯形。头端弧形，均为双面刃。标本T14⑩：6，海成

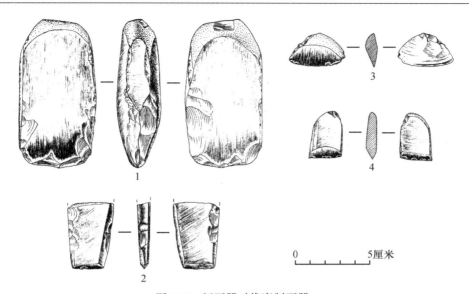

图9-15　新石器时代磨制石器
1. 斧（T9⑩：25）　　2. 凿形器（T9⑩：31）　　3、4. 小刀（T9⑩：22、T11⑩：11）

岩，绿色。砾石石器。器身大部分磨制，双面刃，刃部有明显的使用痕迹。长9、宽6、厚1.8、刃宽2.3厘米（图9-16-2）。标本T11⑩：2，海成岩，灰色。器身两面均保留打制加工痕迹，仅刃部和两侧磨制，其中刃部两面磨制，有使用痕迹。顶端略残。长6.3、宽6.1、厚1.5、刃宽2.2厘米（图9-16-1）。标本T11⑩：3，海成岩，灰绿色。石片石器，刃部宽、头端窄，头端和刃部均微呈弧形。器身大部分磨制，仅头端留有砾石的自然面和打制修整痕迹。长7.5、宽6、厚1.9、刃宽3厘米（图9-16-4）。

Ab型　2件。器身较窄，头端保留砾石自然面，形制不规则。标本T14⑩：7，海成岩，绿色。砾石石器，平面略呈长方梯形，刃部略宽呈弧形，头端略窄为不对称弧形。器身大部分磨制，刃部略残，有使用痕迹。长8.2、宽4.2、厚2.5、刃残宽3.3厘米（图9-16-5）。标本T9⑩：26，海成岩，灰白色。砾石石器，大部分保留砾石面，局部磨制。刃部呈舌形双面磨制。长5.3、宽2.8、厚1.3、刃宽1.6厘米（图9-16-3）。

B型　2件。器身较薄。平面为较窄梯形，头端平头或弧形，单面刃和双面刃均有。标本T11⑩：10，海成岩，灰绿色。通体磨制，形制规范。刃部平且略宽于头端，单面刃，有使用痕迹。长7.6、宽3.9、厚0.9、刃残宽1.8厘米（图9-16-6）。标本T9⑩：27，海成岩，灰色。通体磨制，双面刃，有使用痕迹。长7.7、宽3.7、厚1、刃残宽0.5厘米（图9-16-7）。

3. 凿形器

1件。标本T9⑩：31，海成岩，绿色。上部残，残存部分平面呈梯形，刃部窄，上部略宽，双面刃。通体磨制，有使用痕迹。残长4.5、宽3、厚0.8、刃宽0.3厘米（图9-15-2）。

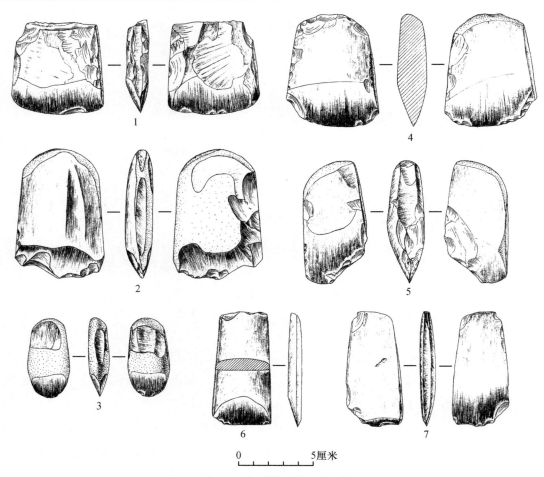

图9-16　新石器时代磨制石锛

1、2、4. Aa型（T11⑩：2、T14⑩：6、T11⑩：3）　3、5. Ab型（T9⑩：26、T14⑩：7）　6、7. B型（T11⑩：10、T9⑩：27）

4. 小刀

2件。标本T11⑩：11，海成岩，浅绿色。平面呈锛形，双面刃。通体双面磨制，仅头端保留砾石面。长3.2、宽2.2、厚0.7、刃宽0.7厘米（图9-15-4）。标本T9⑩：22，海成岩，青灰色。石片石器，在石片制成后一侧加工为平面略呈横三角形，在砾石面磨制单面刃部，留有明显使用痕迹。长2.3、宽3.7、厚0.7、刃宽1.4厘米（图9-15-3）。

四、文化性质与年代

1. 文化性质

根据该遗址出土的遗物，尤其是陶器观察，第10层及该层下遗迹应是新石器时代遗存。与本遗址文化面貌相近的遗址在重庆三峡库区长江沿岸还发现有很多，目前已公布资料且较为重要的遗址有云阳丝栗包[①]、大地坪[②]，万州涪溪口[③]、苏和坪[④]、黄柏溪[⑤]，忠县哨棚嘴[⑥]、瓦渣地[⑦]、杜家院子[⑧]、丰都玉溪坪[⑨]、秦家院子[⑩]等遗址。此外，本遗址与四川北部的通江县擂鼓寨新石器遗址的文化面貌也较为相似[⑪]。

一般认为这些遗址应属于新石器时代晚期至末期，但目前对于其文化性质以及年代早晚关系却存在着各种不同意见。笔者认为，虽然塘坊新石器时代遗址与上述这些遗址的文化面貌都有相似之处，但是相比而言与云阳丝栗包遗址的新石器时代遗存文化面貌最为更为接近。

2. 陶器分组

新石器时代遗物以陶器为主。可以分为两组。一组为与玉溪坪文化面貌相近，但属于该文化的最晚阶段。一组以灯形器和敛口罐为代表，数量很少。后一组与年代较晚的三星堆文化同类器物有某种相似之处，但是这一时期却不见三星堆文化流行的小平底罐、鸟头柄勺、鬶、盉、圈足纽器盖等器类。

由于新石器时代遗存发现的数量有限，仍需今后新的材料加以证实。

---

① 四川大学历史文化学院考古系、重庆市文物局、云阳县文物管理所：《重庆云阳丝栗包新石器时代遗址》，《考古学报》2016年第2期。

② 株洲市博物馆、湖南省文物考古研究所、云阳县文物管理所：《云阳大地坪遗址2002年度发掘简报》，《重庆库区考古报告集·2003卷（二）》，科学出版社，2019年。

③ 福建省博物馆考古队、万州区文物管理所：《万州涪溪口遗址发掘报告》，《重庆库区考古报告集·1997卷》，科学出版社，2001年；福建省考古队、重庆万州区文物保管所：《万州涪溪口遗址发掘报告》，《重庆库区考古报告集·1998卷》，科学出版社，2003年；福建省考古队、重庆万州区文保所：《万州涪溪口遗址第三期发掘报告》，《重庆库区考古报告集·1999卷》，科学出版社，2006年。

④ 重庆市博物馆、万州区文管所：《万州苏和坪遗址发掘报告》，《重庆库区考古报告集·1999卷》，科学出版社，2006年；重庆市文物考古所、重庆市文物局、重庆市万州区博物馆：《万州苏和坪遗址第二次发掘报告》，《重庆库区考古报告集·2000卷（下）》，科学出版社，2007年。

⑤ 重庆市博物馆、益阳市文物管理处、重庆万州区文物管理所：《万州黄柏溪遗址发掘报告》，《重庆库区考古报告集·1998卷》，科学出版社，2003年；重庆市文化局、重庆市博物馆、益阳市文物考古队、万州区文物管理所：《万州黄柏溪遗址发掘报告》，《重庆库区考古报告集·1999卷》，科学出版社，2006年。

⑥ 北京大学考古文博院三峡考古队、重庆市三峡库区田野考古培训班、忠县文物管理所：《重庆忠县瞀井沟遗址群哨棚嘴遗址发掘简报》，《重庆库区考古报告集·1997卷》，科学出版社，2001年；北京大学考古学研究中心、北京大学考古文博学院三峡考古队、重庆市忠县文物管理所：《忠县哨棚嘴遗址发掘报告》，《重庆库区考古报告集·1999卷》，科学出版社，2006年；北京大学考古文博学院、成都文物考古研究所、重庆市文物局：《忠县哨棚嘴遗址2001年发掘报告》，《重庆库区考古报告集·2001卷（下）》，科学出版社，2007年。

⑦ 北京大学考古学系三峡考古队、忠县文物保护管理所：《忠县瓦渣地遗址发掘简报》，《重庆库区考古报告集·1998卷》，科学出版社，2003年。

⑧ 成都市文物考古研究所、重庆市忠县文物管理所：《重庆市忠县杜家院子遗址2001年度发掘简报》，《成都考古发现（2001）》，科学出版社，2003年。

⑨ 发掘报告尚未发表。资料见邹后曦、袁东山：《重庆峡江地区的新石器文化》，《重庆·2001三峡文物保护学术研讨会论文集》，科学出版社，2003年。

⑩ 重庆市文物考古所、丰都县文物管理所：《丰都秦家院子发掘报告》，《重庆库区考古报告集·2002卷》，科学出版社，2010年。

⑪ 四川省文物考古研究所、通江县文物管理所：《通江县擂鼓寨遗址试掘报告》，《四川考古报告集》，文物出版社，1998年。

3. 年代

一般认为，玉溪坪文化的绝对年代与屈家岭文化大体相同，为距今5300～4600年。根据出土陶器比较，本遗址玉溪坪文化遗存的年代总体上应略晚于丝栗包遗址玉溪坪文化遗存。丝栗包遗址新石器时代遗存的绝对年代为距今5000～4600年，因此这一年代可为本遗址绝对年代的判断提供一个依据。

此外，在重庆三峡库区时代略晚的中坝文化遗址中，忠县中坝遗址公布了8个新石器时代^{14}C年代测定数据，其年代范围大体都在距今4500～4000年。发掘者将该遗址的新石器时代遗存分为三期，这批^{14}C测年数据属于第二期晚段和第三期[①]。这可以为判断本遗址玉溪坪文化遗存的下限年代提供参考。

综合以上，可推测塘坊新石器时代玉溪坪文化遗存的绝对年代在距今4600年前后。

第二节　夏商时期遗存

属于这一时期的地层有第9层，以及该层下的H35等遗迹。应该指出，这一时期的遗物包含有少量的新石器时代遗物。

一、遗　　迹

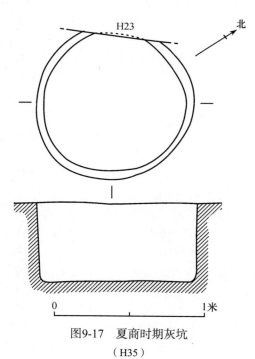

图9-17　夏商时期灰坑
（H35）

H35　位于T14西南部，西北边缘被H23打破。平面呈圆形，口略大于底，坑壁较平整。口径1.04、底径0.9、深0.53米（图9-17）。

二、陶器特点与分类

（一）陶器特点

1. 陶系

从陶质方面观察，有夹砂陶和泥质陶两类，其中以泥质陶和夹细砂陶为主。泥质陶主要有灰陶、褐陶、黑皮褐陶、黑皮红陶、红陶等，夹细砂陶主要有褐陶、灰陶、红陶、黑陶等。器表色泽多不纯正。以夹砂陶数量居多。夹砂陶的羼和料主要是砂粒，其夹杂的砂粒大小

① 四川省文物考古研究所、北京大学考古文博学院、美国UCLA大学、重庆市文物局、忠县文物保护管理所：《忠县中坝遗址1999年度发掘简报》，《重庆库区考古报告集·2000卷（下）》，科学出版社，2007年。

和含量不一，因此又可分为夹粗砂和夹细砂两类。

夹粗砂陶多为缸类，器壁一般厚0.6～2厘米，最厚可达3厘米。但是陶器表里通常磨得较为平整。陶色有灰陶、红褐陶、红陶、黄褐陶等，还有个别的为外表黄色内表橘红色。

夹细砂陶可分为两种，一种是人为羼和的细砂，还有一种是陶土未经淘洗而自然夹杂的细砂。后者往往与粗泥陶难以截然区分。夹细砂陶中以罐类较多，器壁厚0.3～0.6厘米，局部可达1厘米左右。陶色有红褐陶、黑陶、褐陶、灰陶等。

无论是夹粗砂陶还是夹细砂陶，由于烧制时火候不均而在器表呈现出不同的颜色，也有相当一部分陶器的器表颜色与内层颜色不一。

泥质陶也可分为细泥陶和粗泥陶两种。粗泥陶一般都是自然陶土而未经淘洗，火候较低。细泥陶的胎土经过淘洗，陶质细腻，火候高。陶色多为褐陶、黑皮陶、灰陶（有灰白陶或浅灰陶）、红褐陶、黄褐陶、黑皮红陶、黑皮褐陶。另外还有极少量的外灰内褐陶、红（黄）陶，以及略带湖蓝色的浅灰陶等。

在细泥陶中有相当比例的磨光陶，其中有部分应该是新石器时代的。陶色主要有深褐色和黑色，有部分出土后光泽仍然好，但也有部分表面基本无光泽（可能是由于地下保存条件不同）。主要器类为壶等。在夹细砂陶和夹粗砂陶中也有部分磨光陶，尤其是夹粗砂陶中所占比例较高，陶色主要有褐陶和红褐陶，但表面基本无光泽。

2. 制作方法

陶器普遍用泥条盘筑法制作成形，再用慢轮修整，部分器物的内壁还经刮制修整，外表磨光的陶器极少见到。也有少量器物为轮制。在泥质和夹砂的陶器中都使用了在器物接合部加贴泥片固定的方法。

3. 纹饰

陶片以素面为多，部分陶器表面有装饰纹饰。

从纹饰的制作方法观察，主要有拍印、压印、刻划和堆塑等。纹饰种类与前期相比减少，其中以各种细绳纹为盛，此外还有粗绳纹、凹弦纹、方格纹、平行折线划纹、交错划纹、压印平行条纹等（图9-18）。如果按照图案构成观察，在各类制作方法中都有多种图案。这些图案基本都是单一纹饰，用两种纹饰组合成复合纹饰的情况很少见，不见三种以上纹饰组合的情况。不同种类的纹饰所装饰的器类和部位也有一定的规律。

（二）陶器分类

共56件。可辨识的器类有小平底罐、鼓腹罐、折沿罐、卷沿罐、高领罐、尊形器、壶、高柄豆、鬶（盉）、圈足盘、器盖、网坠、纺轮等。

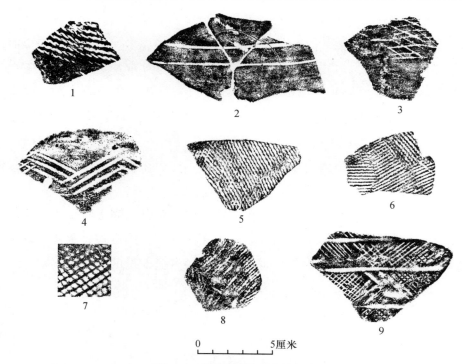

图9-18　夏商时期陶器纹饰拓本

1、5、6、8. 绳纹（T14⑨：11、T14⑨：9、T14⑨：10、H35：9）　2. 凹弦纹（H35：3）　3. 交错划纹（H35：10）

4. 平行折线划纹（T14⑨：27）　7. 拍印方格纹（H35：11）　9. 交错划纹+绳纹+凹弦纹（T14⑨：5）

1. 小平底罐

11件，另有残片12片（件）。其中10件根据口肩部差异可分三型。

A型　2件。敞口，立领，耸肩。标本T14⑨：28，粗泥黑褐陶。唇略尖，肩部以下残。口径12.9、残高4.1厘米（图9-19-3）。

B型　6件。口微敞，立领，溜肩。标本T14⑨：8，泥质灰陶。唇略尖，下部残。口径13.2、残高5.6厘米（图9-19-1）。

C型　2件。大敞口，溜肩。均为泥质灰陶。标本T14⑨：20，圆唇，腹部以下残。口径13.4、残高4.3厘米（图9-19-4）。标本T14⑨：22，圆唇，肩部以下残。口径15.4、残高3.9厘米（图9-19-7）。

底部　5件。标本T14⑨：25，泥质灰陶。近底部有两道细划纹。底径2.6、残高1.8厘米（图9-19-6）。

2. 卷沿罐

10件。侈口，鼓腹较圆或圆腹。根据器体大小可分二型。

A型　5件。小罐。标本T14⑨：4，粗泥黑褐陶。圆唇，下部残。肩腹部饰交错细绳纹。口径11.2、残高6.3厘米（图9-19-2）。标本T14⑨：15，粗泥黑褐陶。圆唇，下部残。颈部饰一道凸弦纹，肩部以下饰纵向中粗绳纹。口径11.2、残高5.2厘米（图9-19-5）。标本

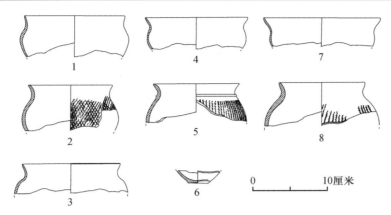

图9-19　夏商时期陶罐（一）

1.B型小平底罐（T14⑨：8）　　2、5、8.A型卷沿罐（T14⑨：4、T14⑨：15、T14⑨：14）　　3.A型小平底罐（T14⑨：28）
4、7.C型小平底罐（T14⑨：20、T14⑨：22）　　6.小平底罐底部（T14⑨：25）

T14⑨：14，粗泥灰褐陶。唇略尖，下部残。肩腹部饰块状斜向中粗绳纹。口径11.3、残高5.9厘米（图9-19-8）。

B型　5件。器体较大。其中4件根据肩部差异可分二亚型。

Ba型　3件。溜肩。标本T14⑨：21，粗泥红褐陶。唇较尖，圆腹。腹部满饰较为稀疏的斜横向中细绳纹。口径15.8、残高7.2厘米（图9-20-10）。标本T14⑨：19，夹砂灰陶。圆唇，下部残。口径17.8、残高4.6厘米（图9-20-6）。标本T14⑨：31，夹粗砂灰陶。圆唇，鼓腹，下腹残。肩部饰块状拍印横斜向的中粗绳纹。口径18.5、残高8.9厘米（图9-20-8）。

Bb型　1件。圆肩。标本H35：2，泥质灰陶。圆唇，矮领，下腹残。唇下饰竖斜线绳纹。口径25.2、残高7.6厘米（图9-20-5）。

3. 侈口罐

1件，另有残片3片（件）。标本T14⑨：6，夹砂黑褐陶。口部较小。肩部以下满饰纵向粗绳纹。口径21.6、残高10.9厘米（图9-20-3）。

4. 折沿罐

4件。折沿为钝角，折棱不明显。唇部多有压印装饰。根据口部大小可分二型。

A型　3件。口部较小，整个器体也较B型为小。圆唇，溜肩，鼓腹。标本H35：4，夹粗砂红褐陶。底部残。唇上有竖条压印纹，腹部拍印不规则中粗绳纹。口径25、残高25厘米（图9-20-4）。标本T14⑨：17，粗泥红褐陶。唇部竖向压印绳纹，颈部饰竖向细绳纹，肩腹部饰斜向绳纹，腹部饰三道不太规则的凹弦纹。口径18.3、残高7.4厘米（图9-20-11）。标本T14⑨：7，粗泥黑褐陶。下部残。颈部以下先满饰中粗斜绳纹，再刻划五道不太规整的凹弦纹。口径20.7、残高11.6厘米（图9-20-1）。

B型　1件。口部大，整个器体也大。标本T14⑨：26，泥质红陶。口唇压印纵向绳纹，沿下饰斜向绳纹。口径33.4、残高2.7厘米（图9-20-2）。

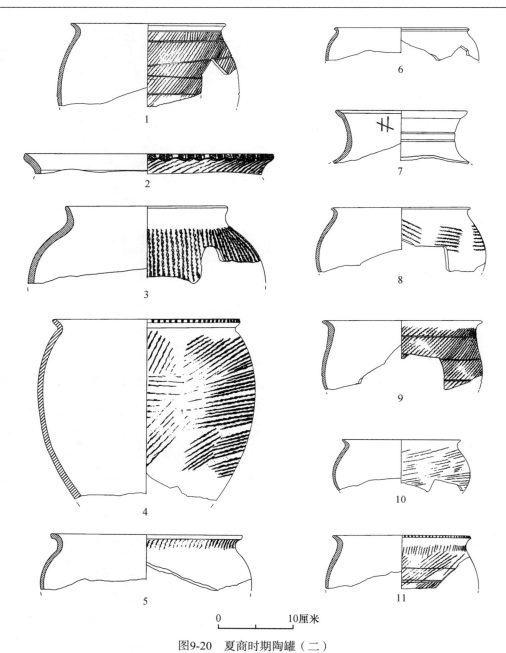

图9-20　夏商时期陶罐（二）

1、4、11. A型折沿罐（T14⑨：7、H35：4、T14⑨：17）　2. B型折沿罐（T14⑨：26）　3. 侈口罐（T14⑨：6）
5. Bb型卷沿罐（H35：2）　6、8、10. Ba型卷沿罐（T14⑨：19、T14⑨：31、T14⑨：21）　7. 高领罐（T14⑨：12）
9. 尊形器（T14⑨：18）

5. 高领罐

2件。标本T14⑨：12，夹细砂灰陶。敞口，圆唇，肩部以下残。颈部饰两道凹弦纹，颈部内侧有一刻符号。口径17.6、残高7.4厘米（图9-20-7）。

6. 敛口罐

1件。标本T14⑨：16，泥质红褐陶。仅存残片。唇部饰纵向压印纹。

7. 尊形器

1件。标本T14⑨：18，夹细砂红褐陶。侈口，圆唇，腹微鼓，下腹以下残。口沿以下饰斜向中绳纹，再饰三道划弦纹。口径21.2、残高9.5厘米（图9-20-9）。

8. 壶

1件，另有残片1片（件）。标本T14⑨：2，夹砂黄褐陶。直口，圆唇，高领，肩部以下残。口径7.4、残高6.1厘米（图9-21-11）。

9. 高柄豆

1件。标本H23：3，东周时期遗迹中出土。泥质红陶。细柄实心，豆盘为圜底。最大残径14.7、残高3.9厘米（图9-21-3）。

10. 高柄器

11件。应为高柄豆或灯形器。均残，仅存柄部。其中4件根据柄部形制差异可分二型。

A型 2件。直柄。标本T14⑨：30，夹细砂红褐陶。柄下部为喇叭形。残高9.8厘米（图9-21-2）。标本T15⑨：1，泥质磨光黑皮红陶。柄下部略呈喇叭形。残高14厘米（图9-21-5）。

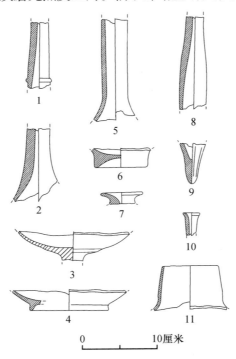

图9-21 夏商时期陶器（一）

1、8.B型高柄器（T14⑨：23、T14⑨：29） 2、5.A型高柄器（T14⑨：30、T15⑨：1） 3.高柄豆（H23：3）

4.圈足盘（H35：5） 6.矮圈足器（T14⑨：24） 7.A型器盖（H35：7） 9.鬶盉类器足（T14⑨：3）

10.B型器盖（H35：6） 11.壶（T14⑨：2）

B型　2件。柄下部比上部略粗。标本T14⑨：29，泥质灰陶。残高12.9厘米（图9-21-8）。标本T14⑨：23，泥质黑褐陶。饰一道凸弦纹。残高9.1厘米（图9-21-1）。

11. 鬶盉类

2件。仅存袋足。标本T14⑨：3，粗泥红陶。足部有刀削加工痕迹。残高5.4厘米（图9-21-9）。

12. 圈足盘

1件。标本H35：5，泥质灰陶。口及上腹均残，矮圈足。足径10.3、残高2.9厘米（图9-21-4）。

13. 矮圈足器

5件。标本T14⑨：24，夹细砂红褐陶。圈足外部呈直筒形。足径6.9、残高2.7厘米（图9-21-6）。

14. 器盖

3件，残片6片（件）。其中4件根据纽的长短可分二型。
A型　3件。盖纽为短喇叭形。标本H35：7，夹粗砂红褐陶。纽径5.6、残高1.6厘米（图9-21-7）。
B型　1件。带柄，纽为喇叭形。标本H35：6，泥质灰陶。残高3.1厘米（图9-21-10）。

15. 网坠

1件。标本T14⑨：1，完整。泥质红陶。中部粗，两端较细，中空用以穿绳。长7.2、最大径2.5厘米（图9-22-2）。

16. 纺轮

1件。标本T18⑨：1，泥质黑皮褐陶。算珠形。直径4、厚1.2厘米（图9-22-1）。
此外，还出土有很少量的新石器时代的陶器，可辨器类的如折腹钵、卷沿壶等。

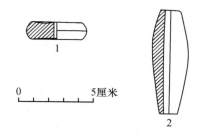

图9-22　夏商时期陶器（二）

1. 纺轮（T18⑨：1）　2. 网坠（T14⑨：1）

三、石器分类

3件。既有打制石器，也有磨制石器。器类有凿形器、切割器、磨石等。

1. 凿形器

1件。标本H35：8，仅存残段。通体磨光，较为精致。残长4.3、宽3.2、厚1.1厘米（图9-23-2）。

2. 盘状切割器

1件。标本H35：1，火山岩，绿色。打制，平面为盘状。周缘均可作为刃部，有使用痕迹。直径9.3～9.4、厚2.3厘米（图9-23-1）。

3. 磨石

1件。标本T14⑨：13，砂岩，深灰色。残长6.9、宽6、厚1.2厘米（图9-23-3）。

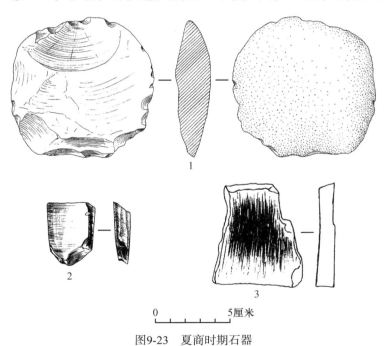

0　　　　　5厘米

图9-23　夏商时期石器

1. 盘状切割器（H35：1）　2. 凿形器（H35：8）　3. 磨石（T14⑨：13）

四、文化性质与年代

1. 文化性质

这一时期遗存中的陶器可以分为两组，第一组数量较少，如部分折沿罐以及部分侈口罐、尊形器等，明显与重庆三峡库区新石器时代末期流行的陶器关系密切，也与本遗址新石器时代末期遗存中的同类陶器关系密切，虽然两者间也存在一定差异。第二组是这一时期的主要陶器群，在四川盆地内与三星堆文化的关系较为密切，如二者具有代表性的陶器均有小平底罐、高柄豆、灯形器、圈足纽器盖等。同时，该组陶器与东边的鄂西秭归朝天嘴遗址为代表的同时期文化遗存[①]也有较密切的联系，如两者都有小平底罐、高柄豆、灯形器、侈口或卷沿深腹罐等，但两者也存在明显差异，如本遗址不见圜底器和尖底器类，也有部分器类不同，如朝天嘴类型文化遗存中可见的圜底釜、牛角杯、封口盉、鸡冠形錾耳盆、瓶、敛口缸形器等不见于本遗址。相比而言，本遗址出土遗物的文化性质与其西邻的云阳丝栗包遗址的同时期遗存[②]最为接近，如两者都有小平底罐、卷沿罐、高柄豆、灯形器、圈足纽器盖等，都不见渝东地区流行的尖底器以及牛角形尖底杯等[③]。

2. 年代

关于本遗址夏商时期文化遗存的年代，第二组可参照三星堆文化和朝天嘴遗址同时期文化遗存的年代加以初步推断。虽然目前对上述两种文化或文化遗存的年代问题存在不同意见，各家的意见都大体将其年代定在二里头文化三期前后至殷墟文化二期前后[④]。对于这一年代判断，也基本适用于本遗址夏商时期遗存第二组年代的判定。根据小平底罐的造型特征分析，该组陶器的年代可能更接近三星堆文化的较晚阶段。第一组陶器虽然与本地区新石器时代晚期的同类陶器较为相似，但基本组合已不存在，显然年代也应晚于后者，但又明显早于第二组陶器的年代。考虑到该组中的直口高领陶壶的造型与分布在鄂西峡江地区的白庙类型遗存中的宜昌

---

① 国家文物局三峡考古队：《朝天嘴与中堡岛》，文物出版社，2001年，第67～80页。

② 四川大学考古文博学院、重庆市文物局、云阳县文物管理所：《重庆云阳丝栗包夏商遗址发掘报告》，《考古学报》2023年第2期。

③ 西北大学考古队、万州区文物管理所：《万州中坝子遗址发掘报告》，《重庆库区考古报告集·1997卷》，科学出版社，2001年；西北大学文博学院：《重庆市万州区中坝子遗址第三次发掘简报》，《考古与文物》2002年第3期；西北大学考古队：《重庆万州中坝子遗址第四次发掘简报》，《文博》2002年第3期。

④ 孙华：《四川盆地青铜文化初论》《试论三星堆文化》，《四川盆地的青铜时代》，科学出版社，2000年，第26～30、142～144页；国家文物局三峡考古队：《朝天嘴与中堡岛》，文物出版社，2001年，第80页；江章华、王毅、张擎：《成都平原先秦文化初论》，《考古学报》2002年第1期；于孟洲：《峡江地区夏商时期考古学文化研究》，科学出版社，2010年，第104～106页。

白庙遗址出土直口高领罐（T12⑤：47）[①]、秭归柳林溪遗址出土的高领罐和壶的造型相似[②]，年代也应相近，因此不排除第一组遗存的年代可能早到距今4000年左右，甚至早到与云阳丝栗包遗址新石器时代遗存的下限年代衔接[③]。

第三节　东周时期遗存

属于这一时期的遗存有第8层以及该层下的G5、H23、H25、H36等遗迹。分布在遗址东部的T3、T4和遗址中部偏西的T13～T21等探方内。

一、遗　　迹

1. 灰坑

3个。根据平面形制差异可分二型。

A型　2个。圆形，平底，口略大于底。H36，位于T14东南部。坑口略呈东高西低。口径0.92、底径0.8、深0.56～0.6米（图9-24-1）。H25，位于T17中部略偏东。口径1.2～1.26、底径1.12～1.2、深0.48～0.58米（图9-24-2）。

B型　1个（H23）。平面呈狭长方形，口略大于底，平底。位于T14西南部，并打破H35。口部长3.76、宽1.06米，底部长3.52、宽0.86米，深0.68～0.7米（图9-24-3）。

2. 灰沟

1条（G5）。平面基本呈不规则的弯曲长条形，沟底深浅略有高差。位于T15东南部和T16东北部。沟口全长7.1、最宽0.66、最窄0.42、深0.2～0.37米（图9-25）。

二、陶器特点与分类

（一）陶器特点

1. 陶系

陶器以泥质陶为多，夹砂陶较少。泥质陶以灰陶为多，另有灰褐陶、黄褐陶、磨光黑皮红陶、黑皮红陶、红陶，夹细砂陶有灰陶、红陶等，夹粗砂陶主要为红陶。

---

①　湖北省文物考古研究所：《1985—1986年宜昌白庙遗址发掘简报》，《江汉考古》1996年第3期。

②　国务院三峡工程建设委员会办公室、国家文物局：《秭归柳林溪》，科学出版社，2003年，第167页，图一二四；第173页，图一二九。

③　四川大学历史文化学院考古系、重庆市文物局、云阳县文物管理所：《重庆云阳丝栗包新石器时代遗址》，《考古学报》2016年第2期。

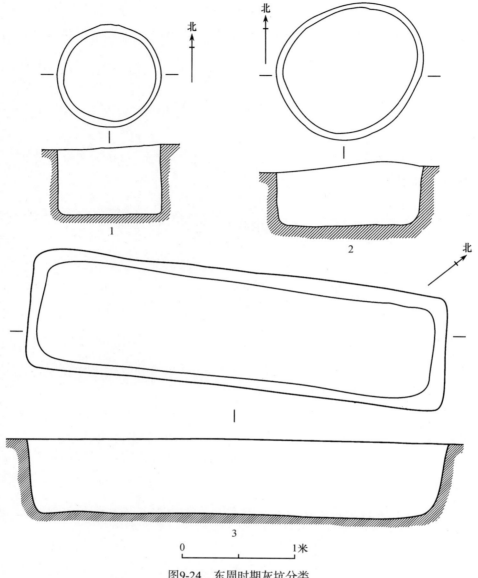

0   1米

图9-24 东周时期灰坑分类

1、2.A型（H36、H25） 3.B型（H23）

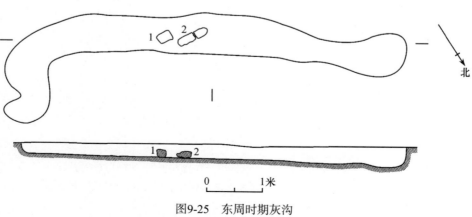

0   1米

图9-25 东周时期灰沟

（G5）

1、2.石头

2. 制作方法

陶器制作可分为轮制和手制两类。轮制主要是一些中小型陶器，还有罐类等。手制普遍用泥条盘筑法制作成型，再用慢轮修整，部分器物的内壁还经刮制修整。鬲和甗的足部都是先单独制作好，再用加贴泥片等方法与器身接合。此外，一些陶器在器物接合部也使用加贴泥片固定的方法。

3. 装饰

有相当部分的陶器都装饰有纹饰。装饰主要在鬲、甗、罐、瓮等器类的表面和口沿。制作方法有拍印、捏塑、刻划、镂孔。陶器口部的装饰主要是花边口，多为捏塑，也有少量的为压印等。陶器器身表面的装饰主要为各种装饰纹样，种类有绳纹、凹弦纹、凸弦纹、方格纹、交错划纹、篮纹、花边口、附加堆纹、圆形镂孔、瓦棱纹、戳印纹等（图9-26、图9-27）。

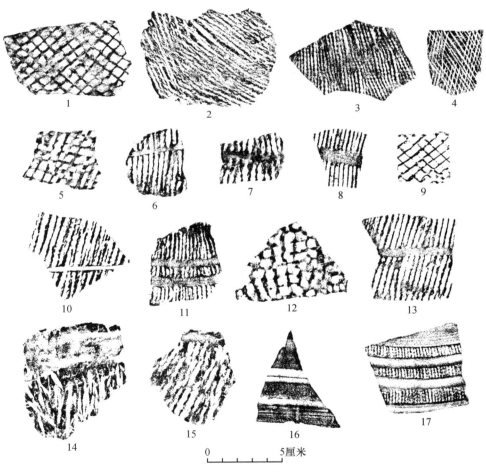

图9-26 东周时期陶器纹饰拓本（一）

1、5、9、12.方格纹（G5：7、G5：17、T14⑧：3、H23：18） 2、3、15.绳纹（G5：9 G5：11、H23：21）

4.交错划纹（T14⑧：4） 6～8、11、13、17.绳纹+抹划弦纹（G5：20、G5：21、G5：6、H23：17、H23：19、H36：1）

10.绳纹+凹弦纹（H23：16） 14.篮纹（H23：20） 16.凹弦纹（H23：22）

图9-27　东周时期陶器纹饰拓本（二）

1、4、13、16. 方格纹（T15⑧：4、T17⑧：3、T15⑧：2、H25：8）　2、8、15、18. 绳纹+抹划弦纹（H25：4、T16⑧：7、H25：9、H25：6）　3、5. 绳纹（T15⑧：3、T17⑧：4）　6、10. 粗绳纹（T16⑧：9、T16⑧：5）　7、12、14. 绳纹+弦纹（T16⑧：6、H25：5、T16⑧：8）　9. 凹弦纹（T18⑧：1）　11. 抹划弦纹（T16⑧：10）　17. 交错绳纹（H25：7）

（二）陶器分类

可辨识的器类有高领罐、侈口罐、卷沿罐、深腹罐、小平底罐、瓮、豆、鬲、甗、鬲甗类、器盖、环、灯形器、壶、网坠、纺轮、圆饼等。

1. 高领罐

17件。其中12件根据口领部形制差异可分三型。

A型　7件。敞口，领部从上向下逐渐变细，唇部饰较深的压印痕形成花边口沿。标本H23：10，夹粗砂红陶。厚唇略呈沿部，领部以下残。口径28.3、残高8.4厘米（图9-28-13）。

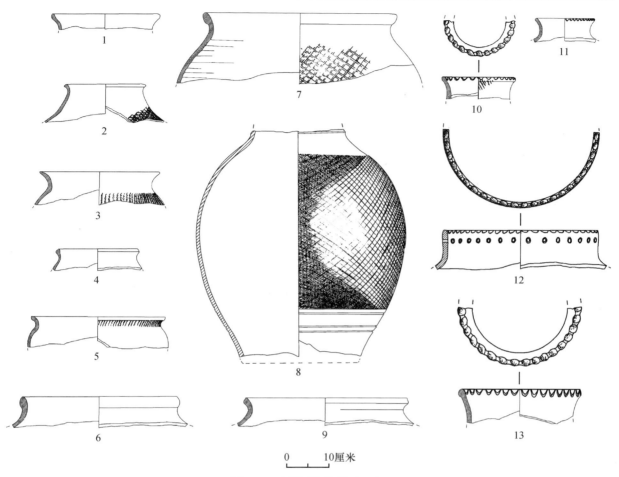

图9-28 东周时期陶器（一）

1. B型侈口罐（H23：14） 2. C型高领罐（T14⑧：1） 3、5. 卷沿罐（H23：9、G5：1） 4. A型侈口罐（G5：5）
6、7. A型瓮（T14⑧：2、H23：4） 8. 深腹罐（H23：1） 9. B型瓮（G5：3） 10、11、13. A型高领罐（H23：6、H25：1、H23：10） 12. B型高领罐（G5：12）

标本H23：6，夹粗砂红陶。仅存口颈部，口沿下局部饰块状斜向绳纹。口径16.8、残高5.4厘米（图9-28-10）。标本H25：1，含细砂粗泥红陶。颈部以下残。口径13.7、残高5.8厘米（图9-28-11）。

B型 3件。直口，直领。标本G5：12，夹粗砂褐陶。圆唇，肩部以下残。唇部压印深痕，形成花边口沿，颈部有一周圆形小镂孔。口径35.4、残高9.5厘米（图9-28-12）。

C型 2件。敞口，领部从上向下逐渐变粗。标本T14⑧：1，夹粗砂灰皮红陶。唇略尖，肩部以下均残。肩部局部饰方格纹。口径18.9、残高9.4厘米（图9-28-2）。

2. 侈口罐

6件。根据口唇部形制差异可分二型。

A型 4件。厚方唇。标本G5：5，泥质灰皮褐陶。厚唇，溜肩，肩部以下残。口径19.2、残高5.2厘米（图9-28-4）。

B型　2件。圆唇微内卷。标本H23：14，夹粗砂红褐陶。颈部以下残。口径24.9、残高3.6厘米（图9-28-1）。

3. 卷沿罐

5件。标本H23：9，夹粗砂红陶。侈口，圆唇，溜肩，下部残。肩部以下饰纵向中粗绳纹。口径27.6、残高8.3厘米（图9-28-3）。标本G5：1，泥质灰陶。圆唇，圆肩，肩部以下残。唇下至颈部均饰纵向粗绳纹。口径30.7、残高7.4厘米（图9-28-5）。

4. 深腹罐

1件。标本H23：1，泥质红陶，局部呈褐色。口颈部残，溜肩，深鼓腹，底部残。颈部饰一道凸弦纹，肩腹部饰方格纹，下腹饰四道抹划弦纹。腹最大径48.4、残高55.4厘米（图9-28-8）。

5. 瓮

12件。其中5件根据口沿形制差异可分二型。

A型　3件。厚沿。标本T14⑧：2，泥质红陶。唇略尖，颈部以下残。口径35.8、残高7.7厘米（图9-28-6）。标本H23：4，泥质灰陶。圆唇，溜肩，肩部以下残。肩腹部饰方格纹。口径44.8、残高17.2厘米（图9-28-7）。

B型　2件。方唇。标本G5：3，泥质灰陶。卷沿，广肩，肩部以下均残。口径38.2、残高7.1厘米（图9-28-9）。

6. 甗

1件。标本G5：14，夹细砂灰陶。上部已残，束腰，下部呈鬲形，下部鼓腹，袋足，足下部已残。上部残存部分可见纵向粗绳纹，腰部以下先通饰纵向粗绳纹，再在腰部下面饰一道凹弦纹、肩部饰两道抹划弦纹。腹径27.1、残高23.2厘米（图9-29-3）。

7. 鬲

1件。标本T17⑧：2，夹细砂灰黑陶。平折沿，方唇，束颈，溜肩，腹部向内斜收，平裆，袋足较浅，足为圆柱形，下部残。沿上和唇部各饰一道凹弦纹，颈部以下通饰粗绳纹，除裆足部有少量为横斜向之外，均为纵向。口径28.8、残高22.9厘米（图9-29-6）。

8. 鬲甗类

（1）口沿

21件。其中7件根据口颈肩部形制差异可分二型。

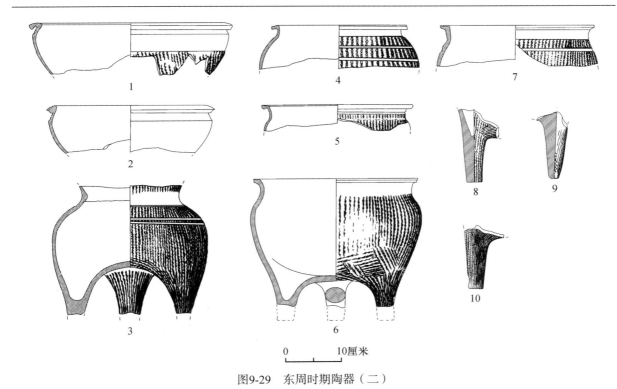

图9-29　东周时期陶器（二）

1、2. B型鬲甗类口沿（H23：15、H23：7）　3. 甗（G5：14）　4. Ab型鬲甗类口沿（G5：2）　5、7. Aa型鬲甗类口沿（G5：13、H23：13）　6. 鬲（T17⑧：2）　8、10. A型鬲甗类器足（H23：12、G5：15）　9. B型鬲甗类器足（H23：11）

A型　3件。平折沿，束颈。可能为鬲。根据口肩部差异可分二亚型。

Aa型　2件。敞口，溜肩。标本H23：13，泥质灰陶。肩部以下残。方唇。平沿上有三道凹弦纹，肩部以下饰纵向粗绳纹，并有一道凹弦纹。口径26.7、残高7.2厘米（图9-29-7）。标本G5：13，泥质灰皮红陶。敞口，宽沿，厚唇，肩部以下均残。颈部饰一道凹弦纹，弦纹以下满饰纵向粗绳纹，再饰一道抹划弦纹。口径26、残高4.8厘米（图9-29-5）。

Ab型　1件。直口，圆肩。标本G5：2，泥质灰陶。鼓腹，肩部以下残。先肩部以下满饰纵向粗绳纹，再饰两道抹划凹弦纹。口径23.6、残高7.9厘米（图9-29-4）。

B型　4件。敛口，折肩，下腹向内急收。可能为甗。标本H23：7，泥质灰陶。厚沿，尖唇，下腹以下残。口径29.3、残高8.8厘米（图9-29-2）。标本H23：15，泥质灰陶。厚唇，下腹以下残。腹部饰纵向中粗绳纹。口径35.6、残高9.5厘米（图9-29-1）。

（2）器足

24件。其中7件根据形制差异可分二型。

A型　5件。圆柱状，上部略粗，平底。通饰纵向粗绳纹。标本H23：12，夹粗砂灰皮红褐陶。残高13.4厘米（图9-29-8）。标本G5：15，夹粗砂红褐陶。残高11.7厘米（图9-29-10）。

B型　2件。略呈圆锥形的圆柱状，下部细，底部略呈圜底形。通饰纵向粗绳纹。标本H23：11，夹粗砂红褐陶。残高12.3厘米（图9-29-9）。

9. 豆

59件。其中18件根据豆盘形制差异可分四型。

A型　10件。浅盘，直口，圆唇。标本H23：2，可复原。泥质黑皮褐陶。盘底较平，柄较矮，下部呈喇叭形，近底部有一折棱。口径14.9、足径9.8、高10.4厘米（图9-30-8）。标本G5：4，泥质灰陶。仅存豆盘。口径16.2、残高4.5厘米（图9-30-2）。

B型　6件。敞口，沿外撇。标本H23：8，泥质灰陶。仅存残豆盘。唇略尖，口沿明显外撇。口径19.4、残高5.5厘米（图9-30-1）。标本G5：16，夹细砂红陶。仅存残豆盘。圆唇，弧腹。口径17.1、残高5.5厘米（图9-30-5）。

C型　1件。浅盘，敛口，唇略尖。标本T16⑧：3，泥质灰陶。仅存残豆盘。口径14.3、残高3.2厘米（图9-30-9）。

D型　1件。标本T15⑧：1，浅盘，敞口，斜壁。泥质灰陶。圆唇，弧壁，柄较高而下部残。盘径13.6、残高11.5厘米（图9-30-6）。

豆柄　45件。其中16件根据柄部粗细、长短差异可分二型。

A型　12件。粗柄较短，呈喇叭形。标本H23：5，泥质黑皮褐陶。盘底近圜底，喇叭形柄近底部有一折棱。足径11.4、残高6.7厘米（图9-30-4）。标本G5：8，泥质红褐陶。仅存底部。足沿略内勾。足径9.6、残高4.5厘米（图9-30-10）。

B型　4件。中粗柄较长且直。标本H25：3，泥质灰褐陶。豆盘为圜底，柄下部残。残高6.4厘米（图9-30-7）。标本G5：10，泥质灰陶。直柄下部呈喇叭形。足径7.8、残高9.6厘米（图9-30-3）。

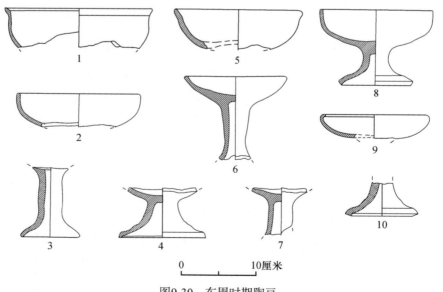

0　　　　　10厘米

图9-30　东周时期陶豆

1、5. B型豆（H23：8、G5：16）　2、8. A型豆（G5：4、H23：2）　3、7. B型豆柄（G5：10、H25：3）　4、10. A型豆柄（H23：5、G5：8）　6. D型豆（T15⑧：1）　9. C型豆（T16⑧：3）

10. 壶

2件。仅存口沿残片。

11. 器盖

4件。仅存残片。为圈足纽。

12. 圆饼

2件。均利用残陶片制成。平面近圆形。标本G5：18，泥质红陶。一面饰有方格纹。最大径3.8、厚0.7厘米（图9-31-6）。标本G5：19，泥质灰陶。最大径约3.2、厚0.7厘米（图9-31-7）。

13. 纺轮

12件。均为算珠形。标本T13⑧：1，泥质灰陶。斜壁。直径3.4、厚1.5厘米（图9-31-5）。

14. 网坠

21件。均为泥质红陶。其中7件根据大小可分三型。

A型　2件。大型。近圆柱形，但中部略粗。标本T16⑧：2，长7.1、最大径2.1厘米（图9-31-3）。

B型　2件。中型。平面略呈橄榄形，中部最粗逐渐向两端变细。标本T15⑧：5，长6.2、

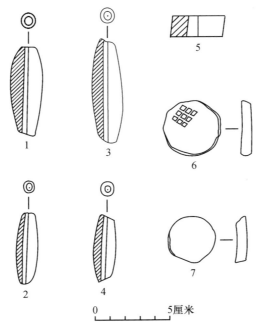

图9-31　东周时期陶器（三）

1.B型网坠（T15⑧：5）　2、4.C型网坠（T16⑧：4、T16⑧：1）　3.A型网坠（T16⑧：2）　5.纺轮（T13⑧：1）
6、7.圆饼（G5：18、G5：19）

最大径2.2厘米（图9-31-1）。

　　C型　3件。小型。近圆柱形，中部略粗。标本T16⑧：1，长4.6、最大径1.6厘米（图9-31-4）。标本T16⑧：4，长4.9、最大径1.5厘米（图9-31-2）。

15. 环

1件。标本H25：15，泥质红陶。仅存残片，横断面呈椭圆形。

此外，还出土有少量新石器时代和夏商时期的陶器。

新石器时代晚期的陶器可辨器类的有折沿深腹罐9片、敞口罐1片、卷沿壶4片、盘口罐1片、折沿盆10片、厚壁缸1件（片）。

夏商时期的陶器有小平底罐5片、灯形器4片（件），仅见器物的残片。

三、石器分类

数量很少。可辨识的器类有斧、锛、小刀和切割器等。石质多为海成岩。这一时期的石器多为小型、通体磨制。

1. 斧

1件。磨制。标本H23：23，海成岩，绿色。平面基本为长方形，舌形刃。通体磨制，但两侧留有打制加工痕迹，刃部双面磨制。长7.7、宽4.1、厚1.1、刃宽0.8厘米（图9-32-3）。

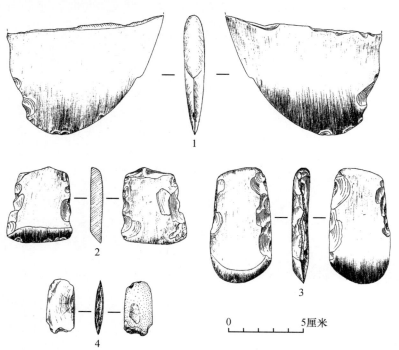

0　　　　　5厘米

图9-32　东周时期石器

1. 切割器（H25：2）　2. 锛（H23：24）　3. 斧（H23：23）　4. 小刀（T17⑧：1）

2. 锛

1件。磨制。标本H23：24，海成岩，灰色。平面呈较宽的长方梯形，平刃。器身两侧和顶端为打制和二次修整痕迹，器身两面磨制，刃部单面磨制，有使用痕迹。长5、宽4.3、厚0.8、刃宽1.1厘米（图9-32-2）。

3. 小刀

1件。标本T17⑧：1，海成岩，绿色。平面呈狭长方形。两面保留剥离面和砾石自然面，仅两侧和刃部磨制，刃部单面磨制，有使用痕迹。长3.6、宽1.9、厚0.5、刃宽0.4厘米（图9-32-4）。

4. 切割器

1件。标本H25：2，花岗岩，黑、白混合色。刀身薄，可能刀背已残缺，刃部为不规则舌形。通体磨制，刃部为双面磨制，有使用痕迹。残长8、宽10、厚1.4厘米（图9-32-1）。

四、晚期遗存出土早期玉石器

在遗址的晚期遗迹内也出土有少量的早期石器和玉器。

1. 斧

1件。标本M1填土：2，海成岩，白条带灰花石。平面为长方条形，双面刃，刃部和顶端均略残。通体磨制，但一侧留有大量打制痕迹，刃部有使用痕迹。长9.9、宽4、厚2厘米（图9-33-2）。

2. 锛

2件。均为磨制，双面刃。根据平面形制差异可分为二型。

A型　1件。平面呈长方梯形。标本G6：1，海成岩，绿色。顶端为圆角，弧刃，器身较厚。器表大部分磨制，刃部有使用痕迹。长6.7、最宽5、最厚2厘米（图9-33-4）。

B型　1件。平面近方形。标本H13：1，海成岩，绿色。平刃，顶端微弧。通体磨制，但两侧留有打制痕迹，刃部有使用痕迹。长8.2、宽7.6、厚1.9厘米（图9-33-3）。

3. 锛形器

1件。标本H1：22，火成岩，红褐色。平面略呈窄三角形，双面弧刃，通体磨制。最长6、最宽4、最厚处1.1厘米（图9-33-5）。

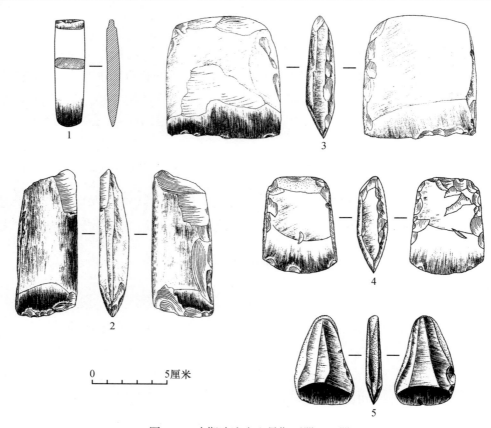

图9-33　晚期遗迹出土早期石器、玉器

1. 玉凿（H5：2）　2. 石斧（M1填土：2）　3. B型石锛（H13：1）　4. A型石锛（G6：1）　5. 石锛形器（H1：22）

4. 玉凿

1件。标本H5：2，海成岩，白色。通体磨制。长条形，弧形双面刃，头端为子榫，推测原可能有木质母卯套入形成复合工具。长7.4、宽2、厚0.9厘米（图9-33-1）。

五、文化性质与年代

1. 文化性质

这一时期的陶器主要可以分为两组。第一组具有当地土著文化因素，如高领罐、侈口罐、卷沿罐、深腹罐、瓮等。第二组主要体现的是楚文化因素，如鬲、甗和豆等。从数量上分析，楚文化因素陶器所占比重可能更大。

2. 年代

鬲与湖北当阳赵家湖春秋中期楚墓出土的BⅡ式、B型Ⅲ式陶鬲（JM7：4、JM65：4、JM1：10）造型大体相同[①]。捏塑的花边口沿罐是三峡库区周代常见陶器，B型花边口高领罐

---

① 湖北省宜昌地区博物馆、北京大学考古系：《当阳赵家湖楚墓》，文物出版社，1992年，第178、186页。

（G5：12）的领部有一周圆形镂孔，与忠县中坝遗址周代H458出土的花边口陶瓮（H458：1）的领部装饰相同[1]，两者的年代应相近。陶甗在三峡库区范围内流行主要是在周代，尤其是春秋时期[2]。

综合以上大体可以断定周代遗存的年代约为春秋时期，下限可能会晚到战国早期。

第四节　东晋南朝遗存

这一时期的地层有第7层，以及灰坑12个、陶窑1处。

一、遗　迹

第7层下的遗迹有H7、H8、H10、H21，第6层下的遗迹有H1～H3、H11、H12、H19、H26、H30、Y1。

1. 灰坑分类

12个。其中4个开口于第7层下，8个开口于第6层下。根据平面形制差异可分六型。

A型　4个。圆形，平底，坑壁平整。根据口底大小差异可分三亚型。

Aa型　1个（H7）。口底基本同大。H7，位于T9东南部和T7西南部偏中。口径1.32、深0.52米（图9-34-1）。

Ab型　2个（H10、H30）。口略大于底。H30，位于T9东北部。口径1.02、底径0.92、深0.34米。坑底堆放有石块4个，最大的长0.65、宽0.2、厚0.14米，最小的长0.16、宽0.12、厚0.1米。石头摆放整齐，似有意堆放（图9-34-3）。

Ac型　1个（H26）。位于T1中部偏西。坑口呈圆形，坑壁向内倾斜，底呈锅底状，但凸凹不平。直径4、深0.6～1.28米（图9-34-4）。

B型　1个（H12）。椭圆形，口大底小，底部平整，坑壁平整。位于T4东北部。口径1.26～1.58、底径1.04～1.4、深0.86米（图9-34-2）。

C型　2个（H11、H21）。非对称的两个坑相叠，上大下小，坑壁平整。H11，第一级大坑为椭圆形，坑底一侧有一不规则圆形小坑，形成二级。坑壁垂直，底部平整。位于T7东北部。坑总深0.4米。第一级直径1.2～1.65、深0.3米。第二级直径0.4～0.5、深0.1米（图9-35-4）。

D型　3个。这是一种形制和性质均较为特殊的灰坑。结构为三层同心圆形，从口到底呈台

---

①　四川省文物考古研究所、北京大学考古文博学院、美国UCLA大学、重庆市文物局、忠县文物保护管理所：《忠县中坝遗址1999年度发掘简报》，《重庆库区考古报告集·2000卷（下）》，科学出版社，2007年，第1023页。

②　山东大学考古系：《巴东黎家沱遗址发掘简报》，《湖北库区考古报告集》（第一集），科学出版社，2003年；四川省文物考古研究所、北京大学考古文博学院、美国UCLA大学、重庆市文物局、忠县文物保护管理所：《忠县中坝遗址1999年度发掘简报》，《重庆库区考古报告集·2000卷（下）》，科学出版社，2007年。

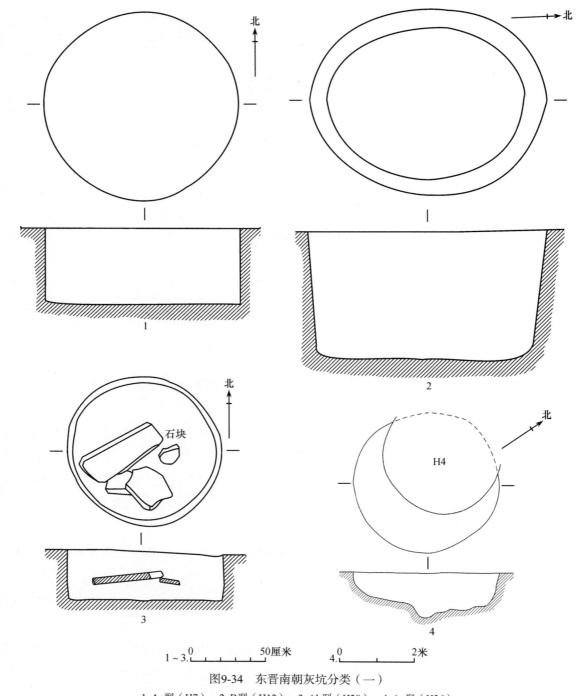

图9-34　东晋南朝灰坑分类（一）

1. Aa型（H7）　2. B型（H12）　3. Ab型（H30）　4. Ac型（H26）

阶式逐层降低，均为平底。虽然形制各有差异，但三座基本呈三角形排列，形制十分规整，在废弃前应有某种特殊用途。根据三级坑平面大小比例差异可分三亚型。

　　Da型　1个（H1）。第一级坑平面很大，第二级坑平面很小，三级坑的坑壁都基本垂直。位于T6西北部。总深度0.96米。第一级坑壁略向内倾斜，底部平整，口径2.1、底径2、深0.67米。第二级坑壁垂直，底部平整，直径0.68、深0.21米。第三级坑壁垂直，坑底平整，直径0.28、深0.08米（图9-35-1）。

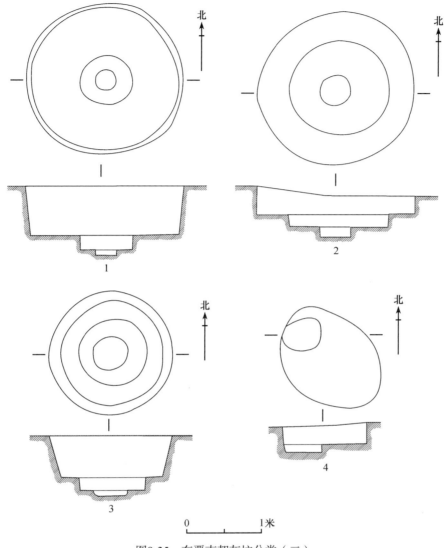

图9-35　东晋南朝灰坑分类（二）

1. Da型（H1）　2. Db型（H2）　3. Dc型（H3）　4. C型（H11）

Db型　1个（H2）。三级坑的平面基本等距离缩小，三级坑的坑壁都基本垂直。位于T6东北部。总深度0.72米。第一级坑壁略向内倾斜，底部平整，口径2.1、底径2.05、深0.4米。第二级坑壁略向内倾斜，底部平整，口径1.3、底径1.28、深0.18米。第三级坑壁垂直，坑底平整，直径0.4、深0.14米（图9-35-2）。

Dc型　1个（H3）。三级坑的平面基本等距离缩小，第一级坑的坑壁明显向内倾斜，口大底小，但二、三级坑的坑壁基本垂直。位于T6西南部。总深度0.84米。第一级坑壁明显向内倾斜，底部平整，口径1.66、底径1.34、深0.6米。第二级坑壁略向内倾斜，底部平整，口径0.9、底径0.86、深0.16米。第三级坑壁略向内倾斜，底部平整，口径0.44、底径0.37、深0.08米（图9-35-3）。

E型　1个（H8）。长方形，口大底小，底部高低不平，还有一不规则的二级小坑。位于T7西南部，口部长2.52、宽1.4米，底部长1.9、宽0.86米，深0.46~0.68米（图9-36-2）。

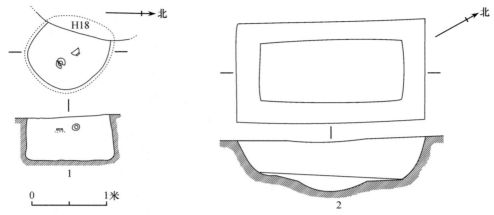

图9-36　东晋南朝灰坑分类（三）
1. F型（H19）　2. E型（H8）

F型　1个（H19）。平面呈不规则圆形，口小底大，略呈袋状，底部平整。位于T7东南部，被H18打破。口径1.1、底径1.15、深0.6米（图9-36-1）。

2. 窑址

1座（Y1）。由火膛和窑膛组成，为馒头窑。位于T14西部、T16东部。窑膛为椭圆形，长径1.48、短径1.28米，口大底小，坑壁略为向内倾斜，底部长径1.46、短径1.2米，深0.84～0.94米。火膛为长条形，长2、宽0.5、深0.3～0.4米，其中在北端有两块叠在一起的外饰绳纹内素面的筒瓦（长32、宽15、厚3厘米）（图9-37）。

二、瓷 器 分 类

瓷器均为青瓷。胎色以灰白胎、灰胎为主，釉色有青绿釉、青灰釉、酱黄釉、土黄釉等。有部分器物外壁上部挂半釉，下部施红褐色化妆土。器类有碗、盏、盘、钵、器盖、虎子等。此外还有罐、壶等的残片。

1. 碗

35件。内壁满釉，外壁挂半釉。其中18件根据底部形制差异可分三型。
A型　6件。平底，大部分底部微内凹。根据腹部深浅差异可分二亚型。
Aa型　4件。腹部较浅。根据深浅程度变化分为二式。
Ⅰ式：1件。腹部很浅，敞口。标本H1：9，灰胎，黄绿釉，下部施红褐色化妆土。口部较直。内底一周共十七个支钉痕。口径15、底径9.8、高5.5厘米（图9-38-14）。
Ⅱ式：3件。腹部较Ⅰ式略深，敞口或直口。标本H1：1，灰胎，青绿釉。内底一周共八个支钉痕。口径14.6、底径7.6、高5.5厘米（图9-38-2）。标本H1：8，灰胎，青绿釉。口部较直。腹下部有两道随意的划线纹。口径14.2、底径8.8、高6.1厘米（图9-38-13）。标本

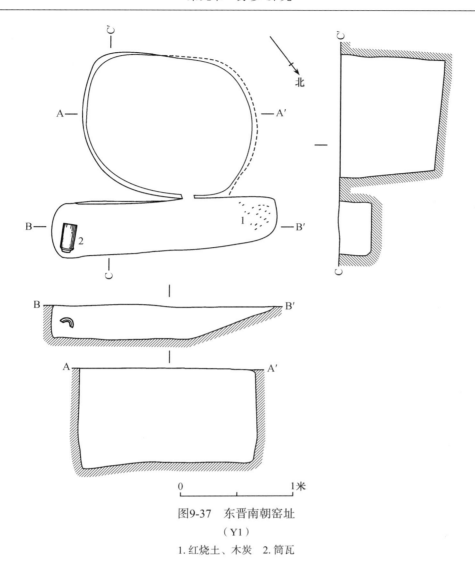

图9-37　东晋南朝窑址
（Y1）
1.红烧土、木炭　2.筒瓦

H1：13，灰胎，灰绿釉，下端施红褐色化妆土。腹下部有四道划线纹，外底有随意的半圆线划纹，内底一周有七个支钉痕。口径14.6、底径8.2、高5.7厘米（图9-38-7）。

　　Ab型　2件。腹部较深。敞口或直口。标本H1：2，灰胎，灰绿釉。口径14.5、底径8.4、高6.2厘米（图9-38-1）。标本H3①：2，灰胎，灰绿釉。内底一周支钉痕。口径14.6、底径7.7、高5.9厘米（图9-38-8）。

　　B型　6件。饼足。根据饼足形制差异可分二亚型。

　　Ba型　4件。大饼足，弧壁。根据足墙高低变化可分二式。

　　Ⅰ式：2件。足墙很矮。标本H19：3，灰白胎，青灰釉。腹部较浅，矮饼足。下腹近饼足处有刀削加工痕迹，内底一周有十余个不规律分布的支钉痕。口径15.1、足径9.5、高5.6厘米（图9-38-15）。标本H26：1，灰胎，青灰釉，外壁挂半釉，下端露胎。口部近直，弧壁。内底一周有多处支钉痕。口径14.2、足径9.2、高5.9厘米（图9-38-9）。

　　Ⅱ式：2件。足墙较高。标本H1：7，灰胎，灰绿釉。腹部较深，饼足上大下小。内底一周有八个支钉痕。口径13.8、足径8.4、高5.9厘米（图9-38-3）。标本H26：3，灰胎，灰绿

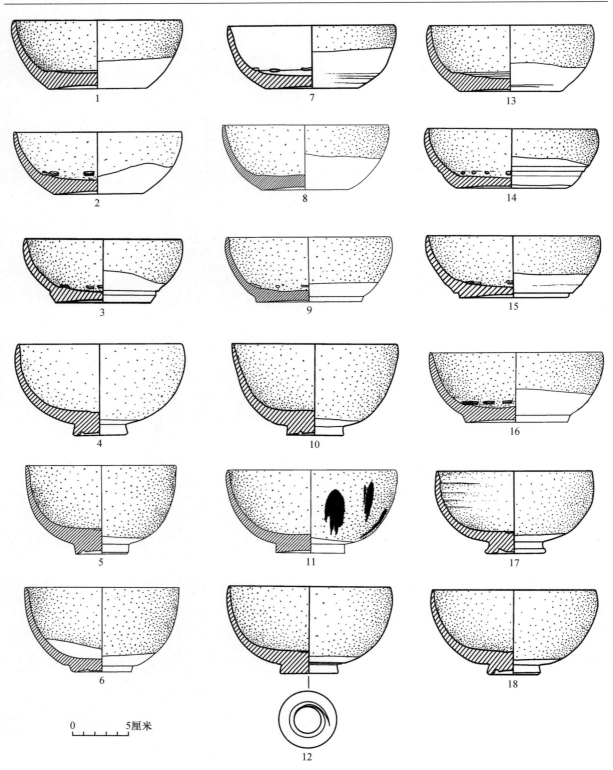

图9-38　东晋南朝瓷碗

1、8. Ab型（H1：2、H3①：2）　　2、7、13. Aa型Ⅱ式（H1：1、H1：13、H1：8）　　3、16. Ba型Ⅱ式（H1：7、H26：3）
4、5、10. Cb型（H1：16、H26：5、H1：10）　6. Cc型（H26：2）　　9、15. Ba型Ⅰ式（H26：1、H19：3）　　11、12. Bb型
（H26：7、H1：3）　　14. Aa Ⅰ式（H1：9）　　17、18. Ca型（H1：5、H1：15）

釉。腹部较深，饼足略高。内底一周有十四个方形支钉痕。口径14.9、足径8.8、高6.3厘米（图9-38-16）。

Bb型　2件。小饼足，圆弧腹。标本H1：3，灰胎，青绿釉。腹部较深，饼足下部略大于上部。饼足下有两个同心圆划纹。口径14.2、足径5.1、高7.9厘米（图9-38-12）。标本H26：7，灰白胎，青黄釉。深腹，饼足略大且外壁垂直。器表绘有深褐色不规则团状图案。口径14.8、足径6.1、高7.8厘米（图9-38-11）。

C型　6件。玉璧足，圆弧壁。根据底部和腹部差异可分三亚型。

Ca型　2件。浅腹，玉璧足较小且底部明显外撇。标本H1：5，灰胎，青绿釉。足较高，底外沿微卷。口径13.7、足径5.3、高7.6厘米（图9-38-17）。标本H1：15，灰胎，黄釉，外壁挂半釉，釉下施红褐色化妆土。足矮。口径14.4、足径4.6、高7.7厘米（图9-38-18）。

Cb型　3件。腹部深，玉璧足小。标本H26：5，灰白胎，青绿釉。敞口，深腹，玉璧足略高且外壁垂直。内底有一凹圆圈。口径13.2、足径4.6、高8.1厘米（图9-38-5）。标本H1：16，灰胎，黄釉，外壁挂大半釉，釉下施红褐色化妆土。敞口较直，深腹，玉璧足较高，底略外撇。口径14.5、足径4.8、高8.3厘米（图9-38-4）。标本H1：10，灰胎，灰绿釉。敞口，矮足微外撇。足内底部有一道划弦纹。口径14.5、足径4.9、高8.3厘米（图9-38-10）。

Cc型　1件。腹部深，玉璧足略大且矮。标本H26：2，灰胎，绿褐釉。敞口较直。口径13.7、足径5.4、高7.8厘米（图9-38-6）。

2. 盏

7件。其中4件根据底部形制差异可分二型。

A型　3件。饼足。根据腹部和底部形制差异可分二亚型。

Aa型　2件。浅腹，大饼足。敞口，弧壁。外壁均挂半釉。标本H1：11，灰胎，灰绿釉。饼足极矮。内底一周有三个圆形小支钉痕。口径8.8、足径4、高3.7厘米（图9-39-3）。标本H1：14，灰胎，灰绿釉。矮饼足。内底一周有三个圆形支钉痕。口径9.9、足径5.8、高3.3厘米（图9-39-7）。

Ab型　1件。深腹，小饼足。标本H1：12，灰胎，灰绿釉，外壁下端露胎。敞口较直，弧壁。内底一周有三个圆形支钉痕。口径9.2、足径3.6、高4.9厘米（图9-39-8）。

B型　1件。玉璧足。标本H1：6，灰胎，青绿釉，外壁下端露胎。敞口，弧壁。口径9.2、足径3.5、高5厘米（图9-39-4）。

3. 盘

8件。外壁均挂半釉。其中4件根据腹部形制差异可分二型。

A型　3件。腹部极浅。敞口，尖唇，平底微内凹。标本H1：4，灰胎，灰绿釉。口径13.6、高2.1厘米（图9-39-5）。标本H26：6，浅灰胎，绿釉。器底表面有一道凹弦纹。口径13.4、高1.9厘米（图9-39-2）。标本H1：17，灰白胎，灰绿釉。底部残。腹下部有两道划弦

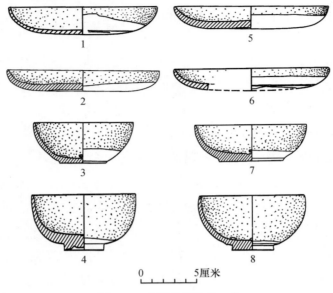

图9-39　东晋南朝瓷盏、盘

1. B型盘（H19：4）　　2、5、6. A型盘（H26：6、H1：4、H1：17）　　3、7. Aa型盏（H1：11、H1：14）　　4. B型盏（H1：6）
8. Ab型盏（H1：12）

纹。口径14.1、残高2.1厘米（图9-39-6）。

B型　1件。腹部较深。标本H19：4，灰白胎，淡青泛黄釉。敞口，平底，器壁较薄。下腹外壁有两道划纹。口径13、高2.4厘米（图9-39-1）。

4. 钵

6件。外壁均挂半釉。根据器底形制差异可分二型。

A型　2件。大平底。敞口较直，下腹向内斜收。标本H3①：3，灰白胎，青绿釉。内底一周有二十个支钉痕。口径15.5、底径10.3、高6.2厘米（图9-40-2）。标本H26：10，灰胎，青灰釉。内底一周有几个小支钉痕。口径16.8、底径10.7、高6.4厘米（图9-40-5）。

B型　4件。饼足。根据底部形制差异可分三亚型。

Ba型　2件。敞口，大饼足。弧壁。标本H26：4，灰胎，青绿釉。内底一周有十六个小支钉痕。口径15.4、足径9.2、高6厘米（图9-40-7）。标本H26：8，灰红胎，黄绿釉。内底一周有十六个支钉痕，脱釉严重。口径15.3、足径9.7、高7.5厘米（图9-40-6）。

Bb型　1件。中饼足。直口。标本H19：1，灰白胎，青灰釉。圆唇，弧壁。内底一周有十六处小支钉痕。外壁口沿下有两道凹弦纹，其下刻划莲瓣纹。口径20.3、足径9.9、高10.3厘米（图9-40-3）。

Bc型　1件。敛口，小饼足。标本H21：1，灰白胎，青黄釉，内外下端露胎。器表饰三道凹弦纹，在下面两道凹弦纹之间刻划有连珠纹构成的圆圈和平行线纹相间组成的图案。口径12.5、足径5.5、高12.2厘米（图9-40-8）。

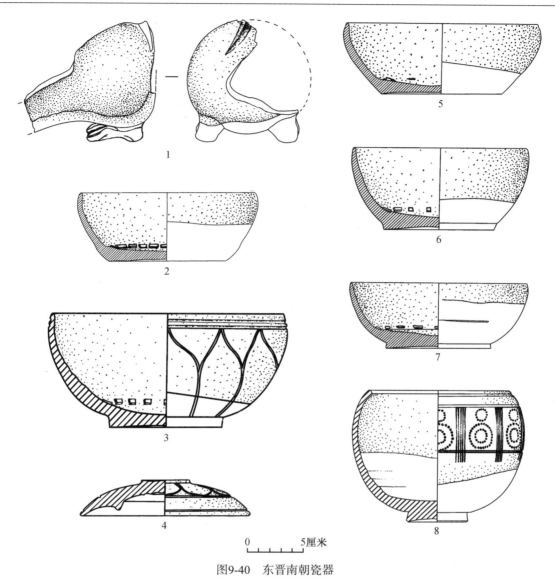

图9-40　东晋南朝瓷器

1.虎子（H26：9）　　2、5.A型钵（H3①：3、H26：10）　3.Bb型钵（H19：1）　4.器盖（H19：2）　6、7.Ba型钵（H26：8、H26：4）　8.Bc型钵（H21：1）

5. 器盖

1件。标本H19：2，灰白胎，外表施满青绿釉。圆唇，弧壁，饼足纽，内壁有母口。器表下部饰两道凹弦纹，上部刻划一周莲瓣纹。口径15.1、高3.4厘米（图9-40-4）。

6. 虎子

1件。标本H26：9，仅存后半部。灰胎，青绿釉，底腹部及足局部露胎。残长11.6、残高11.1厘米（图9-40-1）。

三、陶器分类

数量不多。主要为泥质灰陶，另有泥质红褐陶、红陶等。器类有盆、罐、釜、网坠等。此外，还有小钵的残片。

1. 盆

1件。标本H19：5，泥质灰陶。折沿，口部以下残。

2. 罐

1件。标本H1：18，泥质灰陶。仅存残件。上腹以上无存，下腹略内弧，平底。最大残径23.6、底径18、残高6.7厘米。

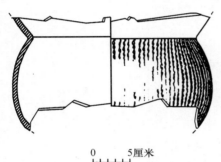

0　　　5厘米

图9-41　东晋南朝陶釜
（H26：11）

3. 釜

2件。标本H26：11，夹砂黑褐陶。折沿，鼓腹，口沿、下腹及底部均残。腹部满饰粗绳纹。残口径27.3、残高16.1厘米（图9-41-2）。

4. 网坠

1件。标本Y1：3，泥质红褐陶。鼓腰形，中腹略粗，两端较细，管状中空。残长2.3厘米。

5. 瓦

可分为板瓦和瓦当。基本均为泥质灰陶，个别为泥质褐皮灰陶、黑皮灰陶、泥质黄红陶。

板瓦　109片。其中外侧饰粗绳纹内侧饰粗布纹14片，外侧素面内侧饰粗布纹25片，外侧饰粗绳纹内侧素面44片，外侧素面内侧饰粗绳纹5片，内外侧均饰粗绳纹12片，内外均为素面9片。

瓦当　3件。均为莲花纹。根据图案不同可分二型。

A型　2件。无沿，莲花瓣为放射状。标本H26：13，泥质灰陶。当心为一圆纽，纽外有五周阳线同心圆。在内圈二、三周同心圆之间有一周连珠纹，约20个圆珠。在第三、四周和第四、五周同心圆之间也各有一周连珠纹，其中前者约有32个圆珠，后者由于磨损严重数量不详。直径11.6、厚1.3厘米（图9-42-3、4）。

B型　1件。莲花纹。中心为一七子莲蓬，其外八瓣莲花，宽沿。标本H26：12，泥质灰陶。直径12.6、边轮宽0.8～1.2、厚1.5厘米（图9-42-1、2）。

图9-42 东晋南朝瓦当
1、2. B型（H26∶12） 3、4. A型（H26∶13）

四、其他遗物

1. 石器

2件。有纺轮、锛、半球形器等。

半球形器 1件。标本H1∶21，火山岩，灰青色。较扁的半球形，通体磨制。直径4、高2厘米（图9-43）。

纺轮 1件。标本H3②∶1，沉积岩，深灰色。算珠形，仅存残段。

2. 铜钱

1枚。

五铢 1枚。标本H1∶20，"五"字交叉两笔弯曲，为东汉"五铢"。直径2.5、厚0.7厘米（图9-44）。

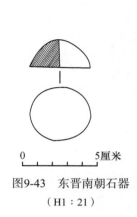

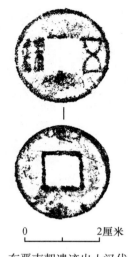

图9-43　东晋南朝石器　　　　　　　　图9-44　东晋南朝遗迹出土汉代铜钱拓本
（H1：21）　　　　　　　　　　　　　　　（H1：20）

五、文化特征与年代

1. 文化特征

这一时期的主要文化特点是瓷器的大量出现，器类有碗、钵、盘、盏、器盖，还有虎子等。这说明瓷器已经开始在日常生活中较为普遍地使用。瓷器的产地主要是长江中游和下游地区，大致能辨识窑口的主要是湘阴窑，也有洪州窑。

2. 特殊遗迹

东晋南朝时期的部分灰坑性质特殊，尤其是H1～H3三座灰坑，其形制都是三个同心圆相叠，上大下小。这种形制当有特定的含义。

3. 年代

这一时期的瓷器均为青瓷，器物造型的特点是碗、盏、盘、钵类主要为平底和饼足，另有少量的玉璧足。这些都显示出东晋南朝瓷器的特点。本期瓷器中出现有刻划莲瓣纹的钵和器盖。莲瓣纹饰的做法存在一个发展演变过程，早期是刻划式，以后逐渐发展成浅浮雕式。重庆云阳李家坝遗址南朝F1[1]、湖南资兴南朝449号墓[2]、湖北武昌南齐永明三年（485年）墓[3]、福建闽侯南屿南朝中期墓[4]、贵州平坝马场南朝墓[5]、河北景县北齐封氏墓[6]、河北

---

①　四川大学历史文化学院考古系、云阳县文物管理所：《云阳李家坝遗址发掘报告》，《重庆库区考古报告集·1997卷》，科学出版社，2001年，第209～243页。

②　湖南省博物馆：《湖南资兴晋南朝墓》，《考古学报》1984年第3期。

③　湖北省博物馆：《武汉地区四座南朝纪年墓》，《考古》1965年第4期。

④　福建省博物馆：《福建闽侯南屿南朝墓》，《考古》1980年第1期。

⑤　贵州省博物馆考古组：《贵州平坝马场东晋南朝墓发掘简报》，《考古》1973年第6期。

⑥　张季：《河北景县封氏墓群调查记》，《考古通讯》1957年第3期。

平山北齐崔昂墓①、山西祁县白圭北齐韩裔墓②、河南安阳北齐范粹墓③、河南濮阳北齐李云墓④所出的瓷莲花碗、莲花盘、莲花罐、莲花尊、莲花壶、莲花盖，都为浅浮雕式莲花纹。白此观察，这种做法大概出现于南北朝前期，盛于南北朝后期。H26出土的B型莲瓣纹瓦当〔H26：12〕为饼式莲心，其上饰莲蓬七子，莲花八瓣，周边为宽边。这种形式的莲瓣纹瓦当在南方主要见于南朝时期⑤。A型瓷碗与成都天府广场遗址出土的本地窑口A型瓷碗的造型基本相同，都为平底、浅腹斜直壁或弧壁，后者年代为两晋时期⑥。Ba型碗与成都天府广场遗址出土的外地窑口B型Ⅱ式瓷碗的造型基本相同，两者均为敞口、腹略深、大饼足，后者年代为东晋后期至南朝前期⑦。Bb型瓷碗、Ab型瓷盏与成都天府广场遗址出土的本地窑口Ba型瓷碗、外地窑口B型Ⅲ式瓷碗、本地窑口A型Ⅲ式瓷盏，以及福建闽侯南屿墓出土瓷盅的造型基本相同，两者均为直口、深腹圆弧壁、小饼足较高，后者年代分别为南朝后期至隋代⑧、南朝中期⑨。C型瓷碗与成都天府广场遗址出土的外地窑口B型Ⅳ式瓷碗的造型基本相同，两者均为小饼足，足墙较高，足底面刻划一圈凹槽，后者年代为南朝后期至隋代⑩。A型瓷盘与福建闽侯南屿墓出土的瓷盘造型基本相同，后者的年代为南朝中期⑪。综合以上，可以判定这一时期遗存的年代主要为南朝时期，而第7层和第7层下遗迹的年代也可能早到东晋，第6层下遗迹的年代虽为南朝，但是部分器物的年代可早到东晋时期。

第五节　唐五代遗存

这一时期的地层为第5、6层，有建筑遗迹4处、灰坑8个、水井1座、墓葬1座。

一、遗　迹

第6层下的遗迹有F1、F3、H6、H9、H17、H20、H22、H29，第5层下的遗迹有F2、J1、M1，第4层下的遗迹有F4、H13、H15。

① 河北省博物馆、河北省文物管理处：《河北平山北齐崔昂墓调查报告》，《文物》1973年第11期。
② 陶正刚：《山西祁县白圭北齐韩裔墓》，《文物》1975年第4期。
③ 河南省博物馆：《河南安阳北齐范粹墓发掘简报》，《文物》1972年第1期。
④ 周到：《河南濮阳北齐李云墓出土的瓷器和墓志》，《考古》1964年第9期。
⑤ 刘建国、潘美云：《论六朝瓦当》，《考古》2005年第3期。
⑥ 成都文物考古研究所：《成都天府广场东北侧古遗址考古发掘报告》，文物出版社，2016年，第121～141页。
⑦ 成都文物考古研究所：《成都天府广场东北侧古遗址考古发掘报告》，文物出版社，2016年，第126～141页。
⑧ 成都文物考古研究所：《成都天府广场东北侧古遗址考古发掘报告》，文物出版社，2016年，第122～141页。
⑨ 福建省博物馆：《福建闽侯南屿南朝墓》，《考古》1980年第1期。
⑩ 成都文物考古研究所：《成都天府广场东北侧古遗址考古发掘报告》，文物出版社，2016年，第121～141页。
⑪ 福建省博物馆：《福建闽侯南屿南朝墓》，《考古》1980年第1期。

1. 建筑遗迹

4处。现存主要都为柱洞。

F1　共有18个柱洞。主要位于T4内，分布无明显的规律。柱洞跨度东西宽8.3、南北长6.5米。在柱洞分布范围内有3座灰坑（H6、H17、H29）。这些柱洞大小不一，直径0.13～0.51、深0.06～0.45米。可能为地面简易棚室建筑，地面没有明显的活动面，似乎未经任何专门的处理（图9-45）。

F3　现存7个柱洞。位于T7内。建筑的北侧有3个柱洞（D1～D3）连成一条直线。东侧有4个柱洞（D3、D4、D6、D7）连成一条直线；南侧残存1个柱洞（D5）；西侧情况不详。三个

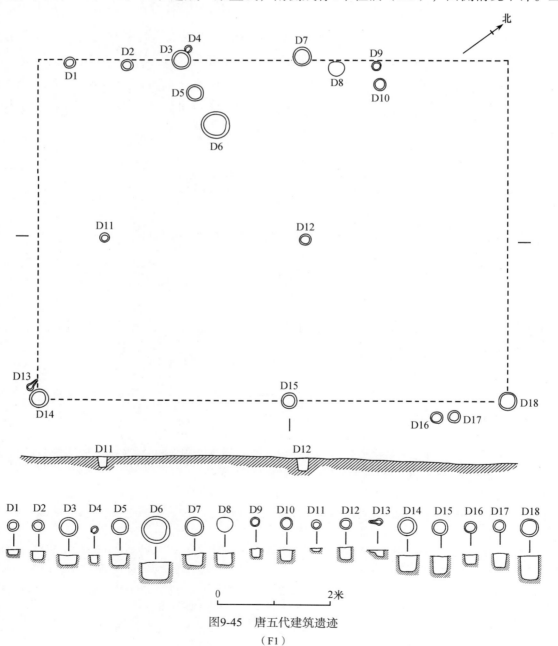

图9-45　唐五代建筑遗迹
（F1）

侧面的柱洞之间的夹角基本形成直角。这7个柱洞的平面都呈圆形，洞壁基本垂直，基本口底同大，只有D5口大底小，口径0.2～0.36、深0.14～0.38米。个别的柱洞内还有残砖，似作为柱础（图9-46）。

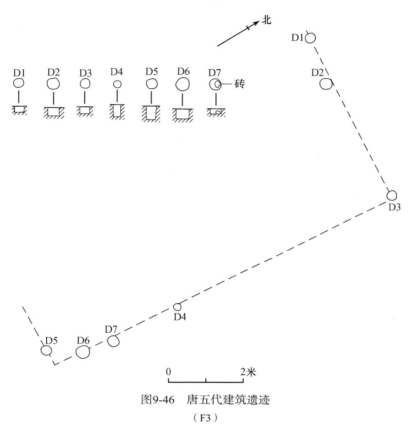

图9-46　唐五代建筑遗迹
（F3）

2. 灰坑分类

8个。根据平面形制差异可分三型。

A型　5个。圆形，平底。根据坑口、底大小差异可分二亚型。

Aa型　3个（H6、H17、H22）。口底基本同大，坑壁平整。H6，位于T4西南角。坑口西高东低呈斜坡状，坑壁基本垂直且较光滑，坑底平整。口径2.2、底径2.18、深0.46～0.53米（图9-47-1）。H22，位于T5中部偏东，直径0.7、深0.56米（图9-47-2）。

Ab型　2个（H15、H20）。口略大底略小，坑底平整。位于T12东南部。坑壁略微向内倾斜。口径1.2、底径1.05、深0.45米（图9-47-3）。

B型　1个（H29）。椭圆形，坑壁平整，口略小于底，平底。位于T4东南部。口径0.74～1、底径0.7～1.1、深1.1米（图9-47-4）。

C型　2个。非对称的两个坑相叠，上大下小，坑壁平整。根据平面形制差异可分二亚型。

Ca型　1个（H9）。为上下两级结构。第一级大坑为圆形。位于T7东北部和T6东南部。在上层坑底的北部又有一更小的坑，二级坑的坑壁均垂直，平底。坑总深1.3米，一级坑直径1.6、深0.6米，二级坑直径0.9～0.95、深0.2米（图9-48-1）。

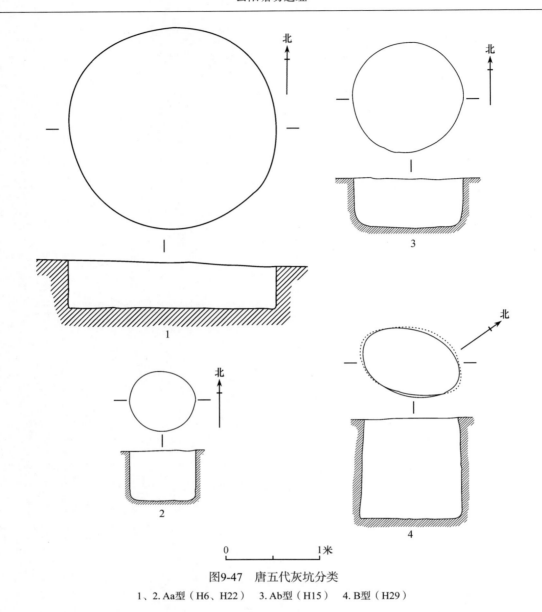

图9-47　唐五代灰坑分类
1、2.Aa型（H6、H22）　3.Ab型（H15）　4.B型（H29）

Cb型　1个（H13）。第一级大坑为椭圆形。位于T10南部。第一级坑口略大于底，坑底较平坦。第二级基本位于第一级坑底中部，为不规则椭圆形。总深1.18米，第一级坑口径1.8～2.12、底径1.64～1.92、深0.65～0.8米，第二级坑最长1.05、最宽0.72、深0.38米。在第一级西北部似有2个直径约10厘米的柱洞，柱洞1深5厘米，柱洞2深4厘米（图9-48-2）。

3. 水井

1座（J1）。平面呈圆形，坑壁略微向外倾斜，口小下部略大，由于下部大量渗水未能清理到底。位于T7东南部。口径0.76～0.92、下部直径0.86～1.02、深2.7米以上（图9-48-3）。

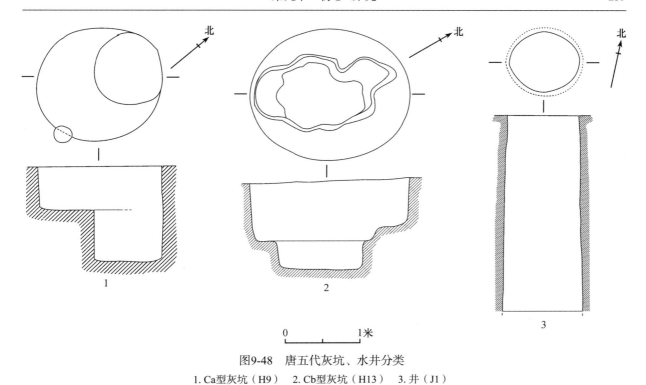

图9-48　唐五代灰坑、水井分类

1. Ca型灰坑（H9）　2. Cb型灰坑（H13）　3. 井（J1）

4. 墓葬

1座（M1）。长方形竖穴土坑墓，口底同大，底部西高东低。位于T7东部。墓向209°。墓口长2.1、宽0.7～0.8、深0.2～0.3米。墓内填土为黄土色五花土，土质较坚硬。墓内埋葬一人，人骨保存较好，葬式为仰身直肢葬。在头骨的北侧随葬有1件青瓷碗（图9-49）。

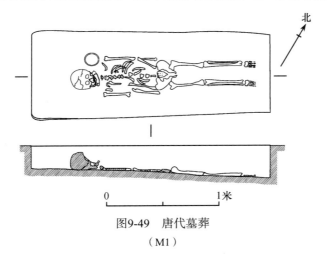

图9-49　唐代墓葬

（M1）

二、瓷器分类

51件。主要为青瓷，有部分先施乳白色化妆土后再施釉。胎色主要为灰胎，也有少量红褐色、紫灰胎等。釉色有青绿釉、青灰釉、青黄釉、黄褐釉、酱釉、土黄釉等。另有很少量的白瓷、黑瓷。器类有碗、盏、盘、钵、杯、壶、研磨器、器盖、人面埙、四系壶、纺轮、支钉等。此外，可以辨识器类的残片有罐、双沿罐、盆等。

1. 碗

22件。外壁挂半釉。其中18件根据底部形制差异可分四型。

A型　6件。平底。根据口、腹、底部差异可分三亚型。

Aa型　1件。敞口，弧壁，大平底。标本T6⑥：3，灰胎，黄褐釉，外壁仅上部挂釉。内底一周有多个支钉痕。口径15.7、底径11、高5.4厘米（图9-50-1）。

Ab型　1件。敞口，下腹斜直，平底较小。标本T1⑥：3，灰白胎，青绿釉。内壁下部有一道凹弦纹，内底一周有四个小支钉痕。口径15.8、底径8、高6.1厘米（图9-50-2）。

Ac型　4件。直口，斜腹，平底较小。内、外壁均挂半釉。根据腹部深浅变化可分二式。

Ⅰ式：2件。浅腹。标本T3⑥：2，青灰胎，酱釉。内底有三个小支钉痕。口径17.2、底径8.6、高5.8厘米（图9-50-3）。标本T3⑤：2，红褐胎，施黄白色化妆土，再施青釉，内、外壁均挂半釉。直口微敛，下腹斜收，平底微内凹。口径16.7、底径8.8、高5.5厘米（图9-50-6）。

Ⅱ式：2件。深腹。标本T3⑥：18，灰白胎，酱釉。斜腹略内弧，底微内凹。口径16.6、底径8.3、高5.9厘米（图9-50-4）。标本T3⑥：33，青灰胎，酱黄釉，内、外壁均挂半釉。平底微内凹。内壁近底部有两道凹棱。口径16.8、底径8.9、高6.1厘米（图9-50-5）。

B型　9件。饼足。外壁挂半釉。根据口、腹、足的差异可分三亚型。

Ba型　3件。敞口较直，弧壁，大饼足。根据腹部变化可分二式。

Ⅰ式：2件。浅腹。标本T3⑥：1，灰白胎，青绿釉。饼足很矮。器内近底一周有十二个支钉痕，腹下端近足处有刀削加工痕。口径17.3、足径10.5、高6.6厘米（图9-50-7）。标本T3⑥：17，灰白胎，青绿釉。浅弧壁略圆，饼足上小下大。内底一周有三个小圆状支钉痕。口径12.2、足径7.9、高4.9厘米（图9-50-9）。

Ⅱ式：1件。深腹。标本T3⑥：20，青灰胎，青绿釉。饼足较高，上大下小。内壁近底部一周有十六个支钉痕。口径13.2、足径9、高6.4厘米（图9-50-8）。

Bb型　2件。大敞口，斜壁微弧，深腹，小饼足。标本T3⑥：12，灰白胎，青绿釉，内、外壁均挂半釉。腹壁近底部内折。近口部有一道凸棱，下腹有数道刀削痕。口径13.8、足径6、高6.9厘米（图9-50-10）。标本T3⑥：13，青灰胎，青绿釉，内、外壁均挂半釉。口沿微外撇，腹壁近底部内折，饼足特小且矮。口径12.4、足径4.4、高6.4厘米（图9-50-11）。

Bc型　4件。口沿外撇，弧壁较圆，浅腹，饼足较小。标本T3⑥：9，青灰胎，酱黄釉，内、外壁均挂半釉。腹部很浅，饼足特小。上腹有一道折棱，下腹有刀削加工痕。口径16.7、足径5.7、高6.1厘米（图9-50-13）。标本T3⑥：4，灰白胎，青绿釉。腹部略深，饼足略大。内底一周有六个支钉痕。口径16.3、足径8.5、高6.4厘米（图9-50-14）。标本T1⑤：5，灰胎，胎上施灰白色化妆土，外壁挂半釉，腹下部露灰胎，下腹和底部表面呈红褐色。饼足下端有刀削痕迹形成折棱。口径17.6、足径9.4、高5.5厘米（图9-50-18）。标本M1：1，灰褐胎，先施乳白色化妆土，再施青绿釉。口部微敛，弧壁，浅腹，唇部和足底均各有一道折棱。口径14.7、足径4.6、高6.4厘米（图9-50-15）。

　　C型　3件。玉璧足。标本T3⑥：28，青灰胎，酱黄釉，外壁近足部将釉整齐刮掉。敞口略

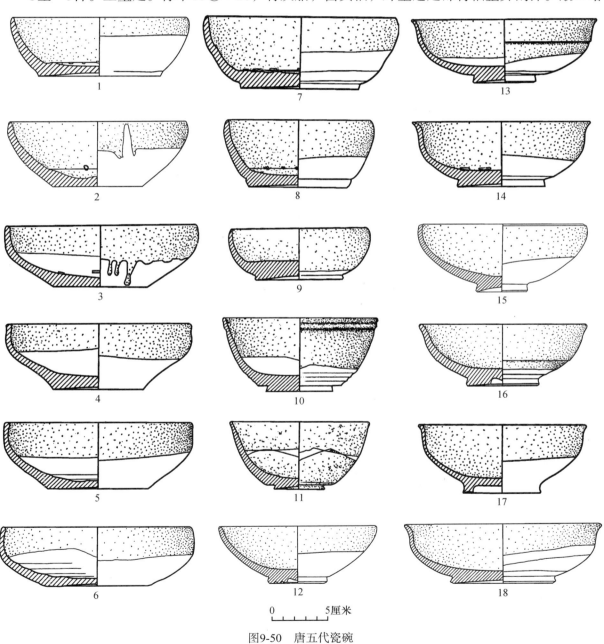

图9-50　唐五代瓷碗

1. Aa型（T6⑥：3）　2. Ab型（T1⑥：3）　3、6. Ac型Ⅰ式（T3⑥：2、T3⑤：2）　4、5. Ac型Ⅱ式（T3⑥：18、T3⑥：33）　7、9. Ba型Ⅰ式（T3⑥：1、T3⑥：17）　8. Ba型Ⅱ式（T3⑥：20）　10、11. Bb型（T3⑥：12、T3⑥：13）　12、16、17. C型（T1⑤：4、T3⑥：28、T3⑥：7）　13～15、18. Bc型（T3⑥：9、T3⑥：4、M1：1、T1⑤：5）

外撇，浅腹，弧壁。腹中部有一道折棱。口径14.8、足径6.5、高5.8厘米（图9-50-16）。标本T3⑥：7，灰褐胎，青泛白釉，先施乳白色化妆土，再施釉。敞口略直，沿外撇，下腹斜壁。口径15、底径7.1、高6.5厘米（图9-50-17）。标本T1⑤：4，灰白胎，青釉，外壁挂半釉。敞口，斜壁微弧。足底有两道圆形划纹。口径14、足径5.2、高5.3厘米（图9-50-12）。

2. 盏

11件。器外壁基本都挂半釉。根据底部形制差异可分三型。

A型　3件。平底。厚壁。根据口、腹形制差异可分三亚型。

Aa型　1件。口近直，弧壁。标本T3⑥：8，灰白胎，青绿釉。平底略内凹。外壁下腹饰一道凹弦纹。口径9.1、底径4.7、高3.5厘米（图9-51-1）。

Ab型　1件。敞口，斜壁。标本T1⑤：2，灰胎，绿釉，外壁挂半釉。斜弧壁，饼足极矮。内底一周有三个圆形支钉痕。口径10.4、底径5.1、高3.1厘米（图9-51-10）。

Ac型　1件。敞口，斜壁，下腹微内弧。标本T9⑤：1，红褐胎，黄褐釉，外壁挂半釉。圆唇。口径10.4、底径4.2、高3.1厘米（图9-51-11）。

B型　7件。饼足。根据口、腹部形制差异可分四亚型。

Ba型　3件。敞口，浅腹。标本T3⑥：21，灰白胎，青绿釉，外壁挂大半釉。弧壁。内底有三个圆形支钉痕。口径9.6、足径4.6、高3.4厘米（图9-51-2）。标本T3⑥：23，灰白胎，青绿釉。弧壁。口径9.8、足径5、高3.7厘米（图9-51-3）。标本T6⑥：4，灰胎，青绿釉，外壁下端为红褐色。内底一周有三个圆形支钉痕，底中部有一凹窝。口径9.4、足径4、高3.1厘米（图9-51-4）。

Bb型　2件。口较直或微敛，深腹。标本T6⑥：1，灰胎，黄釉。下腹近饼足处有刀削加工痕迹。口径7.9、足径4.4、高4.8厘米（图9-51-5）。标本T3⑥：29，青灰胎，酱黄釉，内外通体施釉。口径8.3、足径5、高4.5厘米（图9-51-6）。

Bc型　1件。口较直微敛，浅腹。标本T3⑥：24，饼足很矮。青灰胎，酱黄釉，大部分已脱落。外壁口沿下有一道折棱。口径7.8、足径4.2、高3.9厘米（图9-51-7）。

Bd型　1件。敞口，沿外撇。标本T3⑥：25，灰白胎，青绿釉。弧壁略圆，小饼足高。内底一周有三个支钉痕。口径9、足径3.3、高3.9厘米（图9-51-8）。

C型　1件。玉璧足。标本T3⑥：14，青灰胎，口沿内侧施酱釉，其余通体施红褐色化妆土。敞口外撇，弧壁。口径8.4、足径3.4、高3.5厘米（图9-51-9）。

3. 盘

6件。外壁均挂半釉。其中5件根据大小和口、腹形制差异可分三型。

A型　3件。小型，浅腹。根据底部形制变化可分二式。

Ⅰ式：2件。大平底。标本T3⑥：30，灰白胎，青绿釉。敞口，浅腹，弧壁。内底有一道凹弦纹。口径13.6、底径8、高2厘米（图9-51-14）。标本T3⑥：11，灰白胎，青绿釉。内壁口沿下有一道抹弦纹。口径13.4、底径6.9、高1.9厘米（图9-51-15）。

Ⅱ式：1件。平底。标本T1⑤：6，灰白胎，青绿釉，外壁挂半釉。浅腹，弧壁。下腹饰三道刻划横线。口径13.8、高2.5厘米（图9-51-16）。

B型　1件。中型，腹略深。标本T3⑥：5，红褐胎，浅黄釉，内、外壁均挂半釉，器内上部为青黄釉，下部可见乳白色化妆土。敞口微外撇，下腹斜直，小平底略内凹。口径15.2、底径4.9、高3.9厘米（图9-51-17）。

C型　1件。大型，深腹。标本T3⑥：10，青灰胎，淡青泛黄釉，内外壁均挂半釉。敞口，沿微外撇，弧壁，内凹底。器内近底部有一道凹弦纹。口径18.9、底径5.2、高4.7厘米（图9-51-13）。

4. 杯

1件。标本T3⑥：3，灰白胎，青绿釉，外壁挂大半釉。直口，深腹，弧壁，饼足。近内底一周有八个支钉痕。口径6.4、足径2.5、高5厘米（图9-51-12）。

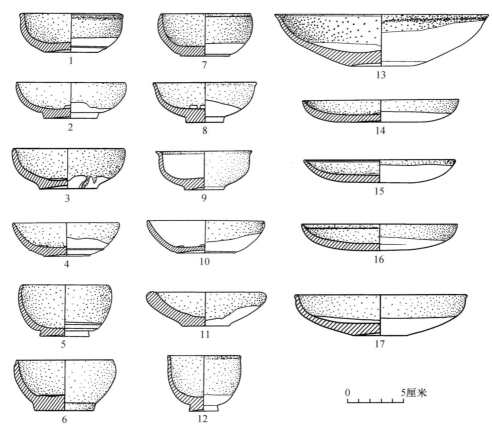

图9-51　唐五代瓷器（一）

1. Aa型盏（T3⑥：8）　2～4. Ba型盏（T3⑥：21、T3⑥：23、T6⑥：4）　5、6. Bb型盏（T6⑥：1、T3⑥：29）
7. Bc型盏（T3⑥：24）　8. Bd型盏（T3⑥：25）　9. C型盏（T3⑥：14）　10. Ab型盏（T1⑤：2）　11. Ac型盏（T9⑤：1）
12. 杯（T3⑥：3）　13. C型盘（T3⑥：10）　14、15. A型Ⅰ式盘（T3⑥：30、T3⑥：11）　16. A型Ⅱ式盘（T1⑤：6）
17. B型盘（T3⑥：5）

5. 钵

2件。均为大饼足。腹部较深，弧腹。标本T6⑥：2，灰胎，青绿釉。敛口。口沿外侧饰一道细线划弦纹。内底一周有十二个方形支钉痕。口径18.4、足径12.4、高7.5厘米（图9-52-2）。标本T2⑥：1，灰胎，通体施青绿釉。直口。器外足底有一道凹弦纹，器内底有一周有七个支钉痕。口径14.8、底径10.9、高7厘米（图9-52-1）。

6. 四系壶

1件。标本T3⑥：19，灰白胎，青绿釉，外壁挂半釉。口残，长颈，溜肩，肩部以下均残。肩部有四系。内壁颈部有多道拉坯痕。颈径7.6、最大残径15.4、残高11.9厘米（图9-52-3）。

7. 壶

1件。标本T3⑤：1，红褐胎，先施黄白色化妆土，肩部饰淡红色彩绘图案。敞口，平折沿，高领，圆肩，肩部以下均残。口径12.2、残高4.1厘米（图9-52-4）。

8. 研磨器

3件。标本T3⑥：32，红褐胎，浅黄釉，施有乳白色化妆土再施釉。仅存残片。敛口，宽平沿。标本T3⑥：35，红褐胎，酱黄釉。仅存残片。敛口，平沿，折腹。

9. 器盖

1件。标本T3⑥：31，灰白胎，上端施青绿釉，下端露胎。盖顶中部的桥纽已残，盖面较平，近尖唇，内为圈足形子口。直径15.6、残高3.4厘米（图9-52-5）。

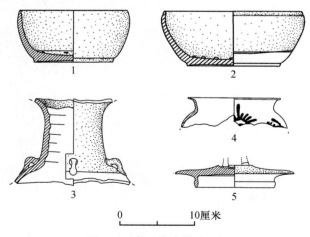

图9-52　唐五代瓷器（二）

1、2. A型钵（T2⑥：1、T6⑥：2）　3. 瓷四系壶（T3⑥：19）　4. 壶（T3⑤：1）　5. 器盖（T3⑥：31）

10. 人面埙

1件。标本T3⑥：6，粗白胎，表面施三彩釉。用阴刻线条刻画形象，人物长发，方脸。高3.1、残宽3.2、厚2.4、壁厚0.3～0.5厘米（图9-53）。

11. 纺轮

1件。标本T3⑥：34，无釉，灰白胎。算珠形。直径3.5、厚1.2厘米（图9-54-1）。

12. 支钉

1件。标本T2⑥：4，红褐胎，无釉。仅存残片。

13. 晚期遗迹出土瓷双沿罐

1件。标本G6：2，灰胎，青黄釉，外壁挂半釉，其余部位均露胎。双沿，尖唇，鼓腹，平底略内凹。肩部有四系，两两对称。口径25.2、底径20.5、高35.7厘米。

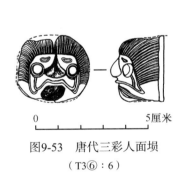

图9-53　唐代三彩人面埙
（T3⑥：6）

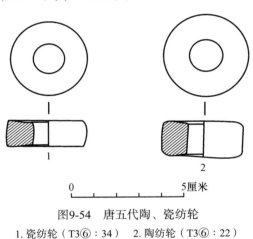

图9-54　唐五代陶、瓷纺轮
1. 瓷纺轮（T3⑥：34）　2. 陶纺轮（T3⑥：22）

三、陶器分类

8件。基本都是泥质灰陶。纹饰很少。器类有盆、罐、小盂、纺轮、网坠等。此外，可以辨识器类的残片有钵、杯、镂孔器等。

1. 盆

3件。根据口沿形制差异可分二型。

A型　2件。厚沿，圆唇。标本T3⑥：16，泥质灰陶。直口微敛，斜腹内收，平底。口径40、底径20.4、高17.2厘米（图9-55-3）。标本T3⑥：26，泥质灰陶。直口，深腹微斜内收，下腹以下残。腹壁贴塑一周箍带纹，带面压印连续折棱。口径63.2、残高22厘米（图9-55-1）。

B型 1件。折沿，双唇。标本H15：2，泥质褐陶，中间呈红褐色。口微敛，颈部微束，弧壁，下腹以下残。沿面有两道凹弦纹。口径48.2、残高12.9厘米（图9-55-2）。

2. 罐

2件。敛口，平底。标本T3⑥：15，泥质灰陶。尖唇，耸肩。口径14.8、底径13.1、高9.8厘米（图9-56-1）。标本T3⑥：36，泥质灰陶。双唇，圆肩，鼓腹。口径23.2、腹径27.6、底径18.4、高20.8厘米（图9-55-4）。

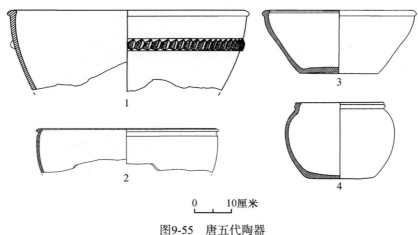

图9-55 唐五代陶器

1、3. A型盆（T3⑥：26、T3⑥：16）　2. B型盆（H15：2）　4. 罐（T3⑥：36）

3. 小盂

1件。标本T1⑥：2，泥质灰陶。口微敛，弧壁，平底。口沿下和腹部各有一道折棱。口径6.7、底径2.8、高3.4厘米（图9-56-3）。

4. 盏

1件。标本H20：1，泥质灰陶。敞口，浅腹，圜底。口径7.1、高2.2厘米（图9-56-4）。

5. 纺轮

1件。标本T3⑥：22，泥质黑皮灰陶，皮大部分已脱落。算珠形。直径3.8、厚1.6厘米（图9-54-2）。

6. 网坠

1件。标本T3⑤：3，泥质灰褐陶。圆柱形，中部鼓腹。长7.2、最大径2.3厘米（图9-56-5）。

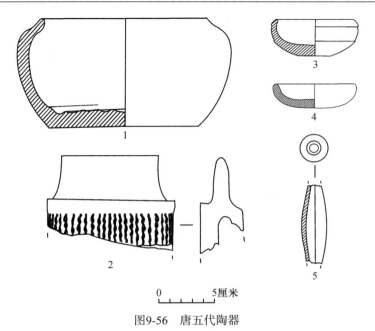

图9-56　唐五代陶器

1.罐（T3⑥：15）　2.筒瓦（T3⑥：27）　3.小盂（T1⑥：2）　4.盏（H20：1）　5.网坠（T3⑤：3）

7. 瓦

147片（件）。均为第6层和遗迹中出土。基本均为泥质灰陶，仅有泥质褐陶6片、泥质灰褐陶2片（件）。可分板瓦、筒瓦。

板瓦　117片（件）。普遍有纹饰，在已统计的66片（件）中，外侧素面内侧饰粗布纹35片、外侧饰粗绳纹内侧饰粗布纹28片，两面均为素面3片（件）。

筒瓦　24片（件）。其中外侧素面内侧饰粗布纹23片，外侧饰粗绳纹内侧饰粗布纹1片（件）。标本T3⑥：27，泥质灰陶。大部已残。饰粗绳纹。残长8.8、宽11.2、高3.8厘米（图9-56-2）。

瓦当　6件。均为基本相同的莲花纹。标本T3⑥：32，泥质灰陶。当心为一乳钉，乳钉外有一周十三个连珠纹，其外有十六个放射状莲瓣，最外还有一周连珠纹。直径11.7、厚1.3厘米（图9-57）。

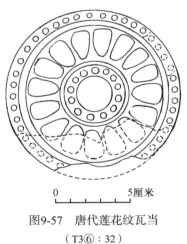

图9-57　唐代莲花纹瓦当
（T3⑥：32）

四、卜　甲

卜甲　1件。标本H15：1，为背甲，甲壳经过简单修治，内侧分布有密集的钻孔，多数有占卜后留下的灼痕。现存钻孔366个，呈不完全对称分布。甲最长22.6、最宽16.7厘米（图9-58）。

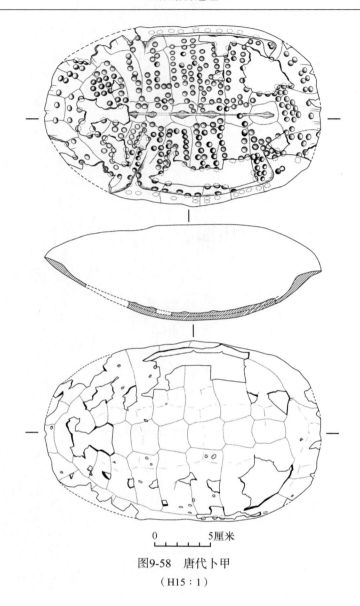

图9-58 唐代卜甲

（H15：1）

五、文化特征与年代

1. 文化特征

第6层出土的瓷器从造型风格和烧制技术方面观察，大部分都是南朝的，甚至还有部分是东晋时期的。烧造的窑口大多应该是湖南湘阴窑，也有少量的为洪州窑的。第6层中出土的唐代瓷器数量不多，其中有三彩人面埙（T3⑥：6）。这件埙的造型风格和胎釉特征与河南巩义窑中出土的三彩人面埙相同，应属于巩义窑产品[①]。第5层出土的瓷器等遗物数量不多，但根据瓷器的造型、胎质、釉色和装烧工艺等特征观察，釉下彩绘壶（T3⑤：1）、Bc型碗（T3⑥：9、T3⑥：4、T1⑤：5）、Ac型盏（T9⑤：1）等器物，应属于邛窑系统的产品。

---

① 河南省文物考古研究院、中国文化遗产研究院、日本奈良文化财研究所：《巩义黄冶窑》，科学出版社，2016年，上册，第126、181、227、252页。

2. 年代

这一时期遗存主要是第6层。该层出土瓷器大体可以分为两组，第一组与南朝时期的瓷器大体相同，如Aa型碗、Ba型碗、A型盏、A型盘等都与南朝时期的同类型器物基本相同，钵虽不见于前期，但与长江中游武汉周家大湾M206南朝早期刘宋孝建二年（455年）墓出土的瓷碗基本相同[①]。第二组瓷器常见于唐代，例如D型Ⅰ式瓷碗（M1∶1）、瓷杯（T3⑥∶3）与四川三台牌坊垭崖墓出土Ⅱ式瓷碗、成都天府广场东北侧遗址出土唐宋文化遗存青羊宫窑的A型Ⅱ式瓷碗、A型杯（TN03W03⑤∶32）十分相似，后两者的年代大体都在隋代至唐代早期[②]。Bb型碗与成都天府广场东北侧遗址出土唐宋文化遗存邛窑A型Ⅰ式圆口碗（TN02W01⑤∶2）相似，后者年代约为唐代早期[③]。Bc型瓷碗、瓷壶与成都化成村SM17号墓出土瓷碗（M17∶3）、盘口壶（M17∶2），以及成都天府广场东北侧遗址出土唐宋文化遗存邛窑B型圆口碗相似，化成村SM17的年代约为唐代早期[④]，天府广场东北侧遗址邛窑B型圆口碗的年代约为唐代中期[⑤]。C型瓷碗与成都抚琴1号墓出土瓷碗（M1∶1）相似，后者年代约为唐代中期[⑥]。Ac型瓷盏与成都天府广场东北侧遗址出土唐宋文化遗存青羊宫窑的C型瓷盏相似，后者的年代约为中唐时期[⑦]。器盖（T3⑥∶31）与成都天府广场东北侧遗址出土唐宋文化遗存青羊宫窑器盖（H64∶55）相似，后者年代约为唐代早期[⑧]。此外，在第6层还出土有"开元通宝"铜钱（图9-59）。综合以上，可以判定第6层的年代为唐代早中期，但该层出土的部分器物年代可以早到南朝时期，甚至是东晋时期。

第5层出土的Bc型碗（T1⑤∶5）与成都双流竹林村M2出土瓷碗、成都天府广场东北侧遗址出土琉璃厂窑A型Ⅰ式碗（TS01W01⑤∶11）形制接近，后二者年代分别约为后蜀和晚唐至五

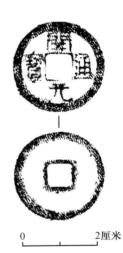

0　　　　2厘米

图9-59　唐代开元通宝拓本
（T9⑥∶1）

---

①　湖北省博物馆：《武汉地区四座南朝纪年墓》，《考古》1965年第4期。

②　钟治：《三台县牌坊垭唐代崖墓清理简报》，《四川文物》2002年第2期；成都文物考古研究所：《成都天府广场东北侧古遗址考古发掘报告》，文物出版社，2016年，第169、172、236、237页。

③　成都文物考古研究所：《成都天府广场东北侧遗址考古发掘报告》，文物出版社，2016年，第177、236、237页。

④　成都市文物考古研究所、成都市文物考古工作队：《四川成都市西郊化成村唐墓的清理》，《考古》2000年第3期。

⑤　成都文物考古研究所：《成都天府广场东北侧古遗址考古发掘报告》，文物出版社，2016年，第177、237、238页。

⑥　刘雨茂、朱章义：《四川地区唐代砖室墓分期研究初论》，《四川文物》1999年第3期。

⑦　成都文物考古研究所：《成都天府广场东北侧古遗址考古发掘报告》，文物出版社，2016年，第171、172、238页。

⑧　成都文物考古研究所：《成都天府广场东北侧古遗址考古发掘报告》，文物出版社，2016年，第176、236、237页。

代^①。D型 II 式碗（T1⑤：4）与成都天府广场东北侧遗址出土邛窑Cb型圆口碗形制相似，后者年代约为晚唐至五代，下限可达北宋初^②。综合上述，可以判定第5层遗存的年代大体为晚唐至五代时期。

第4层下的部分遗迹，如F4、H13、H15的遗迹和出土遗物特征与第5层的基本相同，因此推测其年代也应大体为晚唐至五代时期。

第六节　宋代遗存

这一时期的地层有第4层，遗迹有柱洞2个（D1、D2）、灰沟4条（G1～G3、G9）、灰坑2个（H27、H28）。

一、遗　迹

遗迹均于第4层下，D1、D2、G1～G3、G9、H27、H28。

1. 柱洞

2个。位于T7中部。口略大于底，直径约35、深29厘米。

2. 灰沟

4条。根据平面形制差异可分三型。

A型　2条（G1、G2）。为较规整的长条形，口大底小，沟壁略倾斜。均位于T8南部，基本平行。G1，沟口长6.5、宽0.71～0.88米，底长6.16、宽0.5～0.7米。沟底放有两块较大的石头，长0.45～0.54、宽0.2～0.24、高0.18～0.22米（图9-60-1）。G2，沟口长6.02、宽0.8～0.95米，底长5.6、宽0.5～0.68米，深0.3～0.58米。沟底有两块石头，均为不规则形，长0.18～0.19、宽0.22～0.24、高0.12～0.14米（图9-60-2）。

B型　1条（G3）。狭长方形，口大底小，沟壁略倾斜。G3位于T13中部。沟口长4.02、宽0.9米，底部长3.28、宽0.59米，深0.36米。沟底有两个柱洞，D1口大底小，洞壁略倾斜，平面基本呈椭圆形。D2平面基本呈圆形，洞壁略倾斜，在灰沟北壁有一石板（图9-60-3）。

C型　1条（G9）。不规则弯曲带状，口大底小，坑壁略倾斜。位于T16东部和T14西南角，南部延伸至T16南壁内，南深北浅。沟口长9.5、宽1～2.4米，底长9.32、宽0.7～1.96米，深0.46～1.1米（图9-60-4）。

---

① 成都文物考古研究所、双流县文物管理所：《成都双流籍田竹林村五代后蜀双室合葬墓》，《成都考古发现》（2004），科学出版社，2006年；成都文物考古研究所：《成都天府广场东北侧古遗址考古发掘报告》，文物出版社，2016年，第192、193、238、239页。

② 成都文物考古研究所：《成都天府广场东北侧古遗址考古发掘报告》，文物出版社，2016年，第178、179、238、239页。

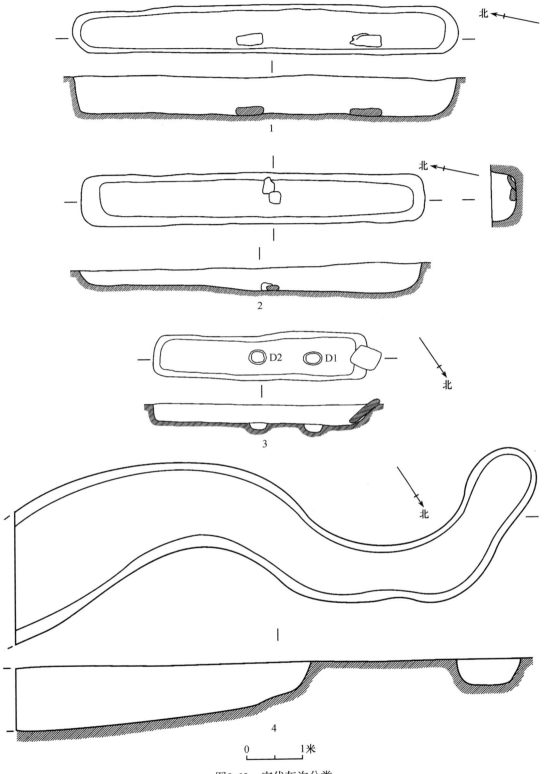

图9-60 宋代灰沟分类

1、2.A型（G1、G2） 3.B型（G3） 4.C型（G9）

3. 灰坑

2个。根据平面形制差异可分二型。

A型　1个（H27）。圆形，坑壁基本垂直，坑底平整但略倾斜，东部略深。位于T14西北部，东北部被H28打破。直径1.66～1.72、最浅处0.38、最深处0.44米（图9-61-1）。

B型　1个（H28）。长方形，坑壁基本垂直，口底同大，平底。位于T14西北部，打破H27。长1.12、宽0.42、深0.39米（图9-61-2）。

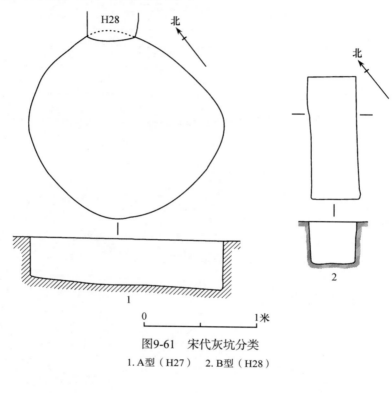

图9-61　宋代灰坑分类
1. A型（H27）　　2. B型（H28）

二、瓷器分类

7件。主要为青瓷，有部分先施乳白色、淡黄色、灰白色等化妆土后再施釉，个别器物外壁下部露胎处呈红褐色。胎色有灰白胎、灰胎、红褐胎、紫灰胎、淡红胎，釉色有青釉、青绿釉、青黄釉、黄褐釉、土黄釉等。另有很少量的白瓷、黑瓷。器类有碗、盏、盘等。此外，可辨器类的还有罐、四系罐、盆、钵、杯、器盖、擂钵等的残片。

1. 碗

4件。圈足。其中2件根据口部、腹壁形制差异可分二型。

A型　1件。口沿微外撇，弧壁。标本T3④：1，红褐胎，青釉，外壁挂半釉，中腹局部露胎，下部施乳白色化妆土。器内近底处一周有五个支钉痕。口径14.3、足径5.1、高5.6厘米（图9-62-5）。

B型 1件。尖唇,斜壁。标本T14④:2,紫灰胎,浅青釉,外壁挂大半釉。腹中部有四道折棱,近圈足处有制作刮痕。口径17.5、足径6.1、高4.8厘米(图9-62-4)。

2. 盏

2件。厚壁。根据底部形制差异可分二型。

A型 1件。平底。标本T16④:1,灰褐胎,青黄釉,仅器内壁施釉,近口部露胎。弧壁。口径9.1、底径4.2、高3.1厘米(图9-62-2)。

B型 1件。小饼足。标本T14④:3,红褐胎,酱黄釉,外壁挂半釉。圆唇,斜壁。口径9.8、足径3.5、高3.1厘米(图9-62-3)。

3. 盘

1件。标本T14④:1,紫灰胎,浅青釉,除足内底之外挂满釉。尖唇,腹较深,斜壁微弧,圈足。口径15.8、足径6.1、高3.8厘米(图9-62-1)。

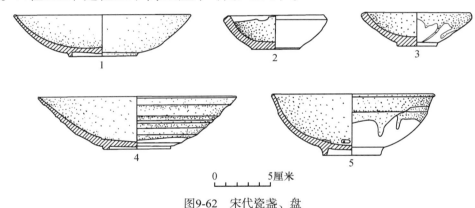

图9-62 宋代瓷盏、盘

1. 盘(T14④:1) 2. A型盏(T16④:1) 3. B型盏(T14④:3) 4. B型碗(T14④:2) 5. A型碗(T3④:1)

三、陶 器 与 瓦

1. 陶器

器类有盏、纺轮等。大体可辨识器类的残片还有罐、盆、碗钵类、网坠等。

纺轮 1件。标本T16④:2,泥质红褐陶。算珠形,仅存残片。残长1.2厘米。

盏 1件。标本G3:1,泥质灰陶。浅盘,圜底。口径5.3、高2.8厘米。

2. 瓦

167片(件)。均为泥质灰陶,个别火候不均。可分为板瓦、筒瓦、瓦当、滴水。

板瓦 154片(件)。其中外侧素面内侧饰布纹73片、外侧饰粗绳纹内侧饰粗布纹38片、外侧饰粗绳纹内侧素面21片、内外饰粗绳纹11片、内外素面8片、外侧素面内侧饰绳纹3片。

筒瓦　12片（件）。其中内外饰粗绳纹5片，外侧饰粗绳纹内侧饰粗布纹3片、外侧素面内侧饰粗布纹2片、外侧饰粗绳纹内侧素面1片、内外素面1片（件）。

瓦当　1件。标本H28：1，泥质灰陶。宽沿。饰团花纹。直径11.6、边轮宽1.2～1.5、厚1.2厘米（图9-63-1）。

滴水　1件。标本H28：2，泥质灰陶。饰缠枝花纹。宽18.5、高5.3、厚1厘米（图9-63-2）。

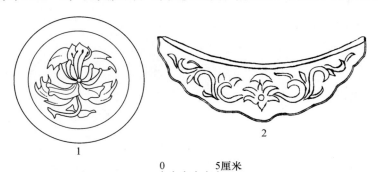

图9-63　唐宋瓦当、滴水
1. 瓦当（H28：1）　2. 滴水（H28：2）

四、文化特征与年代

1. 文化特征

这一时期的出土遗物以瓷器为主。瓷器以青瓷为主，另有少量白瓷、黑瓷。多数器物的外壁仅施半釉，有部分器物先施乳白色化妆土后再施釉。有的碗内底留有一周五个支钉痕。从器物造型、胎质、釉色和内底的支钉痕等特征来看，青瓷全部属于邛窑系统产品。

2. 年代

A型（T3④：1）、B型（T14④：2）瓷碗分别与成都天府广场东北侧遗址出土邛窑A型Ⅳ式（TN03W02④A：32）、A型Ⅴ式（TN01E03④B：32）瓷碗形制相似，后二者的年代均约为南宋中后期[①]。B型盏（T14④：3）与四川泸县喻寺镇M1出土瓷碟（M1：3）、成都天府广场东北侧遗址出土琉璃厂窑A型Ⅱ式瓷盏的形制相似，后二者的年代分别为南宋淳熙三年（1176年）和南宋中后期[②]。瓷盘（T14④：1）与成都市二仙桥南宋绍兴二十二年（1152年）

---

① 成都文物考古研究所：《成都天府广场东北侧古遗址考古发掘报告》，文物出版社，2016年，第177、240、241页。

② 四川省文物考古研究所、成都市文物考古研究所、泸州市博物馆：《泸县宋墓》，文物出版社，2004年，第70页；成都文物考古研究所：《成都天府广场东北侧古遗址考古发掘报告》，文物出版社，2016年，第197、240、241页。

墓出土的Ⅱ式瓷碗（M1：23）形制基本相同[①]。综合上述，可以判定这一时期遗存的年代为两宋时期，其中第4层的年代为南宋中后期。

第七节　明清遗存

这一时期的地层有第2、3层，遗迹有建筑遗迹1处、灰沟4条、灰坑8个、冶炼遗迹1处。

一、遗　　迹

第3层下的遗迹有F5、G6、H4、冶炼遗迹，第2B层下的遗迹有G4、H5、H14、H16、H18、H24，第1B层下的遗迹有G7、G8、H31、H32。

1. 建筑遗迹

1处。F5，位于T1中部偏东，被H4打破西边。该建筑晚期破坏严重，仅残存西边小部分地基，外缘全是大砖块，里面是较平整的石块。从残存部分看，平面略呈圆弧形，残长4.65、残最宽1米，门的方向不明。建筑方法：从现状推测，为地面建筑，从地面遗留石块分析，为石砌墙。房的形状、深度、大小均不明（图9-64）。房内残存少量堆积，主要是铺地砖和残瓦片。瓦片主要为泥质蓝灰陶，外侧素面内侧饰布纹。砖为汉六朝旧砖，泥质灰陶，长方形子母榫，一侧有纹饰。

2. 灰沟

4条。根据平面形制差异可分二型。

A型　1条（G8）。平面形制较为规则，呈长条形，口大底小，坑壁略倾斜。位于T20东北

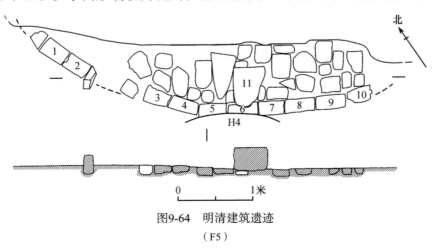

图9-64　明清建筑遗迹
（F5）

---

① 成都市文物考古研究所：《成都市二仙桥南宋墓发掘简报》，《成都考古发现》（1999），科学出版社，2001年。

部和T18西北部。口部长7.65、宽1.09～1.13米，底部长7.4、宽0.78～0.87米，深0.52～0.65米。中部的西侧有一条分叉小沟，长约1.83、口部最宽约1、底部最宽约0.74米（图9-65）。

B型　3条（G4、G6、G7）。平面均为不规则形。应该都属于自然冲沟。G6，位于T3东北部和T1西北部，其西部已延伸进入T3北壁内。东部被H4打破。长条形冲沟，沟底较平，西深东浅，沟壁较平滑。残长6.8、宽1.4～1.55、深0.2～0.65米（图9-66-2）。G7，位于T23西南部和T25东南部，南部延伸进入T23南壁。口部略大于底部，长9、宽0.5～2.1、深0.3～0.45米（图9-66-1）。

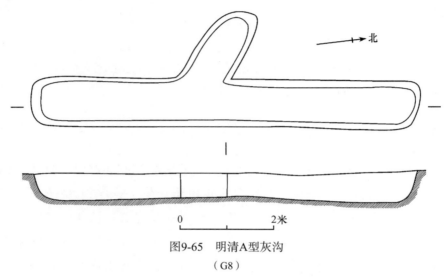

图9-65　明清A型灰沟
（G8）

3. 灰坑

8座。根据平面形制差异可分四型。

A型　2座。坑口平面为圆形。根据灰坑口、底部形制差异可分为二亚型。

Aa型　1座（H4）。底部大于口部，为袋形。位于T1中部略偏西。坑壁较光滑，平底。口径3.5、底径4.5、深1.7米（图9-67-1）。

Ab型　1座（H5）。口部大于底部。位于T11东南角。坑壁倾斜。口径3～3.1、底径2.65、深1.7米。在灰坑南部有一梯子形的斜坡土块伸入坑底（图9-67-2）。

B型　4座。坑口平面为长方形。根据口、底部形制结构差异可分三亚型。

Ba型　1座（H14）。口大底小，平底。位于T11与T12之间。北、东、南三面壁略为向内倾斜，西壁倾斜较大，底部近方形。坑口长2.1、宽1.35米，坑底长1.35、宽1.3、深1.17米（图9-68-1）。

Bb型　1座（H18）。口大底小，弧形底。位于T7东南部。坑口平面基本呈圆角长方形，坑壁向内倾斜收缩，呈船底状。坑口长2.6、宽1.7米，坑底长0.75、宽0.32、深0.9米（图9-68-3）。

Bc型　2座（H31、H32）。口部为不太规则的长方形，浅坑。H31，位于T24东南部和T25东北部。打破H32，又被一座现代坑打破。口大底小，坑壁略微向内倾斜，底部也基本呈长方形。坑口长4.45～5.05、宽1.8～2.5米，坑底长4.2～4.66、宽1.55～2.2、深0.34～0.42米

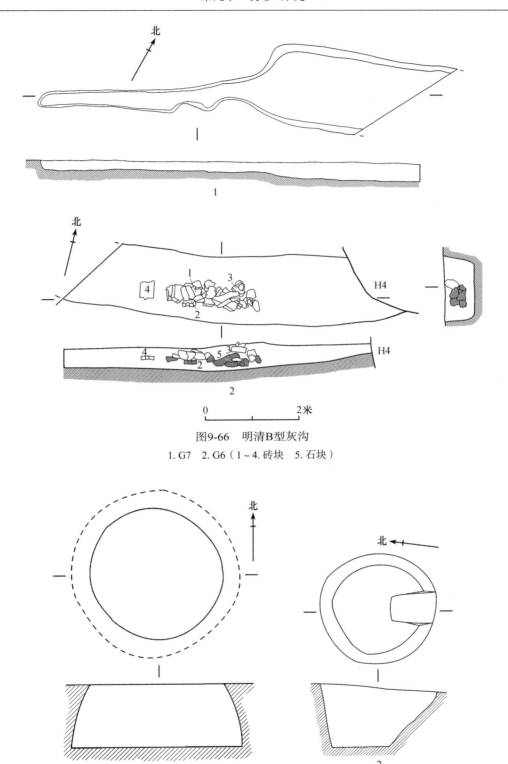

图9-66 明清B型灰沟
1. G7 2. G6（1～4. 砖块 5. 石块）

图9-67 明清A型灰坑
1. H4 2. H5

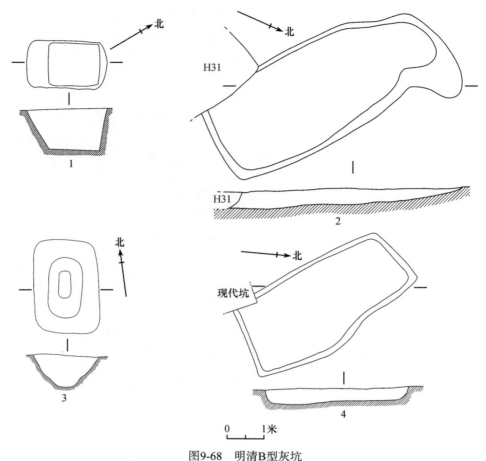

图9-68　明清B型灰坑
1. Ba型（H14）　2、4. Bc型（H32、H31）　3. Bb型（H18）

（图9-68-4）。H32，位于T22西南部和T24东南部。平面略呈靴状，坑壁略向内倾斜，口大底小，南深北浅。坑口长6.7、宽2.34～2.8米，坑底长6.28、宽1.26～2.54米，深0.46～0.6米（图9-68-2）。

　　C型　1座（H16）。双坑并连。位于T13偏东部。平面呈不规则状，口大底小，坑壁略倾斜。坑口长7.55、最宽处3.5、最窄处1.68米。灰坑从坑口往下深0.2米处，中部被截断为两个坑，均呈椭圆形（图9-69-1）。

　　D型　1座（H24）。不规则形。位于T14东南部，并延伸到探方南壁外。口大底小，坑壁略倾斜，底部呈不规则状，已清理部分坑口长1.7、宽1.25～1.54米，坑底长1.54、宽0.52～0.89米，深0.61米（不计柱洞）。在灰坑东壁有一块长0.44、宽0.1～0.22米的不规则石头嵌入坑壁。在坑底距北壁0.35米处有1个柱洞（图9-69-2）。

4. 冶炼遗迹

　　1处。位于T3西北部，被破坏严重，残存的火膛部分平面略呈方形，火膛壁由于高温而呈青灰色，北高南低，略微向下倾斜。膛壁由于高温而呈青灰色。火膛部分残长0.12、宽0.08～0.1、壁厚0.04～0.07米。火膛周围的红烧土分布约宽0.4米。火膛周围还分布有铁渣（图9-70）。

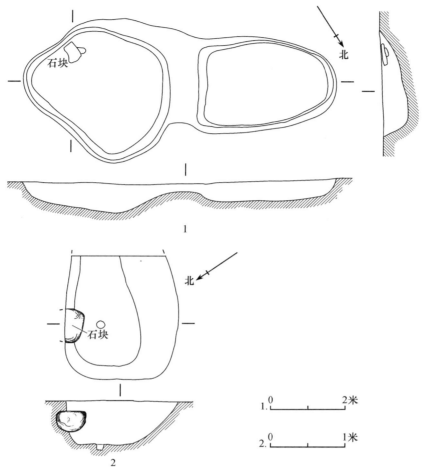

图9-69　明清C、D型灰坑
1. C型（H16）　　2. D型（H24）

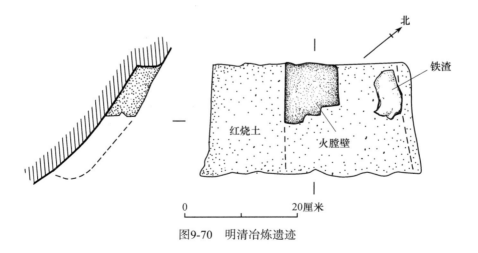

图9-70　明清冶炼遗迹

二、瓷器分类

可纳入类型划分的共16件。器类有碗、盏、盘、钵、带流罐、带流壶、虎子等。此外，可以大体辨识器类的残片还有罐、双沿罐、盆、缸、碟、杯、器盖、勺、灯台等。

1. 碗

9件。其中6件根据口沿形制差异，可分二型。

A型　3件。口沿略外卷，腹部深。标本T1③C：1，白胎，通体施浅青釉，蓝花图案。敞口外撇，弧壁，圈足底部略内撇。外壁绘有花卉图案和横线，内底中部绘花卉图案，内壁口部绘横线和几何图案。口径11、足径4.2、高5.1厘米（图9-71-6）。标本H4：2，红灰胎，通体施乳白釉。敞口外撇，曲腹，圈足。口径14.2、足径6.1、高5.9厘米（图9-71-5）。标本G7：1，青花瓷，灰白胎，通体施青釉。敞口外撇，斜壁，下腹微曲，圈足。外壁满饰图案，为两只乳虎和植物构成的二方连续图案；内壁底部为植物图案。口径14.1、足径5.7、高7厘米（图9-71-7）。

B型　4件。口沿斜直。土青花瓷碗。标本H31：1，黄褐胎，淡青灰釉，内、外壁均挂半釉。敞口，斜壁，圈足。外表饰灰黑彩花卉图案，圈足内底饰三道凹弦纹。口径14.5、足径7.6、高5.2厘米（图9-71-2）。标本H31：2，灰白胎，淡青绿釉。口部略残，敞口微外撇，弧腹，圈足。外壁饰蓝色花卉图案，内壁上下各饰一周横线图案，圈足内底饰三道凹弦纹。口径13.3、足径6.8、高5.3厘米（图9-71-3）。标本H31：3，粗白胎，内、外壁上部均饰青绿釉，外壁下部露胎，内壁下部施灰白色青釉。敞口略外撇，弧壁，圈足。外壁饰青蓝色花卉图案，圈足内底饰三道凹弦纹。口径14.2、足径7.2、高5.1厘米（图9-71-1）。

2. 盏

1件。标本H4：1，粗白胎，青釉，圈足底露胎，内底有一宽状凹弦槽，且呈红褐色。敞口，斜壁，下腹微曲，饼足。外壁饰兰花图案。口径7.1、足径3.3、高3.2厘米（图9-71-4）。

3. 盘

1件。标本H18：1，白胎，白釉。敞口，浅腹，弧壁，矮圈足。绘有蓝彩青花图案，其中内壁为三条平行线一组的连续图案，共三排，外壁有三组六条平行线和植物纹图案。口径26.8、足径16.4、高4.8厘米（图9-71-8）。

4. 钵

1件。标本H5：3，红褐色粗瓷。敞口，斜壁，平底。内壁有较明显的泥条盘筑痕迹。口径26.8、底径14.8、高10.6厘米（图9-72-3）。

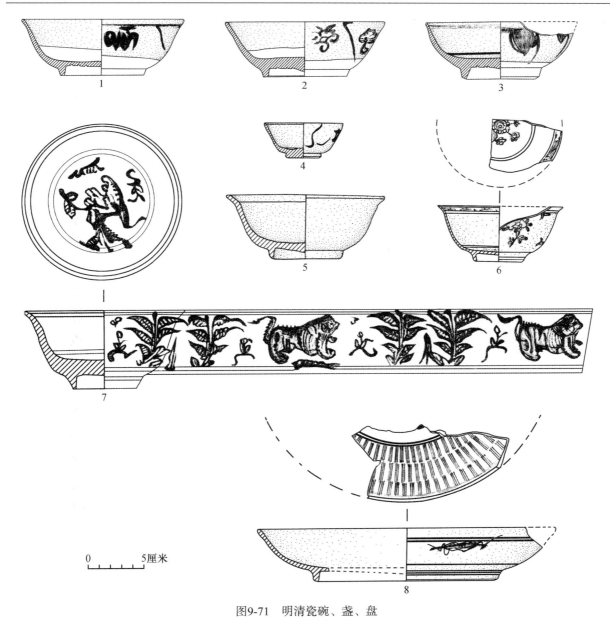

图9-71 明清瓷碗、盏、盘

1~3. B型碗（H31：3、H31：1、H31：2） 4. 盏（H4：1） 5~7. A型碗（H4：2、T1③C：1、G7：1） 8. 盘（H18：1）

5. 带流壶

1件。标本H5：1，粗白胎，黑釉，圈足处及口沿处局部无釉露胎。直口，矮领，广肩，腹部上大下小，矮圈足，流部和提梁已残。口径9.4、最大腹径19.3、足径12.1、高20.1厘米（图9-72-2）。

6. 带流罐

1件。标本T1③C：2，粗瓷，紫褐胎。厚沿，流已残，溜肩，鼓腹，单桥形耳，下腹及底部均残。口径10.9、最大腹径18.5、残高14.3厘米（图9-72-4）。

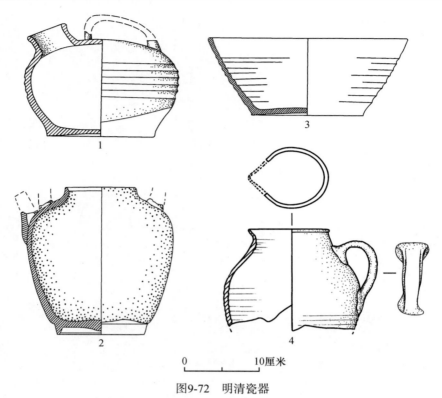

0　　　　　　　10厘米

图9-72　明清瓷器

1. 虎子（T14③：1）　2. 带流壶（H5：1）　3. 钵（H5：3）　4. 带流罐（T1③C：2）

7. 虎子

1件。标本T14③：1，灰胎，黑釉，外壁挂大半釉，下端涂红褐色化妆土。器身侧视略呈椭圆形，平底，把已残。腹部饰瓦棱纹。底径14.8、器身高13、残通高15.8厘米（图9-72-1）。

三、陶器与砖瓦

1. 陶器

网坠　1件。标本T3③C：1，泥质红褐陶。中部粗、两端较细的圆柱形，中间为细长的圆形穿孔。残长3.9、最大直径1.6厘米。

可以大体辨识器类的残片还有砂锅。

2. 瓦

均为板瓦。瓦片主要为泥质蓝灰陶，外侧素面内侧饰布纹。另外有少量的早期板瓦，为泥质灰陶，其中外侧饰绳纹内侧饰布纹的较多，其次是外侧饰绳纹内侧素面。

3. 汉晋墓砖

数量较多。但大多为残砖，除了在F5发现作为铺地砖使用之外，还有一部分出土于灰沟、灰坑之中，或在地层中。均为泥质陶，除了极少的为褐色外，基本均为青灰色。根据形制差异可分三型。

A型　1件。标本F5∶1，长方形，两端有子母榫。一侧有模印凸线组成的纹饰，图案中部为一"亞"字形，两侧为菱形纹。长38、宽19.8、厚11.2厘米（图9-73-3）。

B型　1件。标本G6∶5，泥质灰陶。扇形，两端有子母榫。短侧有图案装饰，图案中部为"亞"字纹，两侧为菱形几何纹。长37.5～40.5、宽20.3、厚11厘米（图9-73-2）。

C型　1件。标本G6∶4，泥质灰陶。异形扇形，两端有子母榫，在砖身中部还有一道折腰。短侧有图案装饰，图案中部为车轮纹，两侧为变形菱形几何纹。长36～39.5、宽20、厚12厘米（图9-73-1）。

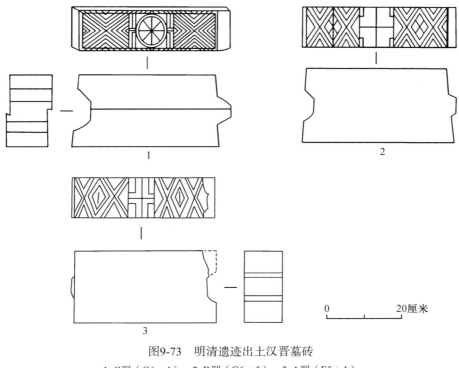

0　　　　　　20厘米

图9-73　明清遗迹出土汉晋墓砖
1. C型（G6∶4）　2. B型（G6∶5）　3. A型（F5∶1）

四、文化特征与年代

1. 文化特征

这一时期的出土遗物数量较少，主要有瓷器、砖、瓦等。瓷器种类有青花瓷、灰白胎白瓷、白胎青釉瓷、红褐胎酱釉瓷、红褐胎淡青釉瓷、灰胎青黄釉瓷、紫灰胎土瓷、土红色胎土瓷、粗白胎黑釉瓷、黄褐胎无釉瓷等。器形有碗、杯、盏、钵、盆、罐、缸、虎子等。出土瓷器多为残片，可复原的器形主要有碗、盏、盘、带流罐、带流壶、钵、虎子等。青花瓷既有胎质洁白青花颜色纯正的景德镇窑青花瓷，也有胎质较粗青花颜色灰暗的土青花瓷。景德镇镇青花瓷在出土瓷器中所占比例不高，主要器形为碗、盘类日常用器，代表性器物有乳虎纹碗（G7：1）、梵文盘（H18：1）、花卉纹碗（T1③C：1）等。其余瓷器产品，均为制作质量不高的地方窑口产品。

除明清时期的遗物外，在明清时期的遗存中还出土了一部分早期遗物。如外侧饰绳纹内侧饰布纹的板瓦、唐代青黄釉双沿罐（G6：2）、汉六朝时期的子母榫菱形几何纹砖（G6：4、G6：5、F5：1）和早期石锛（G6：1）、玉凿（H5：2）等。

2. 年代

T1第3层出土的青花花卉纹碗（T1③C：1），从造型及纹饰特征来看，年代约为明正德时期。T1第3层出土的带流罐（T1③C：2）和T14第3层出土的虎子（T14③：1），从造型来看，年代约为明代中晚期至清早期。开口于T1第3层下H4的年代为明晚期至清早期。

各探方第2层出土遗物均为残片，无可复原器物，出土青花瓷片的年代以清代为主。开口于T7第2B层下H18的年代为清雍正时期。开口于T11第2B层下H5的年代为明末清初。开口于T24、T25第1B层下H31的年代为清代中期。

综上所述，根据出土遗物和层位关系，可以判定这一时期遗存的年代大体为明代中期至清代中期，其中第3层的年代为明代中期至清代早期，第2层的年代为清代早期至清代中期，第1B层下遗迹的年代为清代中期至晚期。

第八节　几点认识

一、遗址性质与聚落变迁

1. 新石器时代

新石器时代遗存在T6、T7、T9、T11～T14、T16～T20等探方中均有发现，主要分布在遗址发掘区中部偏南的部分探方内。

根据发现的新石器时代遗存的性质观察，这应该是一处当时人类居住生活的聚落，在发掘区内发现有人类居住生活时使用的废弃物，以及曾作为窖藏使用过的灰坑。但是，并没有直接发现居住的建筑等遗迹。根据遗址所处的地理环境推测，在该遗址中人类居住的房屋等可能应分布在发掘区南面更低的台地上，由于长江三峡库区江水的上涨已被淹没。

2. 夏商时期

夏商时期的遗存发现很少，仅分布在发掘区中部偏西的T11～T16、T18。夏商时期的地层堆积都直接叠压在新石器时代的地层堆积之上，堆积具有连续性，因此推测从新石器时代晚期至夏商时期人类在此活动基本上是连续的。

根据发现的夏商时期遗存的性质观察，这也应是一处当时人类居住的聚落，在发掘区内发现有人类居住生活时使用的废弃物，以及曾作为窖藏使用过的灰坑。但是，并没有直接发现居住的建筑等遗迹。根据遗址所处的地理环境推测，该遗址人类居住的房屋等可能应分布在发掘区外南面更低的台地上，由于长江三峡库区江水的上涨已被淹没。

3. 东周时期

东周时期的遗存分布在T3、T4、T13～T21，主要分布在发掘区的中部偏西，另外在东部也有零星的遗存。东周时期的地层堆积大多直接叠压在新石器时代的地层堆积之上，但也有少量的是直接叠压夏商时期的地层堆积之上。在该遗址中未发现任何西周时期的遗迹或遗物，因此可以认为从夏商时期至东周时期，人类在此的活动不具有连续性，约在西周时期前后遗址附近没有人类居住。

根据发现的东周时期遗存的性质观察，这也应是一处当时人类居住的聚落，在发掘区内发现有人类居住生活时使用的废弃物，以及曾作为窖藏使用过的灰坑。但是，并没有直接发现居住的建筑等遗迹。根据遗址所处的地理环境推测，该遗址人类居住的房屋等可能应分布在发掘区外南面更低的台地上，由于长江三峡库区江水的上涨已被淹没。

4. 东晋南朝时期

东晋南朝时期的遗存分布在T1、T4、T6、T7、T9、T11、T14、T16，均分布在发掘区的东中部，尤其集中分布在发掘区东部。该遗址中未发现任何两汉至西晋时期的遗迹或遗物，因此从东周时期至东晋南朝时期，人类在此的活动不具有连续性，约在两汉至西晋时期前后遗址附近没有人类居住。

根据发现的东晋南朝时期遗存的性质观察，这也应是一处当时人类居住的聚落。在发掘区东部发现的这一时期遗存不但有人类居住生活时使用的废弃物，还有曾作为窖藏使用过的灰坑。在发掘区的中部，还发现一座简易的陶窑。虽然在发掘区并没有直接发现居住的建筑等遗迹，但是在灰坑中普遍都发现有残破的板瓦、筒瓦和瓦当等，说明附近应该有房屋建筑。根据遗址所处的地理环境推测，该遗址人类居住的房屋建筑等可能应分布在发掘区外南面更低的台地上，由于长江三峡库区江水的上涨已被淹没。

此外，这一时期发现的部分灰坑具有较为特殊的性质，尤其是H1～H3的形制都是三个同心圆相叠，上大下小。这种形制当有其特殊的含义，或许与当时人们的某种信仰或仪式有关。

5. 唐五代时期

唐五代时期的遗存发现较多，分布在T1～T7、T9、T11～T21，主要分布在发掘区东部到中西部，仅仅是最西部没有发现这一时期的遗存。这一时期最早的地层堆积——第6层，大多直接叠压在东晋南朝的地层堆积或遗迹之上，堆积具有连续性，因此推测从东晋南朝至唐五代时期人类在此活动具有连续性。

根据已发现的这一时期遗存的性质观察，这应是一处当时的居住聚落。在发掘区内发现有人类居住生活时使用的废弃物，以及曾作为窖藏使用过的灰坑和生活用的水井。虽然发掘区范围内发现有这一时期的建筑遗迹，但仅仅都是一些柱洞，并没有发现居住面和墙体等。因此推测这些建筑可能只是一些简易的或临时的棚式建筑。此外，在发掘区东部还发现一座墓葬。这些发现说明已发掘的区域并非是该聚落的主要居住活动区域。虽然在发掘区并没有直接发现居住的建筑等遗迹，但是在灰坑中普遍都发现残破的板瓦、筒瓦和瓦当等，说明附近应该有房屋建筑。根据遗址所处的地理环境推测，该遗址居民居住的永久性建筑等可能应分布在发掘区外南面更低的台地上，由于库区江水上涨已被冲毁、淹没。

该遗址中出土的东晋南朝至唐五代时期遗物，都以陶瓷器等日常生活用具为主，基本不见铜器和铁器等金属器。瓷器的数量虽然很多，但种类简单，主要就是碗、盘、盏、钵、罐、壶等，不见唾壶、托盘、注壶、炉、砚台等器类。瓷器中不见制作精美的瓷器，也不见装饰有精美的纹饰、图案、彩绘等，以及做工稍微考究的花口瓷器。由此看来，居住在这里的都是普通的人群，其生活消费方式也比较简单。该遗址可以反映出东晋南朝至唐宋五代时期居住在三峡库区范围内普通人群的生活状态。

6. 宋代

这一时期的遗存分布在T1～T18、T20、T21，主要分布在发掘区东部到中西部，仅仅是最西部没有发现这一时期的遗存。与唐五代时期遗存的分布范围基本一致。这一时期的地层堆积——第4层，基本都直接叠压在唐五代的地层堆积或遗迹之上，堆积具有连续性，因此推测从唐五代时期至宋代人类在此活动具有连续性。

根据已发现的这一时期遗存的性质观察，这也应是一处当时的居住聚落。在发掘区内发现有人类居住生活时使用的废弃物，以及曾作为窖藏使用过的灰坑。但是，没有发现任何建筑遗迹。这些说明已发掘的区域并非是该聚落的主要居住活动区域。虽然在发掘区并没有直接发现居住的建筑等遗迹，但是在灰坑中普遍都发现有残破的板瓦、筒瓦、瓦当和滴水等，说明附近应该有房屋建筑。根据遗址所处的地理环境推测，该遗址居民居住的永久性建筑等可能应分布在发掘区外南面更低的台地上，由于库区江水上涨已被冲毁、淹没。

此外，虽然这一时期的遗存分布很广，与唐五代时期遗存的分布范围基本相同，但是出土的遗迹和遗物数量明显少于前一时期。这可能从一个侧面暗示宋代人类居住的规模或活动频率已大不如前一时期。

7. 明清时期

这一时期的遗存分布范围最广，覆盖了整个发掘区。发掘区的最西端也是首次发现人类活动留下的遗存。这一时期在发掘区内发现有人类居住生活时使用的废弃物，以及曾作为窖藏使用过的灰坑，但没有发现建筑遗迹。这一时期的灰坑可以分为大型和小型两种。大型灰坑的直径或长度可达4米以上，可能原是作为储藏作物、谷物等的窖穴，并明显大于此前各个时期的灰坑。这也可以从另一个角度说明需要贮存的物资规模比前期更大，数量更为丰富。

无论是大型还是小型灰坑，废弃后的填土中都包含有生活废弃物和残破板瓦等，说明发掘区虽然不是聚落的中心生活居住区，但相距也不太远。同样，根据遗址所处的地理环境推测，该遗址居民居住的永久性建筑等可能应分布在发掘区外南面更低的台地上，由于库区江水上涨已被冲毁、淹没。

8. 总括

综合以上，可以看出这一遗址在新石器时代晚期至东周时期，其聚落的中心区域可能一直在发掘区中部的南侧，发掘区的东西两侧没有发现人类频繁活动的迹象。从东晋南朝时期开始，聚落的规模逐渐扩大，聚落的中心区域也转移到了发掘区的东部南侧，甚至包括东部的东侧。唐五代时期聚落的规模进一步扩大，这一时期留下的遗存也最为丰富。宋代时聚落的分布情况基本同前，但是这一时期留下的遗存较少。明清时期虽然聚落的中心区域可能仍然在发掘区的东部南侧或包括东部东侧，但这一时期聚落的分布范围最大，一直到达发掘区的最西端。

遗址中心区域所在位置的这种变化可能与人类对长江的利用方式不同有关。早期人们临江而居，在这一区域内江边平缓台地资源有限的情况下，可能更多的是考虑地势平整度和用水便利，而到了东晋南朝以后，人们在选择居址时，将聚落中心区域略微向东移动，可能除了仍然考虑上述因素之外，还增添了一个新的重要因素，这就是考虑舟船停泊的便利。遗址本身位于长江北岸的长江转角处内侧，水流相对较缓，而遗址东侧又正好位于一个小回水沱的岸边，这是作为江岸舟楫停泊的较理想地点。因此，东晋南朝以后，聚落的中心区域一直都位于东侧，这应该与作为舟楫停泊码头有密切的关系。这里到近现代一直是当地长江边的一个码头，在云阳新县城建设以前，该地的小地名就为"塘坊码头"。

二、与丝栗包遗址的关系

该遗址与丝栗包遗址空间距离很近，直线距离不到1千米，两个遗址之间的关系应该十分密切。

在新石器时代末期，两遗址出土的石器种类和形制基本相同，制作工艺也相同。出土的陶器器类也大体相同，都有卷沿罐、盘口罐、折沿罐、敛口罐、尊形器、壶、折沿盆、折腹钵、曲腹钵、厚壁尖底缸、圈足器等，造型特征也相似。因此两遗址的关系不但十分密切，还存在两遗址这一时期居民可能为同一群体的可能。

但是，两遗址新石器时代遗存在时间方面却并未共存。塘坊遗址出土的陶器特征与丝栗包遗址最晚阶段出土的陶器特征最为接近，此外还出现了某些丝栗包遗址未见的陶器，如B型盘口罐、直口罐（壶）等。这些丝栗包遗址未见的陶器在年代稍晚的重庆忠县中坝遗址、忠县哨棚嘴遗址等中坝文化中，以及湖北宜昌白庙遗址的白庙文化（或白庙类型）中较为常见。由此可以推测，塘坊遗址新石器时代遗存的年代可能略晚于丝栗包遗址新石器时代遗存的年代，但两者时间上紧密衔接，并无明显间隔。因此，也不排除塘坊遗址新石器时代的居民是从丝栗包遗址迁来的可能。

塘坊遗址夏商时期遗存不多，整体文化面貌不是十分清楚，但从出土的小平底陶罐的特征观察，其年代应该也是较晚的，大体上与丝栗包遗址夏商时期遗存最晚阶段出土的小平底罐接近，因此不排除塘坊遗址的夏商时期遗存在时间上与丝栗包遗址夏商时期遗存也存在前后衔接的关系。

从总体上，两遗址在汉代以前似乎基本不存在共时的关系。在新石器时代，丝栗包遗址的新石器时代晚期遗存年代要早于塘坊遗址新石器时代晚期遗存。到了夏商时期，丝栗包遗址的这一时期遗存也要早于塘坊遗址这一时期遗存的年代。两遗址都没有西周时期的遗存。到东周时期，仅塘坊遗址存在这一时期的遗存。而到两汉时期，又仅有丝栗包遗址发现有这一时期的遗存。但是，在东晋南朝以后，这种情况发生了变化。从东晋南朝时期开始，这两个遗址基本是一直都有人类活动、居住的迹象，各个时代的遗存基本形成连续的堆积。

这种现象显示出，汉代以前这一小区域可能不足以让两个聚落同时共存，其原因可能是当时的生产力发展水平不高，当地的土地资源和可以利用的其他自然资源有限，无法支撑两个自然村落同时共存。而东晋南朝以后，这两个遗址基本上一直都是一种共存关系。这种情况的出现，可能是随着生产力的提高，当地土地资源利用率也得到提高，并能够更多地利用其他自然资源。此外，也可能存在两个遗址或其中一个遗址居民的生业形态发生了变化，改变了早期单纯的农业经济或农渔经济形态。

三、该遗址发现的意义

本遗址不仅发现有新石器时代文化的地层堆积，还发现有遗迹。在地层和遗迹中都出土了较多陶器和石器，这也为进一步认识重庆三峡库区新石器时代晚期至末期的玉溪坪文化特点、分布和发展演变情况都提供了新资料。

本遗址不仅发现有先秦时期的文化堆积，也发现有遗迹。在地层和遗迹中都出土较多的陶器和石器，这为进一步认识重庆三峡库区先秦时期文化的特点和发展演变情况提供了新资料。

该遗址长时间的反复人类居住活动，并与紧邻的丝栗包遗址早期存在的某种互动关系，以及晚期存在的共存关系，都为我们了解四川盆地东部长江沿岸古代聚落分布，以及人类居住与活动特点提供了新的资料。

附表　遗迹一览表

单位	位置与层位	形态结构与尺寸	主要遗物/件	年代	性质
F1	T4、T6第6层下，打破第10层、生土	平面略呈长方形，现存柱洞18个；东西宽8.3、南北长6.5米	无	唐代	简易棚式建筑
F2	T9第5层下，打破第6、7、10层	仅存4个柱洞，面积不详	柱洞内有青瓷片；陶碗钵类残片；板瓦片等	唐代	建筑类别不详
F3	T7第6层下，打破第7层	仅存7个柱洞，面积不详	柱洞内有残砖块、红烧土块等	唐代	简易棚式建筑
F4	T14第4层下，打破第6层	仅存3个柱洞，面积不详	无	唐代	建筑类别不详
F5	T1第3C层下，打破第4层，又被现代坑、H4打破	仅存部分汉晋墓砖等铺的活动面，边墙为石块和旧砖垒砌。残存部分长4.65、最宽1米，面积不详	青花瓷碗等残片；板瓦片；早期绳纹瓦片	明代	地面建筑
H1	T6第6层下，打破生土	三级同心圆形，平底。第一级口径2.1、底径2、深0.67米；第二级口径0.68、深0.21米；第三级口径0.28、深0.08米。总深0.96米	青瓷碗26、盏7、盘4、罐残片；陶罐1、盆残片；石半球形器1，早期锛形器1、凿1；板瓦、砖块；铜五铢钱1；鱼骨、兽骨、蚌壳、红烧土粒等	南朝	人工挖掘，性质较特殊
H2	T6第6层下，打破生土	三级同心圆形，平底。第一级口径2.1、底径2.05、深0.4米；第二级口径1.3、底径1.28、深0.18米；第三级直径0.4、深0.14米。总深0.72米	青瓷碗、钵、盘类残片；石锛1；板瓦片，残砖；砾石等	南朝	人工挖掘，性质较特殊
H3	T6第6层下，打破生土	三级同心圆形，平底。第一级口径1.66、底径1.34、深0.6米；第二级口径0.9、底径0.86、深0.16米；第三级口径0.44、底径0.37、深0.08米。总深0.84米	青瓷碗1、钵1、罐；陶釜、罐；石纺轮；瓦当、板瓦、砖块；红烧土粒等；夏商时期陶器盖1	南朝	人工挖掘，性质较特殊
H4	T1第3B层下，打破第3C、4~6层，F5、G6和H26	圆口袋形，平底。口径3.5、底径4.5、深1.7米	瓷碗1、盏1、碗杯类、钵、罐等残片；早期陶盆、缸残片；板瓦片等	明代晚期至清代早期	大型窖穴
H5	T11第2B层下，打破第4、7、10层和生土	近圆形，平底，有一斜坡状梯深入底部。口径3~3.1、底径2.65、深1.7米	粗瓷带流壶1、钵1、青花瓷碗7、杯3、青瓷碗2、钵1、罐2、盆1；陶砂罐1；残铁器；板瓦片；早期玉凿1等	清代早期	原为窖穴，后为蓄水池
H6	T4第6层下，打破生土	圆形，平底。口径2.2、底径2.18、深0.46~0.53米	青瓷碗、杯、敛口钵、折沿罐、双沿罐残片；陶杯、盆残片；板瓦、砖块；石块等	唐代	窖穴
H7	T9、T7第7层下，打破第10层、生土	圆形，平底。口径1.32、深0.52米	青瓷直口罐、敛口钵、碗、罐残片；陶盆、钵、罐残片；板瓦片；早期石刮削器1等	东晋南朝	窖穴

续表

单位	位置与层位	形态结构与尺寸	主要遗物/件	年代	性质
H8	T7第7层下，打破第10层、生土	长方形，底部不平整。口部长2.52、宽1.4米，底部长1.9、宽0.86米，深0.46～0.68米	青瓷碗、罐类残片；陶片；板瓦片等	东晋南朝	性质不详
H9	T7、T6第6层下，打破第10层、生土	两级圆形，平底。第一级直径1.6、深0.6米，第二级直径0.9～0.95、深0.7米，总深1.3米	青瓷罐类残片；陶片；瓦片等	南朝至初唐	窖穴
H10	T7第7层下，打破第10层、生土	圆形，平底。口径1.12、底径1.02、深0.5米	青瓷片；兽骨、砾石等	东晋南朝	窖穴
H11	T7第6层下，打破第10层、生土	两级不规则椭圆形，平底。第一级直径1.2～1.65、深0.3米，第二级直径0.4～0.5、深0.1米，总深0.4米	青瓷碗、钵残片；陶罐残片；少量早期陶片；石块、红烧土粒等	南朝	窖穴
H12	T4第6层下，打破生土	椭圆形，平底。口径1.26～1.58、底径1.04～1.4、深0.86米	青瓷碗、罐类残片；陶片；砾石、烧土块等	南朝	窖穴
H13	T10第4层下，打破生土	两级不规则椭圆形，平底。第一级口径1.8～2.12、底径1.64～1.92、深0.65～0.8米，第二级最长1.05、最宽0.72、深0.38米，总深1.18米	青瓷碗残片；灰陶片；板瓦片；早期石锛1；兽骨、砾石等	晚唐五代	窖穴
H14	T11、T12第2B层下，打破第4、9层和生土	长方形，平底。口长2.1、宽1.35米，底长1.35、宽1.3米，深1.17米	无	清代	窖穴
H15	T12第4层下，打破第6、9、10层	圆形，平底。口径1.2、底径1.05、深0.45米	卜甲1；陶盆1、罐残片；东周时期豆残片；鱼骨、烧土等	唐代晚期至五代	窖穴
H16	T13第2B层下，打破第4、6层	不规则形，下部为近椭圆形两小坑，底部不平。坑口长7.55、宽1.68～3.5、深0.78米	青花瓷碗、杯、碟、罐残片，粗瓷罐、钵残片；铁铃1、铁片；早期陶片；骨刀、板瓦片等	清代早期	可能为自然坑
H17	T4第6层下，打破生土	圆形，平底。直径2.17、底径2.14、深0.76米	砖块；砾石、红烧土粒等	南朝至初唐	窖穴
H18	T7第2B层下，打破第4～7、10层和H19	圆角长方形，底部呈船底状。坑口长2.6、宽1.7米，坑底长0.75、宽0.32米，深0.9米	青花瓷盘1、碗、杯残片，粗瓷罐、碗残片；铁渣；板瓦片；较多石灰粒和炭渣	清代早期	原为窖穴，后为临时蓄水池
H19	T7第6层下，打破第7、10层和生土，被H18打破	不规则圆形，平底。口径1.1、底径1.15、深0.6米	青瓷碗1、钵1、盘1、器盖1、罐、高领壶残片；陶盆残片；红烧土粒等	南朝	窖穴
H20	T9第6层下，打破第7、10层和生土	圆形，平底。口径1.84、底径1.74、深0.95～1.1米	陶盏1、盆、罐类残片；青瓷碗、盘类残片；铜剪轮五铢1；板瓦、筒瓦残片；砖块；石块等	南朝晚期至唐代早期	窖穴
H21	T7第7层下，打破第10层、生土	圆形，两级。第一级平底，口径1.38、深0.4～0.45米。第二级圜底，口径1.08、深0.55米。总深约1米	青瓷钵1；陶带系罐残片；兽骨、石渣等	南朝晚期至隋代	窖穴

单位	位置与层位	形态结构与尺寸	主要遗物/件	年代	性质
H22	T5第6层下，打破生土	圆形，平底。直径0.7、深0.56米	青瓷钵残片；瓦片；早期陶片；红烧土块等	初唐	窖穴
H23	T14第8层下，打破第9层、H35和生土	狭长方形，平底。口部长3.76、宽1.06米，底部长3.52、宽0.86米，深0.68～0.7米	陶深腹罐1、卷沿罐1、侈口罐1、高领罐2、侈口瓮1、豆3、鬲甗类3，器盖、钵、鼓腹罐残片；石斧1、锛1等；夏商时期陶高柄豆1、高柄罐、矮圈足器、器盖等残片	东周时期	人工坑，性质不详
H24	T14第2B层下，打破第4、6、9层	已清理部分略呈不规则形，底部不规则。口长1.7、宽1.25～1.54米，底长1.54、宽0.52～0.89米、深0.61米	青花瓷杯、碗类残片，粗瓷罐盆类残片；板瓦片等；早期陶片、板瓦片	清代	窖穴
H25	T17第8层下，打破第10层、生土	近圆形，平底。口径1.2～1.26、底径1.12～1.2、深0.48～0.58米	陶高领罐1、豆1、鬲甗类、花边口罐、瓮、纺轮、网坠、环等残片；石切割器1、石片等	东周时期	窖穴
H26	T1第6层下，打破生土，被H4打破	圆形，底部不规则。口径4、深0.6～1.28米	青瓷碗7、钵4、盘3、虎子1、敛口钵、饼足残片；陶釜2、罐、盆残片；瓦当2、筒瓦、板瓦片等	南朝	人工坑，性质不详
H27	T14第4层下，打破第6、8层，被H28打破	近圆形，平底。直径1.66～1.72、深0.38～0.44米	瓷碗残片；陶盆、碗钵类残片；板瓦、筒瓦残片等；个别新石器时代陶片	宋代	窖穴
H28	T14第4层下，打破第6、8层和H27	狭长方形，平底。长1.12、宽0.42米，深0.39米	瓷碗残片；陶盆、罐残片；瓦当1、滴水1、筒瓦、板瓦残片等	宋代	人工坑，性质不详
H29	T4第6层下，打破生土	椭圆形，口小底略大，平底。口径0.74～1、底径0.7～1.1、深1.1米	青瓷碗2、盘1；红烧土粒等	唐代	窖穴
H30	T9第6层下，打破第10层、生土	圆形，平底。口径约1.02、底径0.92、深0.34米	青瓷碗钵类残片；陶片；较大石块4块，摆放较平整	南朝	可能为窖穴，也可能与建筑有关
H31	T24、T25第1B层下，打破H32和生土，又被一现代坑打破	略呈长方形，底部较平。口长4.45～5.05、宽1.8～2.5米，底长4.2～4.66、宽1.55～2.2米，深0.34～0.42米	青花瓷碗4、白瓷碗残片，粗瓷缸、碗、器盖、灯台残片；板瓦片等	清代中期	性质不详
H32	T22、T24第1B层下，打破生土，被H31打破	靴形，底部弧形。口长6.7、宽2.34～2.8米，底长6.28、宽1.26～2.54米，深0.46～0.6米	青花瓷碗18、粗瓷罐、缸、灯台和青花瓷勺等残片；唐宋时期陶盏1；早期磨制石器残片	清代早中期	自然凹坑
H33	T11第10层下，打破生土	可能为椭圆形，平底。已清理部分口最长1.47、最宽1.05米，底最长1.4、最宽1米、深0.2米	陶卷沿罐1、壶、缸、卷沿罐残片；石器残片；少量鱼骨、兽骨等	新石器时代	窖穴
H34	T17第10层下，打破生土	圆形，平底。口径0.9、底径0.9、深0.4米	陶折沿盆4、罐1、尊形器2、壶6、折腹钵5、敞口器1、杯1、圈足器3、折沿罐、敛口钵、厚壁缸、器盖、有柄器残片；石打制斧1、砍砸器2、切割器2、盘状刮削器1、磨制锛1等	新石器时代	窖穴

单位	位置与层位	形态结构与尺寸	主要遗物/件	年代	性质
H35	T14第9层下，打破生土，被H23打破	圆形，平底。口径1.04、底径0.9、深0.53米	陶折沿罐1、卷沿罐1、圈足盘1、器盖3，小平底罐、罐、钵、鬶盉类等残片；新石器时代陶折腹钵、壶等残片；石打制盘状切割器1、磨制凿形器等	夏商时期	窖穴
H36	T14第8层下，打破第9层、生土	圆形，平底。口径0.92、底径0.8、深0.56~0.6米	陶罐、鬲甗类、盆等残片	东周时期	窖穴
J1	T7第5层下，打破第6、7、10层和生土	圆形，口小下部略大，未能清理到底。口径0.76~0.92、下部直径0.86~1.02、深2.7米以上	青瓷碗钵类残片，少量青瓷片	中晚唐	水井
M1	T7第5层下，打破第6、7层	长方形竖穴土坑墓。墓向209°。墓坑长2.1、宽0.7~0.8、深0.2~0.3米	青瓷碗1；填土内有早期石凿1，少量瓷碗钵类残片，陶盆、钵残片和瓦残片	中晚唐	土坑墓，有无葬具不详
Y1	T14、T16第6层下，打破第8层、生土	由横长条形火膛和一个窑膛组成。火膛长1、宽0.5米，深0.3~0.4米。窑膛椭圆形，口径1.28~1.48、底径1.2~1.46、深0.84~0.94米	火膛内筒瓦2；窑内有较多板瓦、筒瓦残片，青瓷盘、壶、器底、折沿罐残片，陶折沿釜罐类残片、网坠1	南朝	露天馒头窑
G1	T8第4层下，打破生土	平面呈长条形，底部平。口长6.5、宽0.71~0.88米，底长6.16、宽0.5~0.7米，深0.7~0.74米	沟底放有两块较大石头；青瓷罐、擂钵、碗，黑釉瓷碗等残片；较多板瓦残片	宋代	人工挖掘，可能与某种简易建筑有关
G2	T8、T9第4层下，打破第5、6层	平面呈长条形，沟壁略倾斜。口长6.02、宽0.8~0.95米，底长5.6、宽0.5~0.68米，深0.3~0.58米	沟底放有两块石头；青瓷擂钵残片；板瓦、筒瓦等残片	宋代	人工挖掘，可能与某种简易建筑有关
G3	T13第4层下，打破第6、9、10层和生土	狭长方形，平底。在沟底中北部有两个柱洞，北端有一块大石板。口长4.02、宽0.9米，底长3.28、宽0.59米，深0.36米	瓷碗、罐、杯等残片；陶盏1；铁片等；板瓦、筒瓦残片	宋代	人工挖掘，可能与某种建筑有关
G4	T12、T13第2B层下，打破第4、6、9、10层和生土	已清理部分为不规则形，弧形底。口长3.35、最宽2.6、最窄1.5米，最深1.4米	第1层：粗瓷，青花瓷碗2、杯1，盆、罐、虎子等残片；铁片、兽牙。第2层：粗瓷，陶罐、盆、壶等残片；滴水1；板瓦、筒瓦等残片等；唐宋时期瓷片	明清时期	性质不详
G5	T15、T16第8层下，打破生土	不规则弯曲长条形，沟底中部平放有两块较大的石头。全长7.1、最宽0.66、最窄0.42米，深0.2~0.37米	陶甑1、鬲甗类18、豆4、卷沿罐1、侈口罐1、高领罐1、瓮1、圆饼陶片2，厚壁器、纺轮、网坠等残片	东周时期	可能为自然冲沟
G6	T1、T3第3C层下，打破第4、5层，被H4打破	已发掘部分为长条形，平底。长6.8、宽1.4~1.55米，深0.2~0.65米	青花瓷碗1，粗瓷缸1，罐残片；唐代青瓷双沿罐1、板瓦片；汉晋砖2；早期石锛1；石块等	明代	自然冲沟

续表

单位	位置与层位	形态结构与尺寸	主要遗物/件	年代	性质
G7	T23、T25第1B层下，打破生土	已发掘部分为不规则长条形，口略大于底。长9、宽0.5～2.1米，深0.3～0.45米	青花瓷碗5，粗瓷、青花瓷的钵、杯、罐、缸、盆、灯台等残片；唐宋时期的青瓷、黑瓷片；汉晋时期陶片	清代早期	自然冲沟
G8	T20、T18第1B层下，打破第3B、4、6层	长条形，中部有一短叉沟。口部长7.65、宽1.09～1.13米，底部长7.4、宽0.78～0.87米，深0.52～0.65米	青花瓷杯1、粗瓷罐1，青花瓷、粗瓷碗、杯、盆、折沿罐、大口缸等残片；大量板瓦片等；唐代青瓷碗残片等	清代早期	人工挖掘，具体性质不详
G9	T16、T14第4层下，打破6、8层和生土	已发掘部分平面呈弯曲带状，底部深浅不一。口长9.5、宽1～2.4米，底长9.32、宽0.7～1.96米，深0.46～1.1米	瓷碗、折沿罐、敛口盆、杯、黑瓷盏等残片；陶折沿罐、中领罐、敛口盆、网坠等残片；板瓦片	宋代	自然冲沟
冶炼遗迹	T3第3C层下，打破第4层	残存有火膛等。火膛残长0.12、宽0.08～0.1米，壁厚0.04～0.07米，周围红烧土约宽0.4米	青花瓷碗1；铁渣等	明代后期至清代早期	露天冶炼场所

注：遗物凡是未注明数量的均为残片

附录一　各探方层位关系一览

T1：①B→②A→②B→③A→③B→H4→③C→F5、G6→④→⑤→⑥→H26→生土

T2：①B→②A—②B→③A→③B→③C→④→⑤→⑥→生土

T3：①B→②A→②B→③A→③B→③C→G6、冶炼遗迹→④→⑤→⑥→⑧→生土

T4：①B→②A→②B→③A→③B→③C→④→⑤→⑥→F1、H6、H12、H17、H29、⑧→生土

T5：①A→①B→②A→②B→④→⑤→⑥→H22→生土

T6：①A→②A→②B→④→⑥→H1、H2、H3→生土
　　　　　　　　　　└→H9、F1→⑩→┘

T7：①A→①B→②A→②B→H18→④→⑤→J1、M1→⑥→F3、H19→⑦→H7、H8、H10
　　　　　　　　　　　　　　　　　└→H9、H11—————————

H21→⑩→生土

T8：①A→②A→②B→④→G1、G2→生土

T9：①A→②A→②B→④→G2→⑤→F2→⑥→H20→⑦→H7→⑩→生土
　　　　　　　　　　　　　　　　┌→H30—————┐
　　　　　　　　　　　　　　　　└→⑥→

T10：①A→①B→②A→②B→④→H13→生土

T11：①A→①B→②A→②B→H5、H14→④→⑥→⑦→⑨→⑩→H33→生土

T12：①A→①B→②A→②B→G4、H14→④→H15→⑥→⑨→⑩→生土

T13：①A→①B→②A→②B→G4、H16→④→G3→⑥→⑧→⑨→⑩→生土

T14：①A→①B→②A→②B→③、H24→④→H28、H27、F4、G9→⑥→Y1→⑧→H36、
　　　H23→⑨→H35、⑩→生土

T15：①A→①B→②A→②B→④→⑥→⑧→G5→生土

T16：①A→①B→②A→②B→④→G9→⑥→Y1→⑧→G5→生土

T17：①A→①B→③B→④→⑥→⑧→H25→⑩→H34→生土

T18：①A→①B→G8→③B→④→⑥→⑧→⑩→生土

T19：①A→①B→③A→③B→⑥→⑧→⑩→生土

T20：①A→①B→G8→③B→④→⑥→⑧→⑩→生土

T21：①A→①B→④→⑥→⑧→生土

T22：①A→①B→H32→生土

T23：①A→①B→G7→生土

T24：①A→①B→H31、H32→生土

T25：①A→①B→G7、H31→生土

附录二　各层分布、遗迹层位与时代一览

第10层下遗迹（新石器时代末期）

H33、H34

第10层（新石器时代末期）

分布范围：T4、T6、T7、T9、T11~T14、T16~T20

第9层下遗迹（夏商时期）

H35

第9层（夏商时期）

分布范围：T11~T16、T18

第8层下遗迹（东周时期）

G5、H23、H25、H36

第8层（东周时期）

分布范围：T3、T4、T13~T21

第7层下遗迹（东晋南朝）

H7、H8、H10、H21

第7层（东晋南朝）

分布范围：T7、T9、T11

第6层下遗迹（南朝、隋唐）

（1）南朝：H1~H3、H11、H12、H19、H26、H30、Y1；

（2）唐：F1、F3、H6、H9、H17、H20、H22、H29

第6层（唐代）

分布范围：T1~T7、T9、T11~T21

第5层下遗迹（中晚唐）

F2、J1、M1

第5层（中晚唐至五代）

分布范围：T1~T5、T7、T9

第4层下遗迹（晚唐五代至宋代）

（1）晚唐五代：F4、H13、H15；

（2）宋代：G1~G3、G9、H27、H28

第4层（宋代）

分布范围：T1~T18、T20、T21

第3C层下遗迹（明清）

F5、G6、冶炼遗迹

第3B层下遗迹（明清）

H4

第3层（明清）

分布范围：T1～T4、T17～T20

第2B层下遗迹（清代早期至中期）

G4、H5、H14、H16、H18、H24

第2层（清代早期至中期）

分布范围：T1～T16

第1B层下遗迹（清代中期至晚期）

G7、G8、H31、H32

附录三　塘坊遗址出土动物骨骼鉴定

何琨宇　郑漫丽

塘坊遗址出土动物遗骸的单位很少，仅有H4、H15、H23、G8、T14第9层等五个单位。出土有爬行动物及哺乳动物骨骼。

1. 夏商时期

标本T14⑨：3[①]，小麂（*Muntiacus reevesi*）右下颌骨1件（图版24-1）。标本保存有右下第一臼齿至第三臼齿，臼齿列长34.5毫米。

2. 东周时期

东周时期收集到动物骨骼的单位仅有H23，出土动物种类有家猪（*Sus domesticus*）和熊（*Ursus* sp.）。其中，家猪可鉴定骨骼3件（NISP=3），包括左侧桡骨、右侧股骨、掌骨各1件，代表最小个体数（MNI）为1个。另出土熊的右侧肱骨1件，存远端，但关节已残，无法测量（图版24-5）。

3. 唐五代

标本H15：1，拟水龟属动物（*Mauremys* sp.）背甲1件。甲壳经过简单修治，内侧分布有密集的圆形钻孔，多数孔内有占卜留下的灼痕。甲最长226、最宽167毫米（彩版5-3、4；图版23）。

4. 明清

明清时期收集到动物骨骼的单位有H4、G8。

H4出土骨骼包括猪（*Sus* sp.）、水鹿（*Rusa unicolor*）两种。其中，猪的骨骼有左肩胛骨1件、肋骨1件及肩胛骨碎片若干，NISP为2件，MNI为1个；水鹿骨骼包括右肱骨1件、右桡骨1件、左距骨1件和肋骨1件，NISP为3件，MNI为1个。

标本H4②：1，水鹿右侧肱骨远端，远端长残，宽62.75毫米（图版24-4）。

标本H4②：2，水鹿左侧距骨，外侧长59.38、内侧长57.35毫米，前端宽37.49、后端宽34.94毫米，厚33.94毫米（图版24-2）。

G8仅出土小麂右侧角1枚，保存较好。标本G8：1，右侧角，从角环处脱落，角长85.08毫米（图版24-3）。

---

① 动物骨骼的标本单独编号，与遗址出土其他遗物的编号不同。

后　记

　　该项目启动于2003年度。塘坊遗址是该年9月在尸山包墓地周边地区进行田野调查时发现的。参加调查的人员有四川大学历史文化学院考古系（现考古文博学院）教授罗二虎，2003级研究生王林、冷文娜。田野考古发掘工作从2004年2月中旬开始至2004年6月中旬结束，持续了4个月。该项目的考古发掘领队是罗二虎教授，参加田野发掘工作的人员有2002级硕士研究生伍秋鹏、常怀颖，重庆师范学院（现重庆师范大学）历史系2003级硕士研究生陈果、王运甫，云阳县文物保护管理所业务干部陈红坤、陈昀，技术工人张麦平、孟晓玲、祁自立等。

　　整理工作从2004年考古发掘开始后就同步展开。陶器的修复主要由孟晓玲承担，张麦平、祁自立也参加了部分修复工作。室内实物资料的整理与统计，以及田野发掘基本档案资料的整理先后由伍秋鹏、常怀颖、陈果、王运甫承担。后期室内资料整理工作启动于2011年，主要由四川大学历史文化学院考古系的研究生承担，先后参加该项工作的有：2011级博士研究生李飞，2011级硕士研究生侯存龙、黄文博、周军、李儒欣，2012级硕士研究生丁腾腾、柳爽、杨菊、陈俊雅，2011级本科生贺逸云、周丽，2012级博士研究生高金玉、吕千云，2014级博士研究生钱诚、姚云鹤，2015级博士研究生吴闽莹，2013级硕士研究生潘绍池、原媛，2015级硕士研究生宋丹，云南大学历史与档案学院副教授陈果等。

　　出土石器的绘制以及陶器、瓷器等器物的纸本底图绘制工作主要是由张麦平承担，罗二虎也承担了部分纸本器物底图的绘制工作。此外，将纸本底图进行扫描后用电脑在底图基础上进行描图，这项工作在当时是一种新的尝试，因此边学习边探索，走了不少弯路，花费了大量的时间和精力。这项工作从2011年底开始启动，先后陆续有多名四川大学历史文化学院考古系的研究生、本科生参加，并持续了数年。主要承担工作的人员具体如下：遗迹的描图工作主要由2011级硕士研究生侯存龙、黄文博、周军、李儒欣承担，出土器物的描图工作主要由2013级硕士研究生潘绍池承担，2012级博士研究生高金玉也承担了部分器物的描绘，2018级博士研究生白丽群承担了后期部分线图的修改工作。罗二虎负责整个图纸绘制、修改的指导、审定工作，同时也参加了部分遗迹、器物图的修改工作。

　　报告的体例设计、初稿的撰写由罗二虎承担。报告后期编排处理、核对，以及插图的调整、修改、核对等工作由罗二虎、四川大学2015级博士研究生吴闽莹、2015级硕士研究生焦蒙、2015级硕士和2018级博士研究生宋丹、2017级博士研究生刘文强、2018级博士研究生白丽群、成都武侯祠博物馆丁腾腾、云南大学历史与档案学院副教授陈果、成都文物考古研究院文博馆员潘绍池等承担。报告中先秦部分陶器、历史时期部分陶瓷器的后期文字修改、审定工作分别由四川师范大学巴蜀文化研究中心副研究员刘文强、成都中医药大学国学院副教授伍秋鹏承担。报告最后的修改、审定工作由罗二虎承担。

报告出版过程中的校对工作由罗二虎、伍秋鹏、刘文强承担。

在田野考古发掘、后期整理、报告编写和编辑出版期间，自始至终得到了重庆市文化局（后调整为重庆市文化和旅游发展委员会）、重庆市文物局、重庆市文化局三峡文物保护工作领导小组办公室的领导和支持，得到了云阳县文物管理所的支持和协助，并先后得到时任重庆市文化局副局长、重庆市文化局三峡文物保护工作领导小组组长王川平，重庆市博物馆馆长、重庆市文化局三峡文物保护工作领导小组副组长刘豫川，重庆市文物考古所（后更名为重庆市文物考古研究院）所长邹后曦，重庆市文物局局长、重庆市文化和旅游发展委员会副主任幸军等的指导和支持。

在这里特表示衷心谢意！

1. 遗址发掘前全景（库区2期水位，东北—西南）

2. 遗址发掘后全景（东—西）

塘坊遗址全景

1. 遗址发掘后局部（西—东）

2. 遗址发掘后局部（西北—东南）

塘坊遗址发掘后

1. T7南壁地层剖面

2. F1和H12（东—西）

地层剖面、F1、H12

1. H1（北—南）

2. H3（南—北）

H1、H3

1. H15（西—东）

2. H15卜甲出土情况（西南—东北）

3. 卜甲（H15：1）

4. 卜甲局部（H15：1）

H15与出土卜甲

1. M1（东南—西北）

2. 冶炼遗迹（南—北）

M1、冶炼遗迹

1. 卷沿罐（T11⑩：1）

2. 折沿罐（H35：4）

3. 卷沿罐（H33：1）

4. 彩绘灯形器（T14⑩：1）

5. 敛口罐（T9⑪B：23）

6. 盘（T12⑩：1）

新石器时代、夏商时期陶器

1. 彩绘壶（H34：17）

2. 尊形器（T12⑩：5）

3. 尊形器（H34：7）

4. 厚壁缸（H34：33）

5. 鬲（T17⑧：2）

6. 豆（H23：2）

新石器时代、东周时期陶器

1. 锄形器（T9⑩：8）　　　　　2. 锄形器（T9⑩：10）　　　　　3. 锄形器（T9⑩：12）

4. 斧（H34：8）　　　　5. 斧形器（T9⑩：28）　　　　6. 刮削器（T9⑩：30）

新石器时代打制石器、玉器

1. 斧（T9⑩：25）　　　2. 锛（G6：1）　　　3. 锛（T11⑩：10）

4. 锛（T9⑩：26）　　　5. 玉凿形器（T9⑩：31）　　　6. 玉凿（H5：2）

新石器时代晚期（包含晚期遗迹出土）磨制石器、玉器

1. 钵（H19：1）

2. 器盖（H19：2）

3. 碗（H1：3）

4. 碗（M1：1）

5. 碗（T3⑥：1）

6. 碗（T3⑥：12）

东晋南朝、隋唐五代瓷器

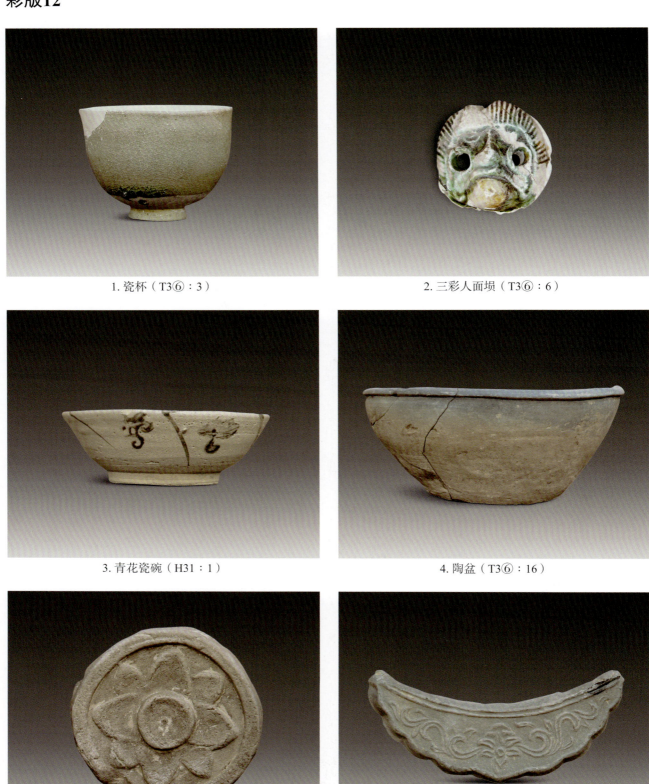

1. 瓷杯（T3⑥：3）

2. 三彩人面埧（T3⑥：6）

3. 青花瓷碗（H31：1）

4. 陶盆（T3⑥：16）

5. 莲花纹陶瓦当（H26：12）

6. 陶滴水（H28：2）

东晋南朝、隋唐五代、宋代、明清瓷器、陶器、建筑构件

1. F2与H20、H30（南—北）

2. F1与H12（南—北）

F1、F2、H12、H20、H30

1. H2（北—南）

2. H21（南—北）

H2、H21

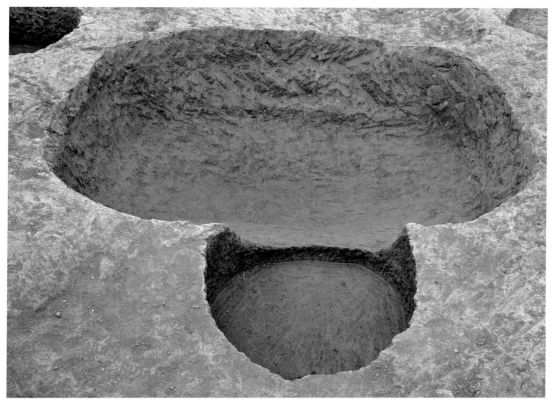

1. H18、H19（东—西）

2. H30（西南—东北）

H18、H19、H30

1. H20（西—东）

2. H5（北—南）

H5、H20

1. H10（北—南）

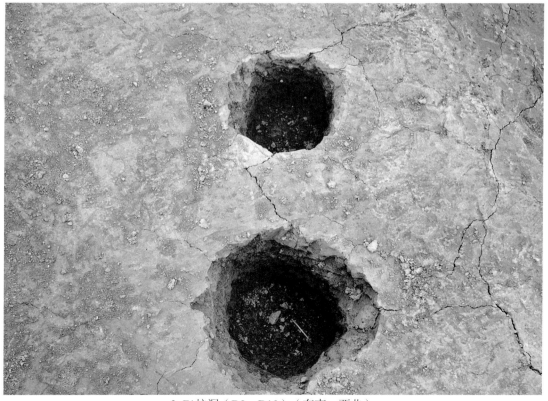

2. F1柱洞（D9、D10）（东南—西北）

F1柱洞、H10

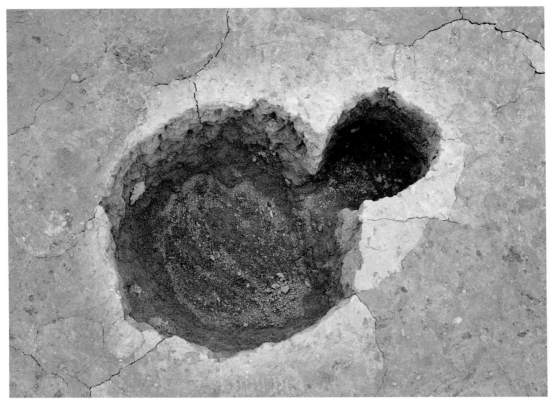

1. F1柱洞（D4）（东—西）

2. F2柱洞（D2）（西—东）

F1、F2柱洞

1. F2柱洞（D1）（西南—东北）

2. F2柱洞（D4）（南—北）

F2柱洞

1. H15卜甲出土情况（西北—东南）

2. H15卜甲出土情况（东南—西北）

H15卜甲出土情况

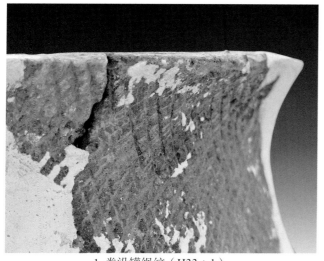

1. 卷沿罐绳纹（H33：1）

2. 壶（H34：5）

3. 壶（H34：20）

4. 不明器（H34：37）

5. 折腹钵（H34：3）

新石器时代陶器（一）

1. 折沿盆（H34：2）

2. 折沿盆（H34：19）

3. 尊形器（H34：18）

4. 罐（H34：13）

5. 卷沿罐（T7⑩：1）

6. 尊形器（T9⑩B：3）

新石器时代陶器（二）

1. 卷沿罐局部（T11⑩：1）

2. 尊形器（T14⑩：5）

3. 尊形器（T17⑩：2）

4. 折沿罐（H35：4）

5. 折沿罐（T14⑨：7）

6. 折沿罐局部（T14⑨：7）

新石器时代、夏商时期陶器

1. 陶折沿罐（T14⑨：17）

2. 陶高领罐（H25：1）

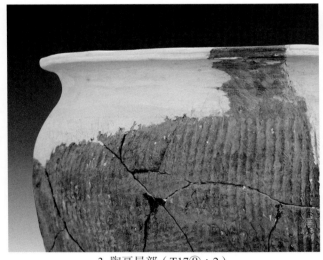

3. 陶鬲局部（T17⑧：2）

4. 石斧正面（T12⑩：2）

5. 石斧背面（T12⑩：2）

6. 石斧侧面（T12⑩：2）

新石器时代、夏商时期、东周时期陶器、石器

1. 斧正面（H34：8）　　　2. 斧背面（H34：8）　　　3. 斧侧面（H34：8）

4. 斧正面（T9⑩：9）　　　5. 斧背面（T9⑩：9）　　　6. 斧侧面（T9⑩：9）

新石器时代石斧

1. 斧形器正面（T9⑩：28）

2. 斧形器背面（T9⑩：28）

3. 斧形器侧面（T9⑩：28）

4. 锄形器正面（T9⑩：12）

5. 锄形器背面（T9⑩：12）

6. 锄形器侧面（T9⑩：12）

新石器时代打制石器

1. 盘状刮削器正面（T9⑩：30）

2. 盘状刮削器背面（T9⑩：30）

3. 盘状刮削器侧面（T9⑩：30）

4. 盘状切割器正面（H35：1）

5. 盘状切割器背面（H35：1）

6. 盘状切割器侧面（H35：1）

新石器时代、夏商时期打制石刮削器

1. 切割器正面（H34：12）

2. 切割器背面（H34：12）

3. 切割器侧面（H34：12）

4. 盘状刮削器正面（H34：9）

5. 盘状刮削器背面（H34：9）

6. 盘状刮削器侧面（H34：9）

新石器时代打制石器

1. 锄形器正面（T9⑩：8）　　2. 锄形器背面（T9⑩：8）　　3. 锄形器侧面（T9⑩：8）

4. 锄形器正面（T9⑩：10）　　5. 锄形器背面（T9⑩：10）　　6. 锄形器侧面（T9⑩：10）

新石器时代打制石锄形器

1. 砍砸器正面（H34：11）

2. 砍砸器背面（H34：11）

3. 砍砸器侧面（H34：11）

4. 小刀正面（T9⑩：22）

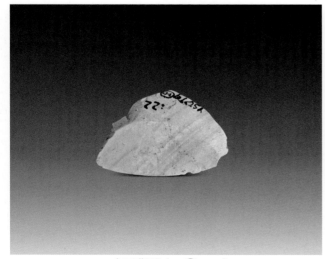

5. 小刀背面（T9⑩：22）

6. 小刀侧面（T9⑩：22）

新石器时代石器

1. 斧形器（T13⑩：1）

2. 切割器（H25：2）

3. 钻（T9⑩：21）

4. 斧正面（T9⑩：25）

5. 斧端面（T9⑩：25）

6. 斧侧面（T9⑩：25）

新石器时代、东周时期石器

1. 斧（H23：23）　　　　2. 锛（T9⑩：27）　　　　3. 小刀（T11⑩：11）

4. 锛（T11⑩：2）　　　　5. 锛（H13：1）　　　　6. 小刀（T17⑧：1）

新石器时代、东周时期（包含晚期遗迹出土）石器

1. 器盖（H19：2）

2. 碗（H3①：2）

3. 碗（T3⑥：33）

4. 钵（T2⑥：1）

5. 碗（T3⑥：17）

6. 盏（T9⑤：1）

东晋南朝、唐五代瓷器

1. 陶小盂（T1⑥：2）

2. 瓷纺轮（T3⑥：34）

3. 莲花纹陶瓦当（H26：13）

4. 莲花纹陶瓦当（T3⑥：32）

5. 花卉纹陶瓦当（H28：1）

东晋南朝、唐五代、宋代陶器、瓷器、建筑构件

1. 侧面（H15：1）

2. 外面（H15：1）

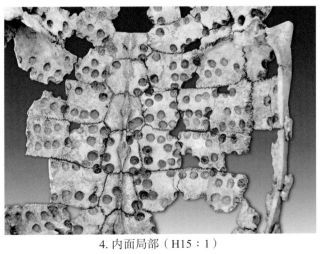

3. 内面局部（H15：1）

4. 内面局部（H15：1）

唐代卜甲

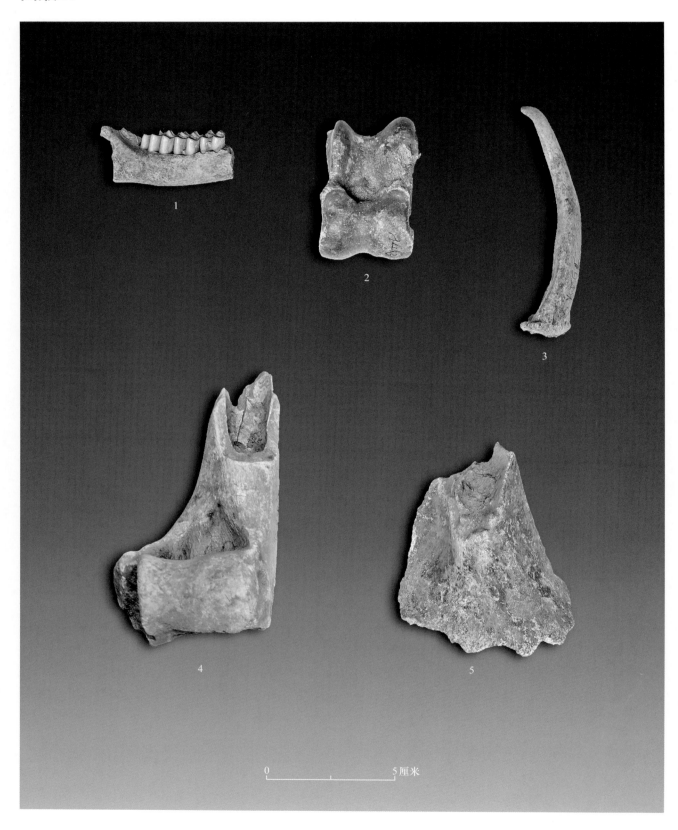

0   5厘米

动物骨骼

1.小麂右下颌骨（T14⑨：3）　　2.水鹿左距骨（H4②：2）　　3.小麂角（G8：1）

4.水鹿右肱骨（H4②：1）　　5.熊右肱骨（H23：1）